Tous les chemins mènent à Rome

Pierre Hurtubise

Tous les chemins mènent à Rome

Arts de vivre et de réussir à la cour pontificale au XVIe siècle

Les Presses de l'Université d'Ottawa

Les Presses de l'Université d'Ottawa sont fières d'être la plus ancienne maison d'édition universitaire francophone au Canada et le seul éditeur universitaire bilingue en Amérique du Nord. Fidèles à leur mandat original, qui vise à « favoriser l'épanouissement de la culture supérieure », les Presses de l'Université d'Ottawa s'efforcent de produire des livres de qualité pour le lecteur érudit. Les Presses publient des ouvrages, en français et en anglais, en arts et lettres et en sciences sociales.

Les Presses de l'Université d'Ottawa
Ottawa, Canada

uOttawa

Les Presses de l'Université d'Ottawa reconnaissent avec gratitude l'appui accordé à leur programme d'édition par le ministère du Patrimoine canadien en vertu de son Programme d'aide au développement de l'industrie de l'édition, le Conseil des arts du Canada, la Fédération canadienne des sciences humaines en vertu de son Programme d'aide à l'édition savante, le Conseil de recherches en sciences humaines du Canada et l'Université d'Ottawa. Les Presses de l'Université d'Ottawa reconnaissent également le soutien financier de l'Université Saint-Paul pour la publication de cet ouvrage.

Conception graphique de la couverture : Cathy Maclean
Correction d'épreuves : Annie Pronovost
Illustration de la couverture :
gravure intitulée « Veduta di Roma nel 1493 »
tirée du *Liber Chronicarum* de Hartmann Shedel, Nuremberg, 1493

CATALOGAGE AVANT PUBLICATION DE BIBLIOTHÈQUE ET ARCHIVES CANADA

Hurtubise, Pierre, 1933-
Tous les chemins mènent à Rome : arts de vivre et de réussir à la cour pontificale au XVIe siècle / Pierre Hurtubise.

Comprend des références bibliographiques et un index.
ISBN 978-2-7603-0694-3

1. Papauté — Histoire — 16e siècle. 2. États pontificaux — Cour et courtisans — Histoire — 16e siècle. 3. Cardinaux — États pontificaux — Histoire — 16e siècle. 4. Rome (Italie) — Mœurs et coutumes — 16e siècle. 5. Salviati (Famille). I. Titre.

BX1305.H87 2009 262'.130903 C2008-908079

Table des matières

Avant-propos

Ma carrière d'historien doit beaucoup aux liens privilégiés que j'entretiens depuis longtemps avec l'Italie et, plus particulièrement, sa capitale, Rome, qui est devenue en quelque sorte ma ville d'adoption. C'est là que j'ai entrepris en 1963 des études qui allaient être couronnées deux années plus tard par une licence en histoire de l'Université pontificale grégorienne et, en 1969, par un doctorat en histoire de l'Université de Paris-Sorbonne. C'est là que j'ai été initié aux sciences et techniques de base de l'histoire et c'est là également que j'ai fait l'apprentissage et compris l'importance pour l'historien en herbe que j'étais du travail en archives en même temps que je découvrais avec ravissement la Rome monumentale païenne aussi bien que chrétienne. Cette première incursion dans le monde des archives, en l'occurrence celles du Vatican, et la fascination que commençait à exercer sur moi la ville de Rome, en particulier la Rome pontificale, ont compté pour beaucoup dans la décision prise en 1965 au terme de mes études de licence de faire porter ma thèse de doctorat parisienne sur les relations diplomatiques entre la cour des papes et la cour de France vues par l'intermédiaire de la correspondance du nonce Antonio Maria Salviati en poste à Paris de 1572 à 1578.

La préparation subséquente de l'édition critique de cette correspondance, qui a vu le jour en 1975, a bien évidemment nécessité des explorations plus poussées, en particulier aux Archives et à la Bibliothèque du Vatican, et donc de très fréquents séjours à Rome.

Fidèle à l'habitude que j'avais prise comme étudiant de profiter de tous mes moments libres pour explorer systématiquement la ville et ses environs, j'en fis tout autant lors de chacun de ces séjours, mais, cette fois, en me concentrant de plus en plus sur les sites et monuments de la Rome du XVIe siècle, qui était en train de devenir mon principal champ de recherche.

Il faut à cela ajouter que depuis 1965, je connaissais l'existence à Rome et à Florence de fonds d'archives ayant appartenu à la famille Salviati, puis, surtout, que cette même année, grâce à une amie parisienne, j'avais appris que le noyau principal de ces archives resté aux mains des descendants de la famille était conservé à Pise dans un ancien palais qu'y possédaient ces derniers. Sans compter qu'en 1975, j'allais faire la découverte à la bibliothèque du Vatican d'un autre fonds particulièrement riche, intéressant cette fois la branche romaine de la famille. Je pus consulter ces divers fonds, les premiers, dès les années 1960, les deux autres, plus difficiles d'accès, à partir des années 1970. Or cette richissime documentation, tout en me permettant d'entrer dans l'univers fascinant des grandes familles florentines — j'en ai d'ailleurs tiré en 1985 un livre inspiré de l'exemple des Salviati (*Une famille-témoin : les Salviati*) — me mit sur la piste d'un important phénomène migratoire intéressant non seulement la Toscane, mais aussi d'autres régions, surtout du Centre et du Nord de l'Italie, phénomène qui allait entraîner à partir du XVe et durant une grande partie du XVIe siècle l'afflux à Rome de nombreuses familles de tous rangs attirées par les emplois et peut-être surtout les « honneurs » qu'était en mesure de leur offrir cette ville alors en pleine expansion et comportant, entre autres avantages, celui d'abriter une des cours les plus prestigieuses et les plus enviées d'Europe.

Sans trop m'en rendre compte, mon intérêt pour l'histoire diplomatique se muait en intérêt pour l'histoire sociale, l'une et l'autre de ces avenues me ramenant par ailleurs chaque fois à Rome et, de plus en plus, à la cour pontificale. Ce qui explique sans doute le fait qu'au cours de ces mêmes années, je fus amené à faire partie d'un groupe d'historiens italiens et canadiens spécialistes du Moyen Âge finissant et de la Renaissance, qui décidèrent d'organiser tous les deux ans alternativement en Italie et au Canada un colloque portant sur un thème intéressant la période en question vue surtout par le prisme de l'histoire sociale et de ce qu'on appelait encore à l'époque l'histoire des mentalités. Sept colloques en tout eurent lieu, le premier à Rome en 1980, le dernier à Messine en 1992, chacun d'entre eux regroupant entre une vingtaine et une trentaine d'intervenants et donnant lieu à de riches échanges dont, je tiens à le souligner, j'ai tiré à l'époque le plus grand profit. Quatre des textes figurant dans le présent ouvrage sont des versions revues et corrigées de communications présentées aux colloques de Bagno a Ripoli (1984), de Québec (1986), de Viterbe (1988) et de Messine (1992).

Vers le milieu des années 1980, je découvris par ailleurs l'existence du Centro Studi « Europa delle Corti » grâce à une collègue italienne qui était au courant des recherches que je poursuivais à l'époque sur Rome et sa cour et qui me fit inviter à une importante conférence organisée par ce centre à Urbino en 1985. On trouvera plus loin le texte remanié de la communication que j'y présentai sur la cour du cardinal Giovanni Salviati. Ce premier contact avec le centre Europa delle Corti — il y en eut d'autres par la suite — me permit d'élargir considérablement le cercle de mes « interlocuteurs » en même temps qu'il me confirmait dans le choix que j'étais en train de faire de Rome et, à l'intérieur de Rome, de la cour pontificale comme objet principal de recherche.

Je dois beaucoup aux historiens et historiennes dont j'ai fait la connaissance à l'occasion de ces diverses rencontres et d'autres du même genre auxquelles il me fut donné par la suite de participer. Je reste encore aujourd'hui en contact avec bon nombre de ces collègues devenus avec le temps des amis et je continue à profiter comme je le faisais il y a plus de vingt ans de leurs lumières et de leurs bons conseils. Rares sont les textes paraissant dans le présent recueil qui n'ont pas bénéficié d'une façon ou d'une autre de remarques ou de suggestions de leur part. L'idée de ce recueil n'est d'ailleurs pas étrangère aux conversations que j'ai pu avoir au fil des ans avec un certain nombre d'entre eux et d'entre elles. En effet, anxieux de voir paraître l'ouvrage que depuis plusieurs années je prépare sur la cour pontificale au XVIe siècle, mais se rendant par ailleurs très bien compte du caractère presque démesuré d'une telle entreprise et donc de l'improbabilité d'une parution prochaine, l'un ou l'autre des collègues en question avait évoqué devant moi la possibilité de publier un certain nombre des textes que j'avais depuis une vingtaine d'années produits sur le sujet, les uns déjà parus dans divers collectifs ou revues, les autres restés à l'état de manuscrits, publication qui servirait en quelque sorte de préambule à l'ouvrage projeté, avec l'espoir toutefois que la parution de ce dernier ne tarde pas trop. L'idée m'agréa et, cela, d'autant plus que des textes ayant fait l'objet d'une publication, plusieurs se trouvaient dans des revues ou des collectifs très spécialisés, voire à tirage limité, et donc difficilement accessibles.

Les douze textes figurant dans le présent recueil, d'où le titre et le sous-titre donnés à ce dernier, ont tous à divers degrés un lien avec la cour pontificale au XVIe siècle. Ils représentaient chacun à l'origine une étape ou un moment particulier de l'enquête que je mène depuis plus de vingt ans sur cette même cour. J'ai cru bon apporter à un certain nombre d'entre eux des corrections, des améliorations, voire des compléments de diverses sortes, en vue, d'une part, de mieux refléter l'état actuel de la recherche et de mes propres connaissances sur les divers sujets traités, de l'autre, d'éviter d'inutiles redites ou recoupements d'un texte à l'autre. Pour ce qui est de ceux de ces textes ayant fait l'objet d'une publication, je fournis chaque fois la référence exacte au périodique ou au collectif concerné, permettant ainsi à ceux et celles qui le souhaiteraient de retrouver ces mêmes textes dans leur version originale.

Pour la commodité du lecteur, les textes ont été regroupés autour de trois axes. Le premier concerne la cour elle-même, étudiée du point de vue de sa composition, de son fonctionnement, de son évolution dans le temps, mais aussi de son pouvoir d'attraction. Le deuxième porte sur les cours cardinalices, émules, mais surtout reflets de la cour pontificale dont elles sont de plus en plus au XVIe siècle de véritables satellites. Il y est surtout question, comme pour la cour papale, de la composition et du fonctionnement de ces cours, mais également de leur financement et de certains aspects de leur vie de tous les jours, la cuisine par exemple. Quant au troisième axe, à première vue lié d'assez loin à la réalité de la cour, en ce sens qu'il s'intéresse plutôt à l'histoire d'une famille, il n'en touche pas moins de près à notre sujet, la famille en question étant celle des Salviati, arrivée à Rome au début du XVIe siècle et ayant, grâce à ses affinités avec les papes Léon X et Clément VII, tout à la fois proches parents et compatriotes, réussi à s'intégrer dans la haute société romaine et, par le fait même, dans l'orbe de la cour, illustrant ainsi pourquoi et en quoi la cour pontificale disposait à l'époque d'une telle attractivité. Je me permets de souligner l'importance particulière que représente à mes yeux le texte figurant en tête de l'ouvrage, texte inédit et de facture d'ailleurs plus récente que les autres, où j'essaie de cerner de plus près le sens que l'on donnait au mot « cour » au XVIe siècle et, surtout, s'agissant de la cour pontificale, à quelle réalité renvoyait ce mot à Rome à l'époque. Question, à première vue, de nature purement sémantique, mais qui — on s'en rend mieux compte aujourd'hui — n'est pas sans poser un certain nombre de problèmes d'ordre, eux, méthodologique.

Cela dit, je suis parfaitement conscient des limites du présent recueil. Ainsi, loin de moi la prétention qu'il puisse être autre chose qu'un ensemble de regards ponctuels, donc forcément partiels, sur une réalité complexe, multiforme, changeante et, par conséquent, difficile à saisir dans ses diverses composantes, que celles-ci soient d'ordre symbolique, politique, social, culturel ou, tout simplement, « domestique ». Car la cour du pape, c'était tout cela et bien autre chose, comme on s'en rendra d'ailleurs compte à la lecture de certains des textes ci-inclus. Mais peut-être, en attendant l'ouvrage plus élaboré que je compte d'ici deux ou trois ans publier sur le sujet, ceux et celles qui me liront pourront-ils au moins se faire une certaine idée de ce qu'était la cour pontificale à l'époque, mais aussi des raisons qui en rendaient la fréquentation, voire le service, si attrayants, ou mieux, désirables. N'aurais-je réussi que cela que je me considérerais amplement récompensé du temps et des efforts mis à constituer ce recueil, fruit de plus de vingt années de recherches.

Remerciements

Je m'en voudrais de ne pas exprimer ici toute ma gratitude à un certain nombre d'institutions et de personnes qui m'ont généreusement fourni, les unes, des sources — et quelles sources ! — d'autres, des encouragements, d'autres encore des suggestions ou de bons conseils, parfois même tout cela à la fois, au fur et à mesure que je progressais dans mon exploration de Rome et de la cour pontificale au XVIe siècle. Je pense à la famille Salviati qui m'a ouvert, il y a de cela plus de trente-cinq ans, ses vastes archives, mais m'a surtout depuis honoré de sa confiance et de son amitié, puis au personnel compétent et dévoué des archives et de la bibliothèque du Vatican de même que des archives d'État de Rome et de Florence, sans oublier le centre Europa delle Corti, qui m'a fait connaître le monde fascinant des cours européennes et surtout mis en contact avec certains des meilleurs historiens et chercheurs spécialisés en ce domaine. Pour ce qui est des personnes qui ont de diverses façons appuyé, stimulé, orienté mes recherches sur Rome et sa cour, je ne saurais les nommer toutes tant elles sont nombreuses. Je me limiterai donc aux quelques-unes dont les noms suivent et qui représentent chacune un moment ou un tournant important des quelque trente années que j'ai consacrées aux recherches en question.

Le premier nom qui me vient spontanément à l'esprit est celui de Gino Corti, ancien archiviste de la famille Salviati, qui m'a patiemment guidé dans les dédales et fait connaître les trésors des collections dont il avait la garde, mais qui m'a aussi, à plusieurs reprises, servi de mentor lors de recherches entreprises vers la même époque à l'Archivio di Stato de Florence. Puis me vient celui de Luigi Fiorani, ancien archiviste de la Vaticane, à qui je dois la découverte dans ladite bibliothèque d'un important fonds Salviati jusque-là pratiquement inconnu, d'ailleurs non inventorié, faisant partie de l'immense Archivio Barberini, fonds qu'avec son aide j'ai pu explorer à loisir. Et comment ne pas mentionner également les noms de collègues italiens, canadiens, américains, allemands, français, rencontrés à l'occasion de colloques, de conférences, de séjours de recherche à Rome et ailleurs, avec qui j'ai eu plusieurs fois l'occasion d'échanger sur l'histoire de Rome et de sa cour et qui m'ont souvent fait profiter de leurs propres découvertes ou suggéré des pistes ou des éclairages qui se sont avérés fort utiles. Tout d'abord, le regretté Paolo Brezzi, de l'Université de Rome (la Sapienza), Egmont Lee de l'Université de Calgary et Massimo Miglio, de l'Université de Viterbe, tous trois fins connaisseurs de la Rome de la fin du Moyen Âge et qui ont joué un rôle important dans l'organisation des colloques italo-canadiens dont il a été fait mention précédemment. Également, Ivana Ait et Anna Esposito, de la Sapienza, Melissa Bullard, de l'Université de la Caroline du Nord (Chapel Hill), Irene Fosi, de l'Université de Chieti-Pescara, Thomas et Elisabeth Cohen, de l'Université York (Toronto), rencontrés dans le cadre de ces mêmes colloques. Ou, encore, Gigliola Fragnito, de l'Université de Parme, John O'Malley, s.j., du Weston School of Theology, Mario Rosa, de la Scuola Normale Superiore de Pise, Maria Antonietta Visceglia, de la Sapienza. Enfin, pour ce qui est des collègues d'outre-Alpes, Wolfgang Reinhard, de l'Université de Munich, Jean Delumeau, du Collège de France, Bernard Barbiche et Olivier Poncet, de l'École des Chartes (Paris).

À toutes ces personnes et à tant d'autres qu'il aurait fallu pouvoir nommer ici, je tiens à faire hommage du présent recueil en espérant qu'il ne sera pas trop indigne de leur concours et de leur amitié.

Sigles et abréviations

AA	=	Archivum Arcis
Arm.	=	Armadio
AS	=	Archivio Salviati (Pise)
ASF	=	Archivio di Stato. Firenze
ASR	=	Archivio di Stato. Roma
ASRSP	=	*Archivio della Società Romana di Storia Patria*
ASV	=	Archives secrètes vaticanes
Barb. Lat.	=	Archivio Barberini. Fonds Salviati
BAV	=	Bibliothèque apostolique du Vatican
Borg. Lat.	=	Borgiani Latini
Com.	=	Libri di commercio
DHGE	=	*Dictionnaire d'histoire et de géographie ecclésiastique*
fasc.	=	fascicule
filz.	=	filza(e)
MEFRM	=	*Mélanges de l'École française de Rome* (Moyen Âge – Temps modernes)
M°	=	Maestro
Nunz. Fr.	=	Nunziatura di Francia
Ottob. Lat.	=	Ottoboniani Latini
p.p.	=	publié par
Reg. Vat.	=	Registra Vaticana
Stroz.	=	Carte Strozziane
Urb. Lat.	=	Urbinati Latini
Vat. Lat.	=	Vaticani Latini

I

De la sémantique à l'histoire : « cour » et « curie » pontificales à l'époque moderne

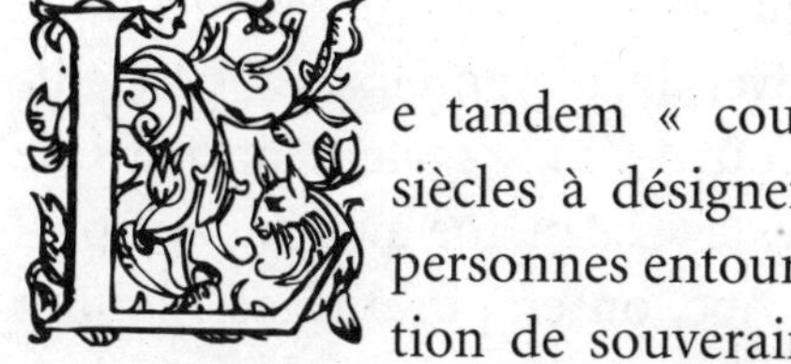

Le tandem « cour–curie » a servi pendant des siècles à désigner l'ensemble des services et des personnes entourant le pape dans sa double fonction de souverain temporel et de chef spirituel. Malheureusement, le sens précis de ces deux termes et de leurs multiples variantes (« cour de Rome », « cour pontificale », « curie romaine », « courtisan », « curialiste », etc.) reste, au moins jusqu'au XVIIIe siècle, difficile à circonscrire tant l'usage qu'on en fait varie d'une source et d'une époque à l'autre. Or pour peu qu'on s'intéresse à l'histoire de la cour pontificale à l'époque moderne, ce problème sémantique, à première vue banal, prend tout à coup un relief particulier tant il complique, voire gêne le travail du chercheur aux prises avec la difficulté de définir ce qu'était concrètement et réellement cette cour, mais aussi de fixer la frontière existant entre celle-ci et cet autre élément du tandem plus haut évoqué qui avait nom de « curie ».

Nous voudrions dans les pages qui suivent, à partir de sources de diverses époques, essayer d'examiner d'un peu plus près cette question, avec l'espoir sinon d'y répondre de façon satisfaisante, du moins d'arriver à y voir un peu plus clair.

1. Quelques considérations lexicographiques

Pour ce faire, il nous paraît indispensable de commencer par un certain nombre de considérations lexicographiques fondées sur les définitions fournies par quelques grands dictionnaires anciens et modernes des principaux termes évoqués jusqu'ici.

Le *Grande Dizionario della lingua italiana*, publié depuis plusieurs années sous la direction de Salvatore Battaglia, propose comme définition de la cour pontificale (*corte pontificia*) ou de la cour romaine (*corte romana*) — les deux termes seraient selon ce dictionnaire interchangeables — ce qui suit : 1) « l'ensemble des prélats et des dignitaires laïcs qui assistent le pape soit comme chef de l'Église, soit comme souverain temporel »; 2) « les édifices où résident le pape et sa cour »; 3) « également, mais de façon impropre : la curie pontificale ». Le même dictionnaire précise en *nota bene* qu'au Moyen Âge, on employait aussi le mot « cour » au sens de « siège apostolique » (*sede apostolica*; traduction libre[1]).

Quant à la curie romaine (*curia romana*), il la définit comme « l'ensemble des organismes (congrégations, tribunaux, offices, commissions) qui assistent le pape dans le gouvernement général de l'Église », mais, ici encore, il est fait état d'un usage beaucoup plus ancien du mot qu'on trouve chez Luigi Pulci à la fin du XVe siècle, où « curie » est utilisé comme équivalent ou comme synonyme de « cour[2] ».

Enfin, le Battaglia définit le terme courtisan (*cortigiano*) comme un « homme de cour qui est au service d'un souverain à titre d'ami, de conseiller, de collaborateur[3] ». Par contre, le curialiste (*curialista*) est présenté comme un « prélat faisant partie de la curie romaine[4] ».

Les plus modernes de ces définitions correspondent pour l'essentiel à des situations de fait ayant existé au plus tôt à partir du XVIIIe siècle, telle la distinction faite entre cour et curie, mais on aura remarqué que le Battaglia renvoie aussi à des définitions plus anciennes qui permettent de constater que le sens des mots « cour » et « curie » en particulier a beaucoup varié d'une époque à l'autre. Ce constat est encore plus probant lorsqu'on s'attarde aux multiples citations dont le Battaglia, à l'exemple du Grand Dictionnaire Robert, enrichit chacune des définitions qu'il propose. Là, plus de doute possible : le vocabulaire relatif à la cour et, en particulier, à la cour pontificale, s'est prêté au fil des siècles à de multiples significations. Il suffit en effet de se reporter aux emplois qu'on en faisait aux seuls XVIe et XVIIe siècles pour se convaincre que, premièrement, les définitions du Battaglia représentent un état de fait récent et que, deuxièmement, elles comportent une bonne part d'arbitraire — nous aurons l'occasion de revenir sur ce point un peu plus loin — et, troisièmement, qu'elles laissent à peine deviner le riche et complexe matériau sémantique à partir duquel elles ont été élaborées.

Les nombreux échantillons que le Battaglia lui-même fournit de ce matériau en sont la preuve et permettent par le fait même de découvrir les multiples usages que l'on faisait des termes « cour » et « curie » à l'époque. Parlant du pape en déplacement entre Montefiascone et Orvieto, Machiavel signale qu'une partie de sa cour (*corte*) réside avec lui à Montefiascone et l'autre, la plus importante, à Orvieto. Il s'agit de toute évidence ici de la cour au sens « domestique » du terme ; en d'autres mots, de la « famille » du pape. Quelques années plus tard, François Guichardin, voulant esquinter le rôle néfaste joué par la papauté dans le contexte politique de l'Italie de son temps, parle de la « cour romaine » (*corte romana*) à laquelle il reproche ses services « infâmes ». Il s'agit cette fois de la cour au sens d'organe ou d'instance de pouvoir, et de pouvoir surtout politique. Vers la même époque, Cellini raconte l'histoire d'un jeune homme désireux d'entrer à la cour de Rome (*corte di Roma*) qui, pour ce faire, se met sous la protection d'un vieil évêque ayant ses entrées à la cour. Le mot « cour » a ici, comme dans le premier cas évoqué, une connotation d'abord et avant tout « domestique[5] ».

Pour ce qui est du mot « curie », nous avons déjà signalé, à partir encore une fois du Battaglia, l'utilisation qui en était faite à la fin du XVe siècle comme équivalent ou synonyme de « cour », peut-être, comme le suggérera deux siècles plus tard le cardinal de Luca, en raison de l'origine latine du terme qui, dans cette langue, désignait tout à la fois cour et curie[6]. Mais cet usage se maintient au XVIe siècle et bien au-delà, comme le montrent les exemples fournis, à défaut de mieux, encore une fois par le Battaglia.

En effet, les seuls exemples que ce dernier a pu trouver d'utilisation de l'expression *curia romana* au sens de « l'ensemble des organismes assistant le pape dans le gouvernement de l'Église » datent de la fin du XVIIe siècle[7] et, fait significatif, le premier de ces exemples vient du célèbre cardinal de Luca, expert en la matière, mais qui lui-même ne s'était pas encore totalement libéré du flou qui entourait encore à l'époque l'utilisation des vocables « cour » et « curie », comme nous aurons l'occasion de le voir un peu plus loin.

L'emploi de ces deux termes reste donc au XVIe siècle et durant une bonne partie du XVIIe siècle pour le moins ambivalent. Pio Pecchiai, fin connaisseur de la période, n'a aucun doute à ce sujet, rappelant que jusqu'au milieu du XVIIe siècle telle est bien la façon de parler de la cour pontificale à Rome et ailleurs[8]. Il n'en croit pas moins nécessaire de distinguer nettement « cour » et « curie » car, dit-il, ce sont déjà, à l'époque, deux réalités passablement différentes. Il propose donc de n'utiliser le mot « cour » que pour désigner l'ensemble des personnes entourant immédiatement le pape et assurant le bon fonctionnement de son palais et le mot « curie » qu'au sens de l'ensemble des officiers chargés de l'administration de l'Église et de l'État pontifical au temporel comme au spirituel[9]. Cela dit, il n'en est pas moins conscient du fait que nombre de courtisans sont en même temps curialistes et vice-versa, d'où la confusion dans le vocabulaire employé pour désigner les uns et les autres ou, plus globalement, pour parler de la cour pontificale. Comme quoi l'évolution du langage ne suit pas toujours ou, du moins, suit avec quelque retard, celle des réalités que ce même langage cherche à nommer ou à décrire[10].

Un des meilleurs témoins de cette évolution, le célèbre cardinal de Luca, grand spécialiste du droit ecclésiastique, tentera dans la deuxième moitié du XVIIe siècle de mettre fin à cette confusion en proposant des définitions claires et distinctes des termes « cour » et « curie », du moins tels que, selon lui, ils étaient compris et employés à Rome. Le mot « curie » (*curia*) doit, dit-il, être réservé à l'ensemble de l'appareil judiciaire de la papauté. Quant au mot « cour » (*corte*), il doit plutôt servir à désigner l'ensemble des personnes assistant le pape dans tous les domaines autres que judiciaires[11]. D'où, selon lui, le besoin de différencier nettement « curialistes » (*curiali*) et « courtisans » (*cortigiani*). Les curialistes, dit-il, sont ceux qui s'occupent de choses litigieuses ou de toute autre affaire publique « contentieuse » ou « gracieuse ». On trouve parmi eux des avocats, des procureurs, des agents, des expéditeurs et des solliciteurs. Quant aux courtisans, ce sont ceux qui servent de diverses manières le pape, les cardinaux, les prélats, les ambassadeurs ou tout autre grand personnage. Certains font office de majordomes, d'auditeurs, d'échansons (*coppieri*), d'écuyers (*cavallerizzi*), d'écuyers tranchants (*scalchi*), de secrétaires, de gentilshommes, de chapelains et de camériers; d'autres assurent des tâches plus humbles et forment ce qu'il est convenu d'appeler le petit personnel (*famiglia bassa*)[12].

Telle est, conclut-il, la situation existant à Rome et telle est la signification des mots qu'on y emploie pour la décrire. On voudrait pouvoir le croire. Malheureusement, il suffit de prendre connaissance des descriptions qu'il nous fournit du fonctionnement de la cour et de la curie romaines pour découvrir que ces belles distinctions toutes « cartésiennes » ne résistent pas à l'épreuve de la réalité, une réalité beaucoup plus complexe que ne le laissent supposer ces mêmes distinctions.

Le schéma du cardinal se heurte en particulier aux multiples cas de personnages qui exercent des fonctions judiciaires tout en servant par ailleurs le pape dans divers autres domaines n'ayant rien à voir avec la justice. Le cas le plus flagrant est celui du majordome dont de Luca croit pouvoir faire un curialiste, alors qu'il est sans conteste, selon les critères mêmes du cardinal, un courtisan[13]. Que dire de grands personnages tels les cardinaux vice-chanceliers, camerlingues, pénitenciers et de leurs nombreux officiers ou encore des prélats de la Signature de grâce qui, selon les mêmes critères, devraient être inclus dans l'une et l'autre des catégories définies par le cardinal[14] ? Comment peut-il par ailleurs faire des « curseurs » (*cursori*) des curialistes alors qu'ils sont manifestement des courtisans, figurant d'ailleurs à ce titre dans les rôles de cour de l'époque[15] ?

Il y a plus grave. Oubliant ses belles distinctions de départ, de Luca emploie plus d'une fois le terme « curie » plutôt que « cour » pour désigner la cour romaine au sens de siège du pouvoir ou encore d'instance politique[16]. Il lui arrive même dans cette veine de parler tout aussi bien de « cour politique » (*corte politica*) que de « curie politique » (*curia politica*)[17]. Que dire de l'expression « *curia aulica* » qu'il emploie à un endroit[18] alors que la fonction « aulique », selon son propre schéma, appartient exclusivement à la cour[19] ? Enfin, suprême confusion, il n'hésite pas à utiliser à un certain moment le mot « curie » (*curia*) pour désigner l'ensemble des services rattachés à la personne du pape, qu'il s'agisse de ceux assurés par le personnel habitant le palais apostolique ou de ceux assurés par le personnel des congrégations et des tribunaux romains n'habitant pas ledit palais[20].

Malgré tous ses efforts de clarification, le cardinal ne réussit pas à sortir de l'ambivalence du vocabulaire employé encore à son époque et nous oblige à admettre qu'il restait tout aussi difficile à la fin du XVIIe siècle qu'au siècle précédent de préciser le contenu de chacun des éléments de ce vocabulaire.

De Luca n'a manifestement pas aidé sa propre cause en choisissant de tracer la frontière entre cour et curie sur une base purement fonctionnelle, c'est-à-dire, juristes d'un côté, non-juristes de l'autre. Étant lui-même homme de loi, et homme de loi réputé, on comprend qu'il ait choisi ce critère, mais il se condamnait par le fait même aux impasses, voire aux contradictions dont nous avons fait état précédemment. Le cardinal a tout de même le mérite de nous avoir fourni des descriptions fort utiles des diverses fonctions exercées à la cour de Rome, que ces fonctions aient été de type « judiciaire » ou non, même si par ailleurs cela laisse entier le problème consistant à savoir qui était de la cour, au sens « domestique » ou « aulique » du terme, et qui ne l'était pas.

À la décharge du cardinal de Luca, il faut reconnaître, comme le *Vocabulario degli Accademici della Crusca*, un des meilleurs témoins des usages lexicographiques de l'époque, qu'en Italie aux XVIe et XVIIe siècles, on donnait habituellement au mot « *curia* » le sens de cour de justice et au vocable « *curiale* » celui d'homme de loi[21], alors que le mot « *corte* », selon ce même dictionnaire, désignait tout aussi bien le lieu où habitait le prince ou encore la famille de ce dernier que le lieu où l'on rendait justice[22], et enfin, le mot « *cortigiano* » désignait tout autant une personne servant à la cour d'un prince qu'une personne plaidant ou exerçant quelque autre fonction dans une cour de justice[23].

Il faut attendre de fait le XVIIIe siècle pour voir certains des vocables jusqu'ici évoqués prendre des significations plus restreintes et plus exclusives telle, par exemple, l'expression « cour de Rome » qui, à l'égal de ses homologues « cour de France » ou « cour d'Espagne », renvoie de plus en plus à la cour comme instance de pouvoir, pouvoir politique dans le cas de la France et de l'Espagne, pouvoir tout à la fois spirituel et politique dans le cas de Rome. C'est le sens que le Richelet donne à ce vocable déjà à la fin du XVIIe siècle[24] ; cependant, les exemples d'emplois tout aussi limitatifs, sinon plus, se multiplient au siècle suivant[25]. On ne peut en dire autant de l'expression « curie romaine » qui, elle, ne prendra le sens restreint que nous lui connaissons aujourd'hui qu'à partir du XXe siècle, malgré les efforts déployés en ce sens dès la fin du XVIIe siècle par le cardinal de Luca[26].

Le Battaglia, longuement cité plus haut, marque une sorte de point d'arrivée dans cette tardive mise en ordre sémantique, mais, fait à noter, il contient toujours certains amalgames hérités du passé, surtout concernant le sens du mot « cour ». À preuve, la première définition qu'il propose comporte des éléments pouvant tout aussi bien s'appliquer à la curie (« *curia romana* ») qu'à la cour (« *corte pontificia* » ou « *corte romana* »). Précisons toutefois que la seconde définition proposée (« les édifices où résident le pape et sa cour ») correspond très exactement à une définition que l'on trouve déjà au XVIe siècle[27], et qui traversera, invariable, toutes les époques jusqu'à nos jours. Sans doute était-il plus simple de définir la cour en termes de lieu qu'en termes de personnes.

2. Des mots et des choses

Compte tenu de la variabilité et de la « plasticité » du vocabulaire employé aux XVIe et XVIIe siècles pour parler de la cour, on comprend que le chercheur ait quelque difficulté à circonscrire le « territoire » de cette cour et à déterminer ceux qui en font ou qui n'en font pas partie. En effet, comment faire pour choisir, parmi les diverses acceptions ou définitions proposées à l'époque, celle qui semble la mieux fondée ou, du moins, le mieux correspondre à la réalité ? Faut-il donner sa préférence au sens le plus limitatif du terme, c'est-à-dire la cour conçue comme « famille » ou « domesticité » du pape, ou plutôt au sens beaucoup plus large de « l'ensemble des personnes servant le pape à quelque titre que ce soit », comme semblent le suggérer certains emplois de l'époque, ou encore au sens un peu plus restreint de « l'ensemble des serviteurs et collaborateurs du pape à l'exclusion des "curialistes", c'est-à-dire des officiers chargés du judiciaire », comme le propose le cardinal de Luca ?

Avant de faire ce choix, ledit chercheur doit d'abord se munir de critères aussi objectifs que possible permettant de distinguer ceux qui appartiennent à la cour de ceux qui n'y appartiennent pas. De tels critères existent-ils ? Il semble bien que oui. Mais le problème est que trop souvent manque l'information ou manquent les sources qui pourraient permettre tout à la fois de connaître ou d'établir ces critères, de les interpréter correctement, et surtout, de voir comment ils étaient appliqués à l'époque.

Prenons, à titre d'exemple, le critère de la « familiarité ». Ce dernier, comme l'a bien montré Gigliola Fragnito, est de toute évidence un critère-clé pour déterminer l'appartenance à la cour et un critère indiscutablement fondé en droit[28]. Pour certains groupes de personnes, les choses sont on ne peut plus claires : leur appartenance à la cour en fonction de ce critère est parfaitement démontrée ; pour d'autres, au contraire, on est dans le noir, faute de preuves ou de sources adéquates. Il y a donc problème, et ce, même pour un critère apparemment aussi nettement et objectivement fondé.

Autre critère : celui de la résidence. Nous avons vu à quel point cet élément était unanimement reconnu comme constitutif de la cour et pouvait même, à lui seul, servir à définir cette dernière. De toute évidence, qui vit à la cour, c'est-à-dire dans le ou les palais servant à l'époque de résidence au pape, doit être considéré comme membre de la cour, mais, comme le montrent bien diverses sources des XVe et XVIe siècles, il ne s'agit pas là d'un critère absolu : on peut très bien être membre de la cour sans résider à la cour[29].

Autre critère encore, étroitement lié celui-là au critère plus haut évoqué de la « familiarité » : celui de la commensalité ou, comme on le disait de plus en plus à Rome au XVIe siècle, de la *parte*[30]. Partager quotidiennement la table du maître était depuis longtemps et restait encore au XVIe siècle un indice probant d'appartenance à la maison du maître. De fait, à l'époque, il y avait tout un vocabulaire en lien avec l'appartenance inspiré de cette notion de commensalité, de pain partagé, de table commune. La littérature de cour du XVIe siècle renvoie souvent avec une certaine nostalgie à l'époque bénie de la salle à manger commune (*tinello commune*), où toute la « famille » mangeait avec le maître ou, du moins, en présence du maître ou des représentants du maître[31]. Ce n'est plus le cas à l'époque qui nous intéresse ici. Il y a plusieurs salles à manger (*tinelli*) à la cour pontificale et le pape depuis longtemps ne mange plus avec sa « famille[32] ». Toutefois, le principe demeure et la règle de la table commune, du pain partagé, continue d'être honorée, même si elle ne l'est plus que sous une forme largement symbolique qui a nom de « *parte* ».

À noter, à ce propos, que la *parte,* qui consistait au départ en une ration alimentaire quotidienne versée aux divers membres de la cour, chacun selon son rang, se transforme avec le temps en une allocation partie en nature, partie en argent, avant de devenir sous Sixte Quint une simple compensation monétaire[33]. On peut, dans ce dernier cas du moins, s'interroger sur le sens à donner à une *parte* qui en réalité n'en était plus une. Était-il d'ailleurs légitime, dans pareil cas, de parler de « commensalité » ?

Autre difficulté, concernant elle aussi le sens à donner au mot *parte* : les rôles de cour dont nous disposons à partir de la seconde moitié du XVIe siècle[34] mentionnent plusieurs catégories de personnes qui manifestement n'habitent pas la cour, mais qui n'en ont pas moins droit à la *parte.* Or un certain nombre de ces personnes, entre autres cardinaux et ambassadeurs, reçoivent une *parte* purement honorifique (*parte d'onore*) consistant en l'hommage chaque jour d'une certaine quantité de pain et de vin, ou encore, cas le plus fréquent, de pain seulement[35]. Faudrait-il les considérer elles aussi, de ce seul chef, comme appartenant à la cour ? On pourrait à la limite l'admettre dans le cas des cardinaux. Mais les ambassadeurs ? On le voit, même un critère apparemment aussi bien fondé que la commensalité soulève de sérieux problèmes d'interprétation et d'application.

Un dernier critère : la fonction. Ici, pas de doute possible : il existe bien un nombre important de fonctions d'ailleurs bien indiquées dans les rôles de cour de l'époque, qui manifestement font de leurs titulaires des membres à part entière de la cour. Mais il existe aussi des cas frontières, voire des cas limites où les choses sont loin d'être aussi limpides. Par exemple, les chanteurs de la chapelle Sixtine. Ils n'apparaissent pas dans les rôles de cour pontificale, mais ils sont bel et bien au service exclusif du pape et ils ont droit à des faveurs et à des égards comparables à ceux des membres de la cour[36]. Mais peut-on pour cela les assimiler à ces derniers ? Autre exemple : les membres de la Garde suisse. Eux non plus ne figurent pas dans les rôles de cour, mais ils sont liés de très près à la personne du pape — ils le prouveront au moment du sac de Rome en 1527[37] — et ils ont droit eux aussi à des égards de toutes sortes[38]. Faut-il pour autant les considérer comme faisant partie de la cour pontificale ? Une fois de plus, force est de reconnaître que l'interprétation et l'application de critères d'appartenance, fussent-ils apparemment indiscutables et objectifs, posent plus d'un problème et soulèvent plus d'une difficulté.

Comment sortir de cet imbroglio ? Commençons tout d'abord par admettre que ce n'est pas et ne sera pas là chose facile. Un cardinal de Luca, fort de ses claires et nettes distinctions entre « cour » et « curie » ou, pour employer son propre vocabulaire, univers « aulique » (*aulico*) et univers « judiciaire » (*giudiziario*), ne s'en empêtre pas moins continuellement dans l'utilisation de ces deux vocables et dans l'application qu'il en fait aux diverses personnes alors au service du pape, aussi bien comme souverain temporel que comme chef spirituel. Tout compte fait, peut-être faut-il se résigner à suivre l'exemple d'un Pio Pecchiai et décider quelque peu arbitrairement qu'il y a bien déjà aux XVIe et XVIIe siècles une frontière, encore mal délimitée il est vrai, mais frontière tout de même, entre cour et curie et qu'avec l'aide des critères évoqués précédemment, il serait possible de fixer en gros le « territoire » de la cour en tant que cour et de déterminer bon nombre de ceux qui, de droit ou de fait, appartenaient à cette cour, quitte à rester dans l'incertitude dans un certain nombre de cas limites. Et pour éviter toute équivoque, peut-être faudrait-il, tout aussi arbitrairement, décider d'appeler « cour pontificale » le « territoire » ainsi délimité et l'ensemble des personnes jugées aptes à y figurer, réservant aux vocables « cour de Rome », « cour romaine » ou « curie romaine » employés à l'époque le soin d'exprimer des conceptions plus larges ou tout simplement autres.

Les meilleurs outils pour réussir une telle opération restent bien évidemment les critères retenus plus haut, malgré les limites et les difficultés d'application de bon nombre d'entre eux. De tous ces critères, celui de la fonction est, à n'en pas douter, le plus utile et le plus fiable. D'autant plus que grâce aux rôles de cour dont nous disposons pour une bonne partie du XVIe siècle — nous en avons signalé l'existence plus haut —, nous connaissons fort bien les diverses fonctions exercées à la cour pontificale à l'époque et surtout, nous sommes en mesure de retrouver bon nombre des titulaires de ces mêmes fonctions.

Presque aussi utile, mais peut-être un peu moins fiable, est le critère de la « familiarité » qui, lui, permet de connaître ceux des membres de la cour qui avaient droit à certains privilèges dits de « familiarité »; privilèges, soulignons-le, réservés d'abord et avant tout aux clercs. Il y a des sources permettant de reconnaître les ayants droit à ces privilèges[39], mais elles ne sont pas sans poser des problèmes puisque, d'une part, elles excluent ceux des membres de la cour n'ayant pas droit à ces mêmes privilèges et que, d'autre part, elles incluent de nombreux personnages qui, au sens strict, n'appartenaient pas à la cour[40].

Quant au critère de la « commensalité », malgré les sérieux problèmes d'interprétation et d'application qu'il pose, en raison surtout des nombreuses incongruités du régime alors en vigueur de la *parte*, il n'est pas pour autant à négliger, les longues listes de *provisionati* et de *salariati* dressées chaque mois pour le majordome[41] permettant de repérer nombre de personnes alors en service à la cour et donc de faire de recoupements avec les listes fournies par les rôles de cour plus haut mentionnés, voire de pallier certaines lacunes de ces dernières. Ces listes ne sont toutefois pas de tout repos car, comme les rôles de cour, elles incluent assez souvent des noms de personnes à qui le pape fait tout simplement l'hommage ou la charité d'une « provision », la plupart de ces personnes n'étant pas, à proprement parler, de la cour, mais, notons-le, dans plus d'un cas le doute subsiste et il n'est pas toujours simple de trancher, dans un sens comme dans l'autre.

Notre dernier critère, celui du lieu, pourrait paraître à première vue le plus facile d'interprétation et d'application. En réalité, il est peut-être celui qui pose le plus de problèmes. En effet, si nous disposons pour la cour pontificale de listes nominatives relativement fiables fournies les unes par les rôles de cour, les autres par les livres de comptes des majordomes pontificaux, nous n'avons que très peu de listes comparables nous permettant de savoir, du moins pour l'époque qui nous intéresse ici, qui habitait et qui n'habitait pas au Vatican, et plus tard au Quirinal[42]. Certes, nous pouvons, grâce à diverses autres sources, réussir à connaître un certain nombre de ces « résidants », mais les noms de la plupart de ces derniers en réalité nous échappent. Par ailleurs, nous savons que des membres avérés de la cour ne résidaient pas dans les palais en question, mais combien ? Il n'est pas facile d'établir un nombre, de sorte que le critère du lieu à lui seul paraît d'une rentabilité fort limitée et, de surcroît, aléatoire.

Dans un article-programme publié en 1991[43], j'avais émis le souhait que puisse un jour être établi un répertoire aussi complet et circonstancié que possible « des personnes inscrites aux rôles de la cour pontificale », voire des autres cours existant à Rome au XVIe siècle et, après avoir indiqué un certain nombre de sources pouvant servir à la confection d'un tel répertoire, je m'étais permis de conclure que malgré les efforts considérables et sans doute les nombreuses collaborations qu'exigerait une telle entreprise, celle-ci, grâce surtout aux « ressources présentes et aux développements en cours de l'informatique », serait dans les années à venir « parfaitement envisageable et réalisable[44] ».

Cette conviction est toujours la mienne, mais ayant fait, depuis, le dépouillement systématique de plusieurs des sources dont j'avais fait état dans cet article, j'en suis venu à la conclusion que la réalisation du projet en question pourrait s'avérer plus longue et plus ardue que je ne l'imaginais à l'époque. Aussi suis-je tenté de formuler à nouveau un souhait, complémentaire à celui de 1992, à savoir que la présente étude, fondée en bonne partie sur le dépouillement des sources mentionnées précédemment, puisse servir tout à la fois de phare et de boussole aux chercheurs que pourrait tenter l'exploration de l'univers encore mal connu de la cour pontificale, mais aussi de son pendant, la curie romaine, à l'époque moderne.

NOTES

1. S. Battaglia (dir.), *Grande Dizionario della lingua italiana*, vol. III, Turin, 1971, p. 855.
2. *Ibid.*, p. 1071.
3. *Ibid.*, p. 864. Il n'est pas sans intérêt de constater par ailleurs que le cardinal Commendone au XVIe siècle réservait le terme courtisan (*cortegiano*) aux membres de la cour d'un certain rang, qu'ils habitent ou non cette même cour. G. A. Commendone, *Discorso sopra la Corte di Roma*, Cesare Mozzarelli (éd.), Rome, 1996, p. 46.
4. S. Battaglia (dir.), *op. cit.*, p. 1072.
5. *Ibid.*, p. 855.
6. G. B. de Luca, *Theatrum veritatis et justitiae*, vol. XV, t. 2, Rome, 1673, p. 1-4. Voir également P. Pecchiai, *Roma nel Cinquecento*, Bologne, 1948, p. 170. Le lexicologue Émile Littré est d'avis qu'il s'agit là d'une confusion née d'une étymologie douteuse datant du XIVe siècle. Selon lui, le mot « cour » dans toutes les langues romanes viendrait non pas du mot latin *curia*, au sens de lieu d'assemblée, mais plutôt de *curtis* ou de *cortis*, mot bas-latin venu du latin *cohors* ou *cors*, qui servait à désigner à l'origine une grande

cour de ferme, puis la résidence rurale d'un seigneur ou d'un prince, puis le lieu où ce dernier réunissait son conseil, et plus tard, le siège de son autorité politique et judiciaire. E. Littré (dir.), *Dictionnaire de la langue française*, vol. I, Paris, 1878, p. 852.

7. S. Battaglia (dir.), *op. cit.*, p. 1071-1072.
8. P. Pecchiai, *op. cit.*, p. 170. Voir aussi à ce sujet, C. Shaw, *Julius II: The Warrior Pope*, Cambridge (États-Unis), 1996, p. 167.
9. P. Pecchiai, *op. cit.*, p. 169-207 et 321-325.
10. À ce sujet, voir le troisième chapitre, p. 57-59.
11. G. B. de Luca, *Il Dottor Volgare*, vol. XV, (s.l.n.d.), p. 14. Cet ouvrage en quinze volumes est la version italienne du *Theatrum veritatis et justitiae* cité précédemment. Une première édition parut à Rome en 1673.
12. *Ibid.*, p. 15.
13. *Ibid.*, p. 72
14. *Ibid.*, p. 63 et suivantes.
15. *Ibid.*, p. 415-418.
16. *Ibid.*, p. 390-407.
17. *Ibid.*, p. 424 et 429.
18. *Ibid.*, p. 422.
19. *Ibid.*, p. 14.
20. *Ibid.*, p. 420.
21. *Vocabulario degli Accademici della Crusca*, vol. I, Venise, 1763, p. 657.
22. *Ibid.*, p. 619.
23. *Ibid.*, p. 621.
24. P. Richelet, *Nouveau Dictionnaire François*, Cologne, 1694, p. 273.
25. Un bel exemple de cette évolution nous est fourni par la *Relation de la cour de Rome* de François Nodot parue à Paris en 1701. L'auteur différencie le gouvernement spirituel de l'Église exercé par le « Saint-Siège » ou le « Siège apostolique » (p. 5-8) et le gouvernement temporel, apanage de la « cour de Rome » qui, précise-t-il, comme toutes les autres cours princières, « a des intérêts temporels » et agit donc en fonction d'une « politique purement humaine » (p. 8-10). Distinction typiquement gallicane qui, en faisant de la « cour de Rome » une instance purement politique, va beaucoup plus loin que le Richelet qui, certes, décrivait lui aussi cette cour comme un lieu de pouvoir, mais de pouvoir tout à la fois spirituel et temporel.
26. À ce sujet, voir P. Torquebiau, « Curie romaine », *Dictionnaire de droit canonique*, vol. IV, Paris, 1949, col. 971-975. En fait, c'est avec la réorganisation de la curie romaine par Pie X en 1908 que la distinction entre « cour » et « curie » sera pour la première fois nettement affirmée et codifiée. *Cf.* J.-B. D'Onorio, « Curie romaine (époque contemporaine) », *Dictionnaire historique de la papauté*, Paris, 1994, p. 529. À noter que le lexicographe Émile Littré, vers la fin du XIXe siècle, propose notamment cette définition

du mot « curie » : « ensemble des diverses administrations qui constituent le gouvernement pontifical ». E. Littré (dir.) *op. cit.*, p. 936. Toutefois, à la même époque, le *Dictionnaire de l'Académie française* (vol. I, Paris, 1879, p. 458) continue d'ignorer ce sens du mot.

27. C'est la première définition du mot « cour » (*corte*) que donne le *Vocabulario degli Accademici della Crusca*, *op. cit.*, p. 619.
28. G. Fragnito, « Parenti e familiari nelle corti cardinalizie del Rinascimento », *Famiglia del Principe e famiglia aristocratica*, Cesare Mozzarelli (éd.), Rome, 1988, p. 570-571 et 583, note 42 et *id.*, « Le corti cardinalizie nella Roma del Cinquecento », *Rivista Storica Italiana*, vol. CVI, 1994, p. 10-12 et notes.
29. P. Partner, *Renaissance Rome, 1500-1559: A Portrait of a Society*, Berkeley, 1976, p. 120-121.
30. L'expression se trouve déjà chez Francesco Priscianese, auteur du *Del governo della Corte d'une Signore in Roma* paru à Rome en 1543. Voir la réédition de cet ouvrage faite à Città di Castello en 1883, p. 26 et passim. L'existence de la *parte*, c'est-à-dire de la ration alimentaire fournie à chaque membre de la cour, était, selon Priscianese, liée au fait que le *tinello* ou la salle à manger commune n'existait pratiquement plus dans la plupart des grandes maisons de l'époque.
31. *Ibid.*, p. 25-30.
32. Depuis au moins l'exil d'Avignon, le pape avait sa cuisine, son personnel de cuisine et sa salle à manger (*tinello*) bien à lui, qualifiés tous les trois par l'adjectif « secrets » (*secreti*). C'est habituellement dans cette dernière qu'il mangeait en compagnie d'intimes ou d'invités de marque. B. Guillemain, *La cour pontificale d'Avignon 1309-1376 : étude d'une société*, Paris, 1962, p. 392-394. Voir aussi B. Laurioux, « Cuisinier du pape », *Dictionnaire historique de la papauté*, *op. cit.*, p. 491-492. Ce régime est celui que l'on trouve encore au XVIe siècle, comme le montrent bien les livres de comptes des majordomes de l'époque, où la « table » du pape fait toujours l'objet d'une entrée à part avec souvent le détail des menus servis chaque jour à cette même table. Un premier exemple nous en est fourni par le seul registre de ce genre qui nous reste pour la période antérieure au règne de Grégoire XIII, celui du majordome de Paul III, Angelo Archangeli, allant de juillet à décembre 1538 (ASR, Camerale I, 1349, f°s 9v-24v). Ce modèle est repris presque sans changement dans les nombreux registres couvrant les pontificats de Grégoire XIII et de ses successeurs immédiats (ASR, Camerale I, 1350-1367 et BAV, Introiti ed esiti, 1-15). Grâce aux factures expédiées à la Chambre apostolique par deux artisans ayant effectué des travaux au Vatican entre 1584 et 1585, travaux de peinture dans un cas, de maçonnerie dans l'autre, nous avons la preuve que la « famille » du pape mangeait à part et qu'elle avait pour ce faire à sa disposition plusieurs cuisines et salles à manger aménagées à divers

endroits du palais apostolique. Il est question à un moment d'un « tinello de' gentilhomini », à un autre, d'un « tinello della famiglia » (ASR Camerale I, Giustificazioni di tesoreria, Busta 15, fasc. 2, f° 4v). Ailleurs on parle de la cuisine du chambellan, de celle de l'écuyer tranchant, de celle du cardinal Guastavillani (*ibid.*, fasc. 6, f°s 1v, 2v et 5v). Manifestement, comme Priscianese s'en était rendu compte dès les années 1540, dans les grandes cours de l'époque, y compris la cour pontificale, en matière de cuisine, la tendance était de plus en plus au chacun pour soi.

33. En effet, en octobre 1586, soit exactement une année après son élection, Sixte Quint, visiblement décidé à restreindre les coûts d'entretien de sa cour, mettra fin à la *parte* telle qu'elle avait existé jusque-là et la remplacera par une allocation en argent (*companatico in denari*), de fait moins dispendieuse et plus facile à gérer (ASR, Camerale I, 1356, f°s 26-27r).
34. Effectivement, à partir du règne de Jules III (1550-1555), nous disposons d'une série presque continue de rôles de cour (BAV, Ruoli I et suivants). Fait inexpliqué, il manque dans cette série les rôles de cour de Grégoire XIII.
35. À titre d'exemple, au temps du pape Pie IV, cinq cardinaux, un ambassadeur de même qu'un certain nombre de grands officiers ou fonctionnaires (le gouverneur de la ville, le trésorier général, le châtelain du château Saint-Ange, le capitaine de la Garde suisse, etc.) reçoivent une ration quotidienne (*portione*) de pain et de vin (ASR, Camerale I, Giustificazioni di tesoreria, 4, fasc. 18, f° 13rv), tandis que 42 cardinaux, 8 ambassadeurs, 8 prélats domestiques et divers officiers de curie (clercs de la chambre, auditeurs de la Rote, référendaires apostoliques, etc.) se voient gratifiés pour leur part d'une ration de pain (*ibid.*, f°s 14-21r). On retrouve *mutatis mutandis* ce type d'entrée dans tous les rôles de cour dont nous disposons pour l'époque.
36. En effet, outre la « provision » qui leur était consentie chaque mois et que l'on pourrait assimiler à un salaire, les chanteurs de la Sixtine recevaient à intervalles plus ou moins réguliers, habituellement en lien avec une fête ou un anniversaire important (Noël, Pâques, le 29 juin, l'anniversaire du couronnement du pape régnant), des « étrennes », c'est-à-dire des dons en argent ou encore, au moins une fois par année, un costume neuf. Par exemple, au temps de Clément VII, ils reçoivent les « *mancie* » suivantes : le 29 novembre 1523, 72 ducats ; le 2 avril 1524, 36 ducats ; le 15 juillet, 74 ducats ; le 27 septembre, 78 ducats (ASR Camerale I, 1491, f°s 48r, 55r, 60r et 64r). À la même époque, la « provision » mensuelle du chœur de la Sixtine s'élevait à 217 ducats or, soit 8 ducats par chanteur (*ibid.*, Mandati Camerali, 862, f° 12v). Pour ce qui est du vêtement, on trouve une première mention à cet effet dans un registre de 1541, c'est-à-dire au temps de Paul III, sous forme d'un versement de 136 ducats or au chœur de la Sixtine

pour l'achat de tissus afin de vêtir ses membres en neuf (*ibid.*, Mandati Camerali, 874, f° 26r). Les chanteurs de la Sixtine sont donc bel et bien traités comme des « familiers » à l'égal des membres « attitrés » de la cour.

37. Est-il besoin de rappeler qu'à cette occasion, la plupart d'entre eux donneront leur vie pour assurer la fuite du pape au château Saint-Ange ? Voir L. von Pastor, *Geschichte der Päpste*, vol. IV, t. 2, Fribourg, 1956, p. 271.

38. Dans les livres de comptes du trésorier secret du pape Jules III, on trouve de nombreuses mentions de « *mancie* » versées aux tambours et fifres de la Garde suisse. Par exemple, le 12 avril 1550, à la suite de l'élection du pape, le 24 décembre de la même année, à l'occasion de Noël (ASR, Camerale I, 12951, f°s 13v et 50r), ou encore le 28 février 1551, pour l'anniversaire du couronnement du pape (*ibid.*, Camerale I, 1295/2, f° 23v), les « mancie » variant entre 4 et 8 écus. Pour ce qui est du vêtement destiné cette fois à l'ensemble de la Garde, on trouve à la même époque mention à environ tous les huit mois de déboursés à cet effet pour des sommes oscillant entre 1350 et 1900 écus (*ibid.*, Mandati Camerali, 896, f°s 5v, 64r, 78rv et 138r). Ces déboursés sont du 2 août 1553, du 12 avril 1554 (avec un versement supplémentaire ordonné par le pape le 19 mai) et du 20 décembre de la même année.

39. De fait n'ont survécu aux vicissitudes du temps que quelques rares registres de cette nature, l'un datant du pontificat de Paul III (BAV, Borgiani latini, 354), un autre, de celui de Jules III (*ibid.*, Ruoli II), trois autres de celui de Paul IV (*ibid.*, Ruoli 27-28, Vaticani Latini 15046), un sixième de celui de Pie IV (*ibid.*, Ruoli 39). Certaines notes marginales de la main d'officiers de la chancellerie, notamment dans les registres de l'époque de Paul IV, donnent à penser que les curialistes trouvaient le pape un peu trop libéral en la matière et auraient souhaité le voir restreindre le nombre des « familiers » ayant droit au *gratis* des expéditions apostoliques. Gigliola Fragnito, qui a étudié de près ce problème, montre que les objections des curialistes en question venaient des pertes de revenus que ces « exemptions » représentaient pour eux en tant que titulaires d'offices, à l'époque, pour la plupart vénaux (G. Fragnito, « Le corti cardinalizie nella Roma del Cinquecento », *op. cit.*, p. 11-13).

40. Par exemple, au temps de Paul IV, les quelque 37 prélats inscrits au rôle de « familiarité » de 1556, dont une bonne moitié n'occupent aucune fonction comme telle à la cour, mais surtout ne figurent pas dans les rôles de cour de l'époque (BAV, Ruoli 27, f°s 3-9 et Ruoli 32, f° 3v).

41. En effet, on trouve ces listes dans tous les livres de comptes parvenus jusqu'à nous. Sur ces derniers, voir la note 32.

42. Il n'existe à notre connaissance pour tout le XVIe siècle que deux listes de « résidants » de la cour, l'une de 1566, donc de l'époque de Pie V (ASV, Miscellanea, Arm. II, 80, f°s 204-207r), l'autre de 1594, donc du règne de

Clément VIII (*ibid.*, Fondo Confalonieri, 64, f°s 4-17rv) et, encore, ces deux listes ne nous fournissent-elles que les noms des principaux personnages habitant à ces moments précis le palais pontifical.

43. P. Hurtubise, « Jalons pour une histoire de la cour de Rome aux XVe et XVIe siècles », *Roma nel Rinascimento, 1992*, Rome, 1993, p. 23-134.
44. *Ibid.*, p. 133.

II

La présence des « étrangers » à la cour de Rome dans la première moitié du XVIe siècle*

Rome est, au début du XVIe siècle, une des villes les plus cosmopolites d'Europe. Les contemporains, y compris les Romains eux-mêmes, en témoignent abondamment[1] et aussi tard qu'en 1581, un Michel Montaigne peut encore parler de cette « ville rapiecée d'étrangiers » où chacun « est come chés soi[2] ». Les travaux d'un certain nombre d'historiens, en particulier ceux de Jean Delumeau[3], ont permis de montrer qu'il ne s'agissait pas là d'impressions fugaces ou superficielles, même si les travaux en question obligent à nuancer quelque peu le jugement d'un Montaigne qui, eût-il connu la Rome d'avant 1550, aurait peut-être été plus sensible aux transformations d'une ville qui, déjà à son époque, s'italianisait, voire se romanisait de plus en plus[4].

Ville musée, ville sainte, ville de cour par excellence, il était en quelque sorte inévitable que Rome attire, plus que d'autres, la foule bigarrée de ceux qui, au XVIe siècle, étaient en quête de culture, d'indulgences, de gloire ou, tout simplement, d'emploi. Sans doute certains ne faisaient-ils que passer, mais d'autres, personnes de talent, d'ambition, d'argent n'hésitaient pas à prolonger leur séjour,

---

* Version revue et corrigée d'un texte d'abord paru dans *Forestieri e stranieri nelle città basso-medievali*, Florence, 1988, p. 57-80.

voire à s'installer dans la ville, avec le secret espoir d'y faire leur fortune et, qui sait, celle de leur famille. C'est qu'à l'époque, comme le souligne si justement Antoine Maria Gratiani, secrétaire et biographe du cardinal Commendone, Rome est une ville « où l'on peut aspirer à tous les honneurs, quand on a de l'esprit et du mérite », où, surtout, ces honneurs sont accessibles même aux « étrangers » et aux « plus inconnus » pourvu qu'on sache au bon moment se gagner les faveurs de tel ou tel puissant patron[5].

Les « honneurs » auxquels fait allusion Gratiani sont bien évidemment ceux de la cour, mais de la cour entendue au sens le plus large, c'est-à-dire tout à la fois « famille » du pape, « famille » des cardinaux et ensemble des services administratifs de l'Église et de l'État pontifical. En d'autres mots, pour employer un vocabulaire qui est déjà celui de l'époque, des univers combinés des « courtisans » et des « curialistes ». C'est du premier de ces univers qu'il sera d'abord et avant tout question ici.

On comprend, à la lumière du témoignage de Gratiani, que les possibilités offertes par le service de la cour aient attiré de nombreux étrangers à Rome dans la première moitié du XVIe siècle. La cour du pape, les cours des quelque vingt-cinq ou trente cardinaux qui habitaient à l'époque la ville, cela faisait tout de même plusieurs milliers d'emplois[6]. Combien de ces étrangers réussirent, de fait, à se voir ouvrir les portes de ces grandes et prestigieuses demeures ? À quels groupes nationaux ou régionaux appartenaient-ils ? Leur réussite fut-elle de courte ou de longue durée ? Et, les cours papale et cardinalices comportant, à l'image des sociétés de l'époque, une stricte hiérarchie de dignités et de fonctions, combien d'entre eux réussirent à se hisser au sommet de cette pyramide ? Combien, au contraire, durent se contenter d'emplois de moindre importance ou de peu de considération ? Autant de questions auxquelles nous chercherons, dans toute la mesure du possible, à apporter réponse.

Par l'usage que nous en avons fait jusqu'ici, on aura sans doute compris que le mot « étrangers » est pris par nous dans son acception la plus large, correspondant tout à la fois au *straniero* et au *forestiero* de l'époque, c'est-à-dire, d'une part, le non-Italien, de l'autre, le non-Romain, mais avec toutes les nuances (et, parfois, les équivoques) que cela pouvait comporter dans une Europe aux frontières changeantes, compliquées, parfois incertaines, du moins pour la période ici considérée. Nous aurons d'ailleurs à revenir sur ce problème un peu plus loin.

1. Sources et méthode

Un mot des sources dont nous nous sommes servi pour la présente étude et un mot surtout des problèmes de méthode que posent ces mêmes sources.

Notre enquête est fondée, pour l'essentiel, sur un certain nombre de rôles (*ruoli*) des cours des papes Pie III[7], Léon X[8], Paul III[9] et Jules III[10]. En ce qui concerne les cardinaux, nous nous servons des listes nominatives des cours de Giovanni et Bernardo Salviati, neveux de Léon X, listes reconstituées, de fait, à partir de toute une série de registres ayant appartenu à ces deux hommes[11], et nous nous inspirons des données assez fragmentaires, il faut le dire, mais tout de même significatives, d'un rôle de familiarité dressé en 1545 à la demande de Paul III, rôle sur lequel figurent, entre autres, les noms de quelque vingt-cinq cardinaux dits *palatins* avec, pour chacun, une liste de leurs principaux dépendants[12].

Les rôles des cours de Pie III, de Léon X et de Jules III sont connus des spécialistes de la période, bien que seuls les deux premiers aient fait l'objet de publications ou encore d'études, études d'ailleurs en général assez sommaires et, pour certaines, incomplètes[13]. Par contre, les listes que nous avons réussi à trouver des membres de la cour de Paul III sont très peu connues et n'avaient, à vrai dire, jamais été exploitées jusqu'ici[14], tout comme d'ailleurs celles des membres de cours cardinalices dont il a été question plus haut.

Si réelles, si intéressantes soient-elles, ces diverses sources ne sont tout de même pas sans poser quelques problèmes de méthode. Tout d'abord, bien qu'elles soient ou, du moins, paraissent relativement homogènes, ayant toutes été rédigées plus ou moins dans le même but, certaines circonstances de rédaction font qu'elles ne l'ont pas toutes été selon les mêmes critères ni surtout avec le même soin. D'où la qualité très inégale et très variable des renseignements fournis.

Le rôle de cour de Pie III (1503), de même que le second des rôles dont nous disposons pour la cour de Paul III (1549) ont été l'un et l'autre dressés à l'occasion de la mort de ces deux papes et dans le but de déterminer le coût des tissus distribués à chacune de ces occasions à ceux, familiers, officiers, simples serviteurs, qui avaient à prendre le deuil. Or, si, d'une part, ces listes débordent les frontières strictes de la cour pontificale — on y trouve en effet mentionnés de nombreux curialistes de même que bon nombre d'officiers capitolins —, d'autre part, elles laissent complètement dans l'ombre les noms de la plupart des serviteurs (*famuli*), se contentant, pour certains, d'en indiquer tout simplement le nombre par catégorie, pour d'autres, de les inclure à même les assignations faites à tel ou tel officier ou à tel ou tel familier dont ils dépendaient. Ajoutons que le rôle de cour de Pie III est lacunaire, ce dont son éditeur Paolo Piccolomini ne semble pas s'être rendu compte[15], et qu'il en va de même pour celui dressé à la mort de Paul III, bien que, dans l'un et l'autre cas, il y ait des éléments qui permettent de combler, au moins en partie, ces lacunes[16]. Les difficultés d'utilisation de ces deux rôles, surtout compte tenu de l'usage que nous voulons en faire ici, n'en restent pas moins réelles. On pourrait d'ailleurs en dire autant du rôle de cour de Jules III (1550) qui, lui aussi, néglige de nommer la plupart des officiers inférieurs et la presque totalité des simples serviteurs, se contentant, comme dans les deux cas précédents, d'en indiquer la qualité et le nombre.

De fait, les seules listes nominatives complètes dont nous disposions pour l'époque sont celles des cours de Léon X (1514-1516) et de Paul III (1545-1546), cette dernière étant incluse à l'intérieur du rôle de familiarité déjà mentionné, de même que celles des « familles » des cardinaux Giovanni et Bernardo Salviati. Mais ces listes elles-mêmes ne sont pas sans défaut. Ainsi, pour ne citer que ces exemples, les rôles des cours de Léon X et de Paul III négligent tous deux de mentionner les chanteurs de la chapelle Sixtine, alors que le rôle de cour de Pie III, par ailleurs beaucoup moins complet, inclut cette mention[17] ; plus étrange encore, la liste de la cour de Léon X fait totalement abstraction des palefreniers[18], pourtant dûment recensés dans toutes nos autres listes. Nos meilleures sources ne sont donc pas sans poser, elles aussi, un certain nombre de problèmes d'utilisation.

Et, pourtant, ce ne sont encore là que vétilles en comparaison de ce qui nous paraît être la difficulté majeure posée par toutes nos listes, à savoir l'absence, dans la plupart des cas, de toute indication relative à l'origine géographique ou, si l'on préfère, à la nationalité ou à la citoyenneté des personnes recensées. Seul le rédacteur du rôle de cour de Léon X semble avoir fait un effort en ce sens, nous fournissant l'origine géographique d'environ 60 p. cent de ses personnages. Rien de tel dans le cas des autres listes, où ce renseignement est à peu près toujours absent. Il arrive que grâce au nom, au prénom, parfois au surnom de l'une ou l'autre personne figurant sur ces listes, on aboutisse à la détermination relativement sûre du pays ou de la région d'origine. Mais la latinisation fréquente, en plus d'une graphie souvent approximative, voire fantaisiste de ces mêmes noms et prénoms font que l'énigme reste entière dans bon nombre des cas, pour ne pas dire la majorité.

Autant de problèmes qui se posaient à nous lorsque, après avoir pris connaissance de notre documentation de base, nous nous sommes demandé de quelle façon elle pourrait être le plus efficacement et le plus avantageusement exploitée, en tenant compte surtout des objectifs que nous nous étions fixés. Notre premier réflexe fut de nous tourner vers les historiens qui s'étaient intéressés avant nous à la cour et à la société romaines de l'époque, soit vers les travaux de von Pastor[19], de Rodocanachi[20], de Pecchiai[21], de Piccolomini[22], de Strnad[23], mais surtout de Ferrajoli[24] et de Dorez[25] dont nous espérions tirer au moins quelques premiers éléments de réponse. Nous ne pouvons dire que nous ayons été déçu, surtout en ce qui concerne Ferrajoli et Dorez, mais le principal mérite de tous ces auteurs fut moins de nous fournir les éléments recherchés que de nous mettre sur la piste de filons, à peine exploités par eux, mais dont nous devinions toute l'importance pour notre propos. Et c'est ainsi que nous avons été amené à exploiter les riches séries des archives de la chancellerie, de la daterie et de la Chambre apostolique, séries que nous avons trouvées, pour une part, aux Archives et à la Bibliothèque du Vatican, pour le reste, à l'Archivio di Stato de Rome[26]. À quoi nous n'avons pas manqué d'ajouter les diaires de Burchard[27], de Grassi[28], de Baroni[29], de Firmano[30], cérémoniaires des papes de l'époque, mais en même temps précieux témoins des faits et gestes de nombreux personnages de la cour.

2. Premières données

Que nous a valu cette deuxième étape de notre enquête?

Tout d'abord, la détermination certaine et, dans plusieurs cas, l'origine géographique très précise d'environ 400 personnages qui étaient restés jusque-là pour nous de véritables énigmes. Récolte tout particulièrement abondante dans le cas de la cour de Léon X — nous avons pu, en effet, ajouter pratiquement 200 « localisations » aux quelque 600 qui nous étaient fournies par le rédacteur du rôle de cette cour —, mais apport appréciable également dans le cas des cours de Paul III et Jules III où, comme nous l'avons souligné précédemment, nous n'avions au départ pour ainsi dire aucune « localisation ». Il y aurait sans doute eu moyen d'améliorer ce score, mais il aurait alors fallu nous lancer dans des dépouillements encore plus fastidieux et d'une rentabilité d'ailleurs douteuse. Nous avons pensé que les résultats obtenus constituaient une base de données plus que suffisante pour le type d'analyse que nous nous étions proposé.

Tout d'abord, les données quantitatives. Si l'on fait le total des quatre cours papales ici considérées, cela nous donne en gros quelque 3 260 personnes, soit 460 pour la cour de Pie III, plus de 900 chacune pour les cours de Léon X et de Paul III, et environ 900 pour celle de Jules III. Signalons, à titre de comparaison, que la cour de Clément VII ne regroupait vraisemblablement pas plus de 700 personnes[31]. Comme les rôles des cours de Pie III et de Jules III ne nomment qu'une partie des personnes recensées — 282 dans le premier cas, 263 dans le second —, nous ne possédons en réalité qu'un peu plus de 2 440 noms de « courtisans » pour la période ici retenue. Or, grâce aux indices fournis par les documents eux-mêmes et grâce surtout aux renseignements tirés de sources complémentaires décrites précédemment, nous sommes en mesure d'établir une fiche signalétique pour environ 1 860 de ces personnes, soit 76 p. cent des personnes « nommées » et 57 p. cent des personnes recensées. Pourcentage tout à fait respectable, surtout si l'on songe aux lacunes que présentaient, au départ, la plupart de nos listes.

Pour ce qui est des rôles des cours cardinalices — et nous nous limitons ici aux cours des cardinaux Salviati —, le nombre de « localisations » établies varie entre 199 sur 331 dans le cas de Giovanni Salviati et 137 sur 351 dans le cas de son frère Bernardo, soit environ 49 p. cent pour les deux. Pourcentage cette fois moins satisfaisant, mais néanmoins acceptable, compte tenu des difficultés particulières — notamment l'absence fréquente de patronymes — que présentaient les listes nominatives des cours de ces prélats.

Nous aurions voulu pouvoir utiliser l'ensemble de ces données pour établir un premier bilan général de la présence des étrangers à la cour de Rome entre le début et le milieu du XVIe siècle. Malheureusement, en raison de leur caractère incomplet, les rôles des cours de Pie III et de Jules III de même que les listes nominatives d'un certain nombre de familiers de cours cardinalices de l'époque de Paul III signalées précédemment ne peuvent servir à un tel bilan. Nous nous limiterons donc pour ce premier survol aux seuls rôles des « familles » de Léon X, Paul III et des cardinaux Giovanni et Bernardo Salviati.

On aura sans doute remarqué que, pour ce premier survol, nous nous contentons d'établir une distinction entre Italiens et non-Italiens et, dans ce dernier groupe, de créer trois grandes catégories, soit celle des Espagnols (et des Portugais), celle des Français (et des Lorrains) et celle des Impériaux. Nous y avons été forcé, d'une part, par l'impossibilité de déterminer, si ce n'est dans le cas de la cour de Léon X, les régions ou villes d'origine d'un nombre suffisant de courtisans italiens, et d'autre part, par le fait que des diverses catégories de non-Italiens que nous avons établies, les trois indiquées précédemment étaient les seules qui, numériquement parlant, offraient quelque consistance. Nous ne renonçons pas pour autant à traiter du problème des groupes régionaux, et cela, pour les Italiens aussi bien que pour les non-Italiens, mais nous nous réservons de le faire plus loin à partir des données beaucoup plus sûres et surtout beaucoup plus circonstanciées de la cour de Léon X.

Les historiens qui s'étaient jusqu'ici intéressés à la présence étrangère à Rome au XVIe siècle avaient, pour la plupart, adopté la formule commode qui consiste à plaquer sur l'Europe d'alors les frontières de l'Europe de leur temps. Anachronisme flagrant auquel n'étaient sans doute pas étrangers les forts courants nationalistes nés au XIXe siècle, mais qui permettait surtout d'échapper aux difficultés posées par la géographie d'une Europe à mi-chemin entre le féodalisme et la modernité. Dans ce concert rarement harmonieux de royaumes, de principautés (à divers degrés) souveraines, de villes (plus ou moins) libres, tous et toutes généreusement pourvus d'enclaves, d'apanages, de juridictions autonomes, où tracer en effet des frontières qui répondent

Tableau A
Effectifs italiens et non italiens des cours
de Léon X, de Paul III et des cardinaux Giovanni et Bernardo Salviati

Cours (années)	*Italiens*	*non-Italiens*					***Total***
		hisp.-port.	*franco-lor.*	*impériaux*	*autres*	*total partiel*	
Léon X (1514-1516)	320 41 %	157 20 %	151 19 %	127 16 %	25 4 %	460 59 %	780 100 %
Paul III (1545-1546)	468 65 %	101 14 %	119 16 %	26 4 %	9 1 %	255 35 %	723 100 %
G. Salviati (1539-1553)	145 73 %	5 2,5 %	35 17,5 %	10 5 %	4 2 %	54 27 %	199 100 %
B. Salviati (1530-1568)	105 77 %	1 1 %	27 19 %	—	4 3 %	32 23 %	137 100 %

adéquatement aux critères de l'époque et surtout, en tenant compte du problème que nous posons ici ? Quel type de frontières privilégier ? Frontières politiques ? Frontières culturelles ? Ou encore quelque *tertium quid* mieux à même d'exprimer les sentiments d'appartenance réels existant en Europe au XVIe siècle ? Il n'est pas facile de trancher. Un Franc-Comtois de l'époque pouvait fort bien parler et écrire le français, mais il était sujet de l'empereur et ne se considérait aucunement comme Français. De même, le Savoyard et le Bressan qui, l'un et l'autre, devaient allégeance à un prince italien, prince qui portait effectivement le titre de duc de Savoie, mais qui était en réalité piémontais et gouvernait ses États à partir de Turin. On pourrait en dire autant de villes comme Trente ou Cambrai qui sont aujourd'hui, l'une italienne, l'autre française, mais qui étaient à l'époque villes d'Empire.

Afin d'éviter un grand nombre d'anachronismes, nous nous en tiendrons en général aux frontières politiques du temps, quitte à opérer, à l'occasion, d'autres regroupements, certains plus vastes, d'autres plus restreints, inspirés ceux-là par des considérations d'ordre culturel. Le tout en vue d'arriver à cerner le mieux possible les contours des divers groupes dont il sera ici question. De plus, pour éviter toute confusion possible dans l'emploi du mot « étranger(s) », nous recourrons au vocable « ultramontain(s) » pour désigner l'ensemble des non-Italiens et aux vocables propres à chaque région lorsqu'il nous faudra parler de tel ou tel groupe « étranger » en particulier.

3. La présence ultramontaine

Des trois catégories d'ultramontains mentionnées dans notre premier tableau (A), les deux premières répondent à des critères tout à la fois politiques et culturels, la troisième, à des critères exclusivement politiques. Sous l'étiquette « impériale », en effet, nous avons choisi de regrouper tous les sujets non italiens de l'empereur, que ces sujets soient allemands, hollandais, flamands, brabançons ou francs-comtois, alors que sous les étiquettes « hispano-portugaise » ou « franco-lorraine », nous avons voulu associer des voisins relevant de régimes politiques différents, mais appartenant à un même univers culturel.

Cela dit, que sommes-nous en mesure de conclure à partir des données fournies par notre tableau ? Tout d'abord, que la proportion des Italiens par rapport aux non-Italiens bascule entre l'époque de Léon X et de Paul III, les Italiens passant d'une position largement minoritaire à une position largement majoritaire ; ensuite, qu'il y a entre ces deux mêmes périodes une chute brutale des effectifs impériaux, le groupe des Franco-Lorrains étant le seul à maintenir sa position relativement intacte d'une période et d'une cour à l'autre ; enfin, que certains groupes, les Anglais par exemple, sont à peu près totalement absents de nos listes, et cela, aussi bien au temps de Léon X que de Paul III. Serait-ce un indice, dans le cas des Impériaux et des Anglais, de la distance, de l'*estrangement* qui existaient déjà entre une Europe du Nord sur le point de passer (ou déjà passée) au protestantisme et une Rome mal aimée, symbolisant et incarnant tout à la fois une autre façon de vivre, de penser et de sentir les choses, en particulier sur le plan de la foi ? Peut-être. Mais comment ne pas remarquer en même temps que les effectifs d'autres groupes, pourtant bien « latins », sont, eux aussi, en baisse, et cela, malgré les liens étroits qui, à l'époque, continuaient à exister entre ces groupes et Rome. Manifestement, le renversement de tendance s'est fait au détriment de tous les ultramontains, quels qu'ils soient, même si l'analyse statistique oblige à admettre que certains groupes furent, en l'occurrence, beaucoup plus durement touchés que d'autres.

Ce phénomène apparaît d'ailleurs encore plus net et probant dès qu'on s'arrête à considérer non plus l'ensemble des effectifs des cours pontificales et cardinalices de l'époque, mais les seules catégories supérieures de ces cours, soit le prestigieux cortège des prélats domestiques, des camériers, des cubiculaires, des écuyers et des chapelains secrets que nous regrouperons ici, par commodité, sous l'étiquette plus générale de « familiers ». Si nous comparons les données fournies par nos diverses listes — et nous pouvons ici faire également appel aux rôles des cours de Pie III et de Jules III — nous constatons, en effet, que, dès le début du siècle, et même dans le cas de la cour de Léon X, par ailleurs si cosmopolite, l'élément italien est largement prédominant partout (voir tableau B).

À noter, encore ici, l'émiettement des effectifs impériaux, mais, par contre, la performance relativement bonne du groupe « hispano-portugais » qui, à ce niveau, résiste beaucoup mieux à la poussée italienne que le groupe « franco-lorrain ».

Les données, malheureusement fragmentaires, que nous possédons sur les « familiers » d'un certain nombre de cours cardinalices de l'époque de Paul III vont, en gros, dans le même sens — 75 p. cent d'Italiens contre 25 p. cent de non-Italiens — avec cette différence toutefois que le groupe « franco-lorrain » y est mieux représenté que le groupe « hispano-portugais » (11 p. cent vs

Tableau B
« Familiers » italiens et non italiens des cours
des papes Pie III, Léon X, Paul III et Jules III

cours (années)	***Italiens***	***non-Italiens***					***Total***
		hisp.-port.	*franco-lor.*	*impériaux*	*autres*	*total partiel*	
Léon X (1503)	87 84 %	7 7 %	s. o.	9 9 %	1	17 16 %	104 100 %
Léon X (1514-1516)	165 76 %	34 16 %	9 4 %	9 4 %	1	53 24 %	218 100 %
Paul III (1545-1546)	168 82 %	26 13 %	4 2 %	2 1 %	4 2 %	36 18 %	204 100 %
Jules III (15...?)	103 82 %	5 10 %	8 6 %	—	2 2 %	23 18 %	126 100 %

Figure 1
« Familiers » italiens et non italiens de quelques cours cardinalices
de l'époque de Paul III

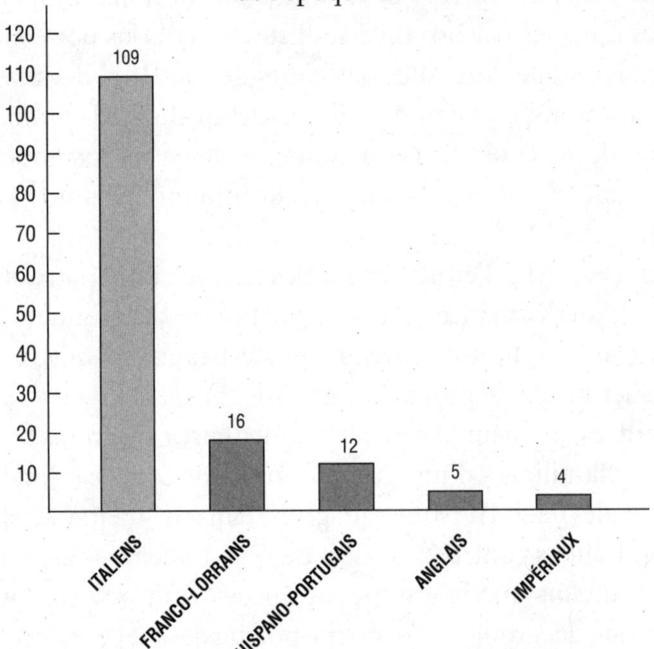

8 p. cent). La présence à première vue surprenante d'un certain nombre d'Anglais à ce niveau s'explique assez facilement par le fait que, depuis 1536, un de leurs compatriotes, Reginald Pole, fait partie du Sacré Collège. Mais il s'agit d'une « anomalie », anomalie que le départ de Pole pour l'Angleterre en 1553, puis sa mort dans ce pays cinq ans plus tard, auront d'ailleurs tôt fait de corriger.

L'italianisation de plus en plus marquée des cours papale et cardinalices de la Rome de la première moitié du XVIe siècle ne fait donc pas de doute. Mais le fait que ce phénomène soit particulièrement évident aux niveaux supérieurs de ces mêmes cours, et cela, dès l'époque de Pie III, montre bien qu'il y avait là une logique à l'œuvre et que ce n'était au fond qu'une question de temps pour que cette logique finisse par triompher. Certaines fonctions continueront à être occupées par des ultramontains, même après le milieu du XVIe siècle, mais ce seront en général des fonctions de peu d'importance et surtout de peu de considération, les seules exceptions se situant dans certaines professions ou métiers où le savoir-faire « étranger » était jugé supérieur et donc irremplaçable.

Citons à titre d'exemple la chapelle Sixtine, où le contingent non italien restera prépondérant pratiquement jusqu'au milieu du siècle, l'élément espagnol dominant, et de loin, au temps de Pie III[32], mais pour se voir bientôt supplanté par l'élément français au temps de Clément VII[33], avant que l'un et l'autre ne se retrouvent à égalité à l'époque de Paul III, face à un contingent italien plus substantiel, bien qu'encore minoritaire[34]. Mais, même là, la logique mentionnée précédemment était à l'œuvre. À la mort de Paul III, les chanteurs italiens représentaient déjà 50 p. cent des effectifs de la chapelle[35]. Quarante-cinq ans plus tard, cette proportion était passée à 81 p. cent[36].

S'il faut en croire Léon Dorez, la plupart des *cursores* (ou courriers) employés à la cour de Paul III auraient été non italiens[37]. Nous aurions donc là un autre exemple d'office resté en grande partie aux mains des ultramontains, et cela, malgré la présence de plus en plus envahissante de l'élément italien. Pour quelle raison ?

Il est difficile de le dire. S'agissant d'un office vénal, peut-être ces mêmes ultramontains avaient-ils réussi à s'assurer un certain monopole sur l'office en question, monopole, on le comprend, d'autant plus important à leurs yeux que partout ailleurs ils perdaient du terrain et allaient continuer à en perdre. Le fait que nous retrouvions encore en 1586 près de 60 p. cent de non-Italiens parmi le groupe des *cursores*[38] semble bien indiquer l'existence (et la persistance) d'une volonté en ce sens, à moins que, pour des raisons connues d'eux seuls, les papes du XVIe siècle aient tenu à ce que cet office fût exercé de préférence par des ultramontains.

Il y aurait de nombreux autres exemples à apporter, notamment en ce qui concerne les offices de bouche et d'écurie, où l'on trouve jusqu'à la fin de notre période d'importants contingents de non-Italiens[39], mais, encore là, force nous est de constater que, même à ce niveau, l'avance italienne est manifeste, bien qu'elle y soit relativement moins importante qu'aux échelons supérieurs de la cour.

L'italianisation de la cour est par conséquent de plus en plus marquée, les quelques exceptions signalées précédemment ne servant à vrai dire qu'à confirmer une règle désormais inévitable, pour ne pas dire inexorable, et ce, surtout à partir du règne de Paul III qui semble bien avoir constitué, à cet égard, une sorte de point de non-retour. Cela dit, se pose le problème qui consiste à savoir qui étaient ces Italiens qui affluaient en nombre grandissant à la cour. Combien d'entre eux étaient Romains ? Combien venaient du reste de l'État pontifical ? Combien des autres États de la péninsule ?

4. La présence « étrangère »

Autant d'interrogations qui nous obligent à aller beaucoup plus loin dans l'analyse de nos données, mais qui nous ramènent en même temps au problème des « étrangers », les Italiens non romains étant, aux yeux des Romains, eux aussi sinon des *stranieri*, du moins des *forestieri*, c'est-à-dire « étrangers » d'un autre type, mais « étrangers » tout de même. Car, ne l'oublions pas, les « nations » à Rome ne s'appelaient pas qu'« espagnole », « française » ou « lorraine » : elles s'appelaient également « florentine », « génoise », « corse », et il ne faudrait pas croire que ces dernières étaient nécessairement mieux acceptées ou tolérées que les autres.

De quelles sources disposons-nous pour étudier cette présence « étrangère » dans les cours papale et cardinalices de l'époque?

Comme nous l'avons signalé précédemment, seul le rôle de cour de Léon X nous fournit des données relativement complètes et précises sur le sujet. C'est donc lui qui nous servira ici de principal repère. Nous n'en ferons pas moins appel à nos autres listes, mais dans la mesure où, sur des points précis, elles permettent de compléter ou de mieux situer les données fournies par le rôle en question.

Pour donner une meilleure idée de la répartition des divers groupes formant le contingent « étranger » de la cour léonienne, nous croyons devoir reprendre ici, mais sur une nouvelle base, les statistiques concernant les effectifs non italiens de cette même cour, ces statistiques nous paraissant utiles en vue d'arriver à mesurer l'importance relative de groupes définis désormais non plus seulement en fonction de leur caractère italien ou non, mais également de leur caractère romain ou non. Ainsi, dans le cadre de cet exercice, considérerons-nous les Romains à part, bien qu'à strictement parler il faudrait les inclure à l'intérieur du groupe des sujets pontificaux. Toutefois, pour ce qui est des autres groupes, nous nous en tiendrons le plus strictement possible aux frontières politiques de l'époque, quitte à constituer, dans certains cas, des sous-groupes en raison soit de leur importance numérique, soit de leur caractère particulier.

Évidemment, ce qui frappe, au premier abord, c'est le très petit nombre de Romains figurant sur le rôle de cour de Léon X, soit

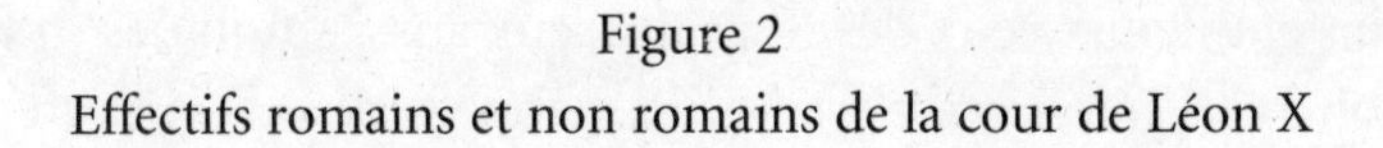

Figure 2
Effectifs romains et non romains de la cour de Léon X

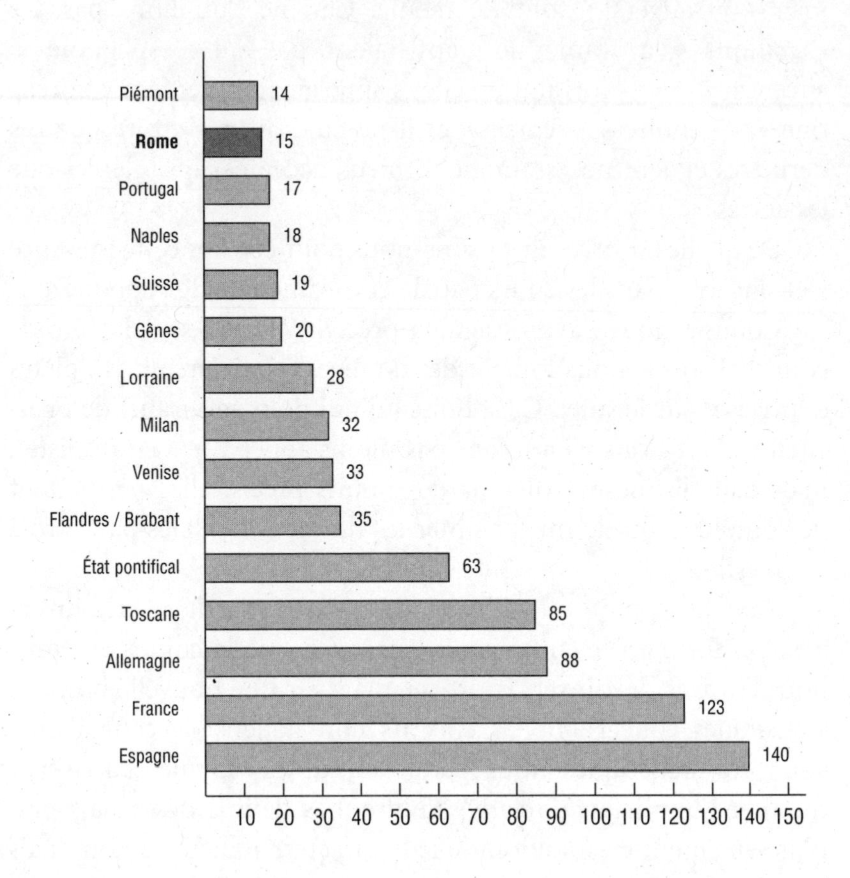

moins de 2 p. cent. Marcantonio Altieri s'en inquiétait à l'époque, mais pour en rejeter aussitôt le blâme sur ses concitoyens eux-mêmes qui, disait-il, n'avaient ni les qualités, ni les aptitudes, ni les dispositions requises pour le service de la cour papale[40]. Paolo Cortesi, dans son *De cardinalatu*, publié en 1510, déconseillait d'ailleurs aux cardinaux de son temps d'employer des Romains à leur cour, les assurant qu'ils seraient beaucoup mieux servis par des « étrangers », en particulier si ces derniers étaient Espagnols[41]. Et pourtant, venant après un Alexandre VI et un Jules II, qui n'avaient eu l'un et l'autre que mépris (et méfiance) envers les Romains, Léon X avait cherché à gagner la sympathie de ces derniers, multipliant tout au long de son pontificat les gestes susceptibles d'être interprétés en ce sens. N'avait-il pas, en particulier, accordé le chapeau à huit Romains, alors qu'à la mort de Jules II il ne restait plus dans le Sacré Collège qu'un seul cardinal originaire de la Ville éternelle[42] ? N'empêche que lorsque venait le moment de recruter du personnel pour sa cour, c'est à d'autres qu'il faisait appel, à d'autres qu'il accordait sa confiance. Peut-être Altieri et Cortesi avaient-ils au fond raison : les Romains de leur temps n'étaient pas (ou, du moins, ne paraissaient pas être) faits pour le service de la cour.

Mais alors, qui l'était ? Si nous en jugeons par les données que nous avons réussi à tirer du rôle de cour de Léon X (Figure 2), ce sont d'abord et avant tout les Espagnols. Et ici nous rejoignons le témoignage de Cortesi, qui semble bien avoir correspondu à ce que de nombreux employeurs pensaient à l'époque. Après les Espagnols viennent les Français, puis les Allemands, puis enfin les Toscans. Évidemment, dans ce dernier cas, d'autres considérations avaient joué. Un pape Médicis pouvait-il refuser à ses compatriotes ce que des papes Piccolomini, della Rovere, avant lui, avaient si généreusement accordé aux leurs ? Le contraire, à l'époque, aurait été choquant, pour ne pas dire proprement scandaleux[43]. Précisons d'ailleurs que la place occupée par les Toscans à la cour de Léon X est de fait beaucoup plus importante que ne le laissent supposer les données reproduites, puisqu'ils dominent, et de loin, le groupe des « familiers », avec 60 titulaires sur 165 (soit 37 p. cent). Les Siennois n'avaient pas été mieux traités par leur compatriote, Pie III[44].

Un mot du contingent allemand. Nous possédons l'origine géographique précise (soit la ville ou le diocèse d'origine) de 64 d'entre eux. Or, fait significatif, nous constatons que de ce nombre, 53 proviennent de régions qui resteront plus tard fidèles à Rome et 11 seulement de régions qui passeront au protestantisme. N'y aurait-il pas là un précieux indice allant dans le sens de cette distanciation, de cet *estrangement* dont nous parlions précédemment et dans lequel certains voient sinon une des causes, du moins un des signes avant-coureurs de la Réforme ? Quoi qu'il en soit, le fait mérite, à lui seul, d'être noté.

Jetons maintenant un coup d'œil sur le contingent un peu moins substantiel que celui des Toscans, mais tout de même important, des sujets pontificaux. Nous nous rapprochons cette fois de Rome et il est intéressant de constater que ce groupe est presque aussi bien représenté que les Toscans pour ce qui est des « familiers », avec 39 titulaires sur 218, soit 24 p. cent des effectifs à ce niveau. Les Romains restaient les « parents pauvres » de la cour, mais au moins pouvaient-ils se consoler à la pensée que leurs « cousins » du Patrimonio, des Marches et de la Romagne faisaient à la même époque fort bonne figure, ce qui annonçait peut-être, à plus ou moins brève échéance, un retournement en leur faveur. D'ailleurs, des alliances avec les familles de ces « fortunés » n'étaient pas à exclure, ce qui permettrait sans doute d'accélérer les choses.

Les contingents qui suivent sont beaucoup plus modestes, qu'il s'agisse des Flamands–Brabançons, des Lorrains, des Suisses, des Portugais, pour ce qui est des non-Italiens, ou encore des Vénitiens, Milanais, Génois, Napolitains et Piémontais, pour ce qui est des Italiens. Dans le cas de ces derniers, il n'est peut-être pas sans intérêt de noter que, dans leur très grande majorité, ils appartiennent à l'Italie du Centre et du Nord, le Sud n'étant représenté que par quelques unités, pour la plupart d'ailleurs de la région de Naples. De fait, sur les 310 Italiens pour lesquels nous avons une « localisation » précise, à peine 22 (7 p. cent) proviennent du *Mezziogiorno*, alors que le Centre et le Nord fournissent respectivement 171 (55 p. cent) et 117 (38 p. cent) courtisans.

5. Rapports ville–cour

Désireux d'aller un peu plus loin dans l'analyse de ces données, il nous a paru utile de les confronter à celles que nous possédons pour l'ensemble de la population à Rome à la même époque, données qui nous sont fournies par le célèbre recensement de 1526-1527[45]. Pour fins de comparaison, nous nous limiterons ici aux groupes les plus importants et, puisqu'il s'agit d'étudier les rapports de ces groupes entre eux, nous nous contenterons de traduire en pourcentages les statistiques les concernant. Précisons que les statistiques relatives à Rome sont empruntées à l'analyse que Jean Delumeau a faite de ce même recensement[46].

Un certain nombre de constats sautent immédiatement aux yeux. Tout d'abord, la sous-représentation, à vrai dire consi-

Tableau C
Tableau comparatif de l'origine géographique des habitants de Rome et des membres de la cour de Léon X (Italiens)

	Rome	Toscane	État pont.	Milan	Venise	Gênes	Piémont	Naples	Corse	autre	***Total***
Ensemble de Rome	16 %	11 %	12 %	12 %	6 %	3 %	5 %	4 %	5 %	6 %	80 %
Cour de Léon X	2 %	11 %	8 %	4 %	4 %	2,5 %	2 %	2 %	s. o.	5,5 %	41 %

Tableau D
Tableau comparatif de l'origine géographique des habitants de Rome et des membres de la cour de Léon X (non-Italiens)

	Espagne-Portugal	France-Lorraine-Savoie	Allemagne	autre	***Total***
Ensemble de Rome	7 %	5 %	4 %	4 %	20 %
Cour de Léon X	20 %	20 %	11 %	8 %	59 %

dérable, des Italiens (41 p. cent vs 80 p. cent) et, à l'inverse, la surreprésentation encore plus considérable des non-Italiens (59 p. cent vs 20 p. cent) à la cour de Léon X par rapport à la position que l'un et l'autre de ces groupes occupaient à l'époque dans la ville. Force nous est de constater, en particulier, que les Romains, déjà minoritaires dans leur propre ville, le sont encore plus à la cour du premier pape Médicis, formant de fait le contingent de loin le plus sous-représenté à cette cour. Nous le soupçonnions déjà, mais nous en avons ici la preuve irréfutable. Et si devait s'avérer exacte la thèse d'Egmont Lee selon laquelle Rome était, à l'époque, plus romaine qu'on ne le dit habituellement[47], leur sous-représentation serait encore plus marquée.

À peine plus favorisés, les Milanais se trouvent, eux aussi, en position fortement déficitaire, tandis que, de leur côté, les sujets pontificaux, les Piémontais, les Vénitiens et les Napolitains semblent s'en être tirés en général un peu mieux. Le cas des Corses peut paraître, à première vue, surprenant, mais il ne l'est plus du tout si l'on tient compte du fait qu'ils étaient à l'époque concentrés autour du port de Ripa, où ils se livraient à des activités qui avaient en général assez peu à voir avec les raffinements de la cour[48]. Les Toscans, pour leur part — coïncidence pour le moins curieuse —, occupent exactement la même position, à la cour et à la ville. Voilà un groupe qui manifestement savait bien défendre ses intérêts.

Pour ce qui est des non-Italiens, le phénomène de surreprésentation signalé précédemment est particulièrement marqué dans le cas des Franco-Lorrains-Savoyards (20 p. cent vs 5 p. cent), un peu moins dans le cas des Hispano-Portugais (20 p. cent vs 7 p. cent) ou des Allemands (11 p. cent vs 4 p. cent). Mais partout les écarts sont si flagrants qu'il est impossible d'imaginer que les contemporains eux-mêmes n'en aient pas été frappés.

Que conclure, sinon que la cour de Léon X était tout à la fois moins romaine et moins italienne que la ville qui l'abritait, et qu'il y avait en même temps asymétrie presque totale — la seule exception étant constituée par le groupe toscan — entre les positions occupées, de part et d'autre, par les divers groupes nationaux et régionaux recensés ? Y avait-il à cela des raisons autres que le simple hasard ou encore les caprices d'un pape qui, un jour, avait décidé qu'il en serait ainsi ?

6. Éléments d'explication

Nous avons mentionné précédemment le cas des Corses, minorité importante à Rome au temps de Léon X, et pourtant totalement absents de la cour. Il faudrait peut-être également s'attarder à celui des Milanais dont le sort, en un sens, paraît encore moins explicable que celui des Corses. Mais peut-être, encore ici, sommes-nous devant un problème de qualification professionnelle. En effet, il semble que la plupart des Milanais et des Lombards venus à Rome à l'époque aient été d'abord et avant tout des « manuels », spécialisés surtout dans les métiers de la construction[49]. À ce compte, on comprend que leurs chances d'entrer à la cour aient été plutôt minces.

Pour ce qui est des Romains, d'une part, et des ultramontains, de l'autre, peut-être ne faut-il pas chercher d'explication autre que celle que nous suggéraient, précédemment, un Altieri et surtout un Cortesi. Mais il se pourrait, dans le cas des Espagnols notamment, que d'autres facteurs aient également joué. Il serait en effet surprenant que les deux pontificats Borgia, celui d'Alexandre VI en particulier, n'y soient pas pour quelque chose dans le succès remporté par les Espagnols à Rome et la facilité avec laquelle bon nombre d'entre eux réussirent à se maintenir en place bien après la mort de ces deux papes. Et cela, malgré les aléas d'un *spoil system* qui, sans doute, existait à l'époque, mais pas nécessairement toujours avec le degré d'efficacité que certains ont parfois été tentés de lui attribuer[50].

Qu'un nouveau pape ait tenu à s'entourer d'abord et avant tout des « siens », nul à l'époque ne s'en étonnait. C'est bien le contraire qui aurait paru insolite. Mais ce n'était pas là une raison pour se priver d'un personnel qualifié qui ne demandait sans doute pas mieux que de continuer à servir sous le nouveau pontife. Que la cour de Pie III ait été constituée, comme le note Paolo Piccolomini, en bonne partie d'éléments venus de la cour d'Alexandre VI n'a donc rien pour nous surprendre et il ne faudrait pas en conclure trop vite, comme semble le faire Piccolomini, qu'eût-il vécu plus longtemps, le nouveau pape aurait donné une tout autre allure à sa cour[51]. Nos divers tableaux montrent en effet que, d'un point de vue quantitatif aussi bien que qualitatif, l'élément espagnol fut celui qui, du début au milieu du XVIe siècle, défendit le mieux ses positions à la cour. Pourquoi Pie III aurait-il mieux réussi que d'autres à se débarrasser de cet élément ? Et surtout, qui nous dit qu'il le voulait ?

Mais les Espagnols n'étaient pas les seuls « étrangers » à avoir réussi à se maintenir en place et une exploitation systématique des sources relatives à la cour pontificale permettrait sans doute d'en retrouver un certain nombre d'autres qui firent comme eux, en quelque sorte, carrière à la cour. Pensons, par exemple, à un Jean Ingenwinckel, Colonais d'origine, que nous trouvons dès 1503 à la cour de Pie III[52], puis à celle de Léon X[53], puis à celles de Clément VII et de Paul III, dans ces deux derniers cas à titre de camérier secret, puis de dataire[54], et qui poursuit en même temps une fructueuse carrière à la curie, tout d'abord comme notaire de Rote (1504-1512), puis successivement comme *scriptor*, abréviateur et référendaire des deux Signatures avant d'être nommé prélat de la Signature de grâce en 1532, poste qu'il occupera jusqu'à sa mort en 1535[55]. Ou encore, les Crémonais Carlo et Giovannantonio Orfei, venus à Rome vers 1486, employés tour à tour par Innocent VIII, Alexandre VI et Jules II avant de passer, l'un et l'autre, au service de Léon X, un Léon X dont ils se considéraient d'ailleurs, et depuis longtemps, comme de véritables clients. Leur père était en effet d'origine florentine, et surtout, avait été pendant plusieurs années au service de Laurent le Magnifique[56]. Et que dire du Breton Bertrand de Clerc, selon toute probabilité proche parent de l'auditeur de Rote, Jean de Clerc[57], mentionné comme *scriptor* en 1514[58], plus tard familier du dataire Silvio Passerini et donc, à ce titre, membre de la cour de Léon X[59], et que nous retrouvons en 1528 à la cour de Clément VII auprès duquel il exerce à son tour les fonctions de dataire[60] ?

Autant d'itinéraires obéissant tous ou presque à une même logique, révélant de semblables préoccupations, tendant à de mêmes objectifs. Les succès des uns expliquaient les ambitions des autres et ces ambitions, à leur tour, agissaient comme de puissants leviers, poussant familles et individus vers de nouveaux sommets à conquérir. Si la cour de Rome attirait tant à l'époque, c'est sans doute qu'une certaine opinion publique croyait encore, comme plus tard Gratiani, à la possibilité d'y réaliser des exploits qui n'étaient pas (ou pas encore) réalisables ailleurs dans les mêmes conditions et surtout avec la même facilité. Entraient sans doute aussi en ligne de compte l'éclat et le faste de cette cour, dont on disait qu'ils éclipsaient tout ce que l'Europe et, en particulier, l'Italie étaient alors en mesure d'offrir. Même les « grands » pouvaient espérer y trouver quelque chose à leur mesure. Mais comment expliquer que cet attrait ait joué sur certains groupes, certaines personnes plutôt que sur certains autres, sur tels « étrangers » plutôt que sur tels autres?

7. Quelques hypothèses

Au terme de notre longue analyse statistique, voilà la question que nous ne pouvons éviter de nous poser, que les chiffres eux-mêmes d'ailleurs nous obligent à poser. Nous avons déjà émis à ce sujet un certain nombre d'hypothèses, notamment en ce qui concerne la performance des Anglais et des Allemands à la cour. Nous avons également considéré le cas, assez particulier, des Corses. Celui des Milanais également. Mais n'y aurait-il pas à l'échec de ces derniers groupes, au succès de certains autres, des explications encore plus fondamentales ?

Comment ne pas admettre, tout d'abord, eu égard à la dynamique sociale du temps, que la poursuite de quelque carrière que ce fut à la cour pontificale supposait l'appui et les encouragements de tout un réseau de parents, de clients, de compatriotes, d'amis, en plus de la protection — cette protection que Gratiani, nous l'avons vu précédemment, jugeait indispensable — d'un ou de plusieurs influents patrons. *Homo solus, nullus homo*[61]. C'était là la conviction unanime des contemporains et les auteurs des traités sur l'art de réussir à la cour en faisaient la base même des stratégies qu'ils proposaient à leurs lecteurs[62]. Il suffit d'ailleurs de suivre de près les carrières de quelques courtisans ou curialistes de l'époque pour constater que les choses se passaient bel et bien ainsi[63]. À ce compte, expliquer la présence des « étrangers » à la cour de Rome, c'est commencer par se demander quels rapports les communautés dont ces « étrangers » faisaient partie entretenaient avec Rome en général, avec la cour de Rome en particulier, puis, surtout, de quelles protections, de quels appuis ces mêmes communautés jouissaient à la cour comme à la ville. Sur ce plan, toute explication passe nécessairement par l'étude des groupes « nationaux » ou « régionaux » vivant à Rome à l'époque, par la connaissance également des réseaux de parentèle, de clientèle, d'amitié fonctionnant à l'intérieur comme à l'extérieur de la cour.

Malheureusement, cette étude n'a pas encore été faite, cette connaissance reste pour le moment imparfaite, de sorte que nous ne pouvons qu'émettre de simples conjectures sur ces deux points. Certains indices permettent toutefois d'inférer que les meilleurs taux de réussite, sur ce plan, étaient fonction de la puissance et de l'efficacité des réseaux dont faisaient partie les personnes ou les groupes concernés. La présence d'importantes communautés espagnole et française à Rome dès le XVe siècle[64] explique sans doute que ces mêmes communautés aient été parmi les mieux représentées à la cour pontificale, du moins jusqu'au milieu du siècle suivant. Faudrait-il expliquer par les mêmes facteurs le score tout de même remarquable de régions telles que la Bretagne, dans le cas de la France, ou de la Castille, dans le cas de l'Espagne, ou encore de diocèses comme Toul, Genève, Liège, Nantes, Palencia, Cologne, Lyon, têtes de liste des contingents ultramontains à la cour de Léon X[65] ? N'en serait-il pas de même pour de nombreux contingents italiens figurant à cette même cour ? Les Florentins n'avaient pas attendu un Léon X ou un Clément VII pour se mettre en évidence à Rome et il est permis de penser que leurs succès à la cour comme à la ville tenaient tout autant sinon plus à des positions déjà acquises, dans le domaine de la finance notamment, qu'aux faveurs reçues des papes Médicis[66].

Reste toutefois l'importante question qui consiste à savoir pourquoi certaines communautés, en particulier non italiennes, finirent par ne plus être représentées à la cour pontificale, ou du moins virent leurs effectifs réduits pour ainsi dire à rien. La Réforme, comme nous l'avons souligné précédemment, a sans doute contribué à ce phénomène. Mais la Réforme n'explique pas tout. Les Scandinaves, les Anglais faisaient déjà depuis longtemps figure d'absents lorsque fut consommée la rupture entre leur pays respectif et Rome. Quant aux Allemands, la plupart de ceux que nous trouvons recensés dans les rôles des cours de Pie III et Léon X venaient — nous l'avons déjà vu en ce qui concerne Léon X — de régions qui allaient plus tard rester fidèles à Rome. Pourquoi ces régions ne furent-elles plus (ou si peu, voire point) représentées à la cour par la suite ? Le sac de Rome y serait-il pour quelque chose ? Mais alors, comment expliquer le score des Espagnols qui, eux aussi, avaient participé à ce sac ?

D'autres facteurs, sans aucun doute, ont joué, notamment le fait d'avoir ou de ne pas avoir sur place un cardinal issu de la « nation ». Après la mort de Bainbridge en 1514, les Anglais durent attendre jusqu'en 1536 pour se voir à nouveau doter d'un protecteur en la personne du cardinal Pole. D'autre part, des cinq cardinaux allemands que compte le Sacré Collège dans la première moitié du XVIe siècle, un seul résida à Rome et ce fut Nicolas Schönberg qui était, de fait, plus « florentin » qu'allemand et ne porta d'ailleurs la pourpre que deux ans, soit de 1535 à 1537. Par contre, Espagnols et Français, Espagnols surtout, purent profiter durant cette même période de la protection et du prestige d'une série presque ininterrompue de cardinaux de leur « nation[67] ».

Ce facteur nous paraît d'autant plus important qu'un certain phénomène d'« osmose » semble bien avoir joué entre la cour papale et les différentes cours cardinalices de l'époque. Deux curieux documents, l'un de l'époque de Paul IV[68], l'autre de celle de Pie V[69], nous fournissent les listes de personnes ayant demandé à faire partie des cours de l'un et de l'autre de ces papes. Or nous constatons que, pour la plupart, ces personnes sont munies de recommandations cardinalices et que plusieurs, de fait, proviennent des cours de ces mêmes cardinaux. Cette pratique semble avoir existé bien avant le milieu du XVIe siècle. Il y a d'ailleurs, tout au long du siècle, un va-et-vient considérable de personnel d'une cour cardinalice à l'autre et de certaines de ces cours à la cour pontificale[70]. Dès lors, on comprend que certains groupes « nationaux » ou « régionaux » aient pu être avantagés par la présence à Rome d'un ou de plusieurs cardinaux de même extraction qu'eux.

Autre facteur important : l'emploi de plus en plus courant à la cour, et cela, dès le premier quart du XVIe siècle, de l'italien (en réalité, du toscan) non seulement comme langue de communication, mais comme langue de travail. Ce changement, qui tenait sans doute à l'italianisation amorcée au siècle précédent du Sacré Collège et des principaux rouages de l'appareil administratif[71], ne pouvait pas ne pas influer à la longue sur le recrutement du personnel de cour aussi bien que de curie. Sans compter que l'on pouvait désormais (et que l'on pourra de plus en plus) trouver chez soi, en France, en Angleterre, en Allemagne, des emplois, des titres et des dignités que l'on venait, à une certaine époque, chercher à Rome.

À ce compte, on s'explique que les ultramontains aient été de moins en moins tentés de venir faire carrière à la cour pontificale, cette dernière leur apparaissant de plus en plus comme une sorte de chasse gardée italienne où leurs chances de réussite s'amenuisaient chaque jour un peu plus. Ils continueront tout de même à venir, mais en plus petit nombre, se contentant pour la plupart des modestes emplois qui leur restaient accessibles à la cour papale et dans les autres cours de la ville. Quant à ceux, peu nombreux, qui réussiront tout de même à se tailler une place honorable à Rome, ils le devront soit à de puissantes protections, soit à un talent tout à fait exceptionnel, ou encore à leur habileté à se couler dans le « moule » d'une cour de plus en plus italienne, voire romaine.

Le Français César Grolier figure en 1545 dans un rôle de « familiarité » du pape Paul III[72]. Titulaire d'un office de secrétaire apostolique[73], il se retrouve, sous Jules III et Paul IV, à l'importante Secrétairerie des brefs[74]. Mais il s'appelle désormais Cesare Glorieri. Il a un fils, Alessandro, auquel il achètera, au temps de Grégoire XIII, un office de clerc de la Chambre[75]; une fille, Lucrezia, qu'il mariera en 1569 à un certain Giacomo Fossano[76]. Le fils exerçait encore en 1586 les fonctions de clerc de la Chambre, comme nous pouvons le constater par un rôle de l'époque où, fait significatif, son nom est suivi de la mention : citoyen romain. La même mention apparaît d'ailleurs à la suite du nom d'un certain Giulio Glorieri, sans doute proche parent d'Alessandro, auquel le rôle en question donne le titre de *scriptor* apostolique[77]. Il faut dire qu'on obtenait assez facilement la citoyenneté romaine à l'époque. Montaigne ne se vantait-il pas d'y être arrivé après un séjour d'à peine quelques mois et sans qu'il fût jamais question qu'il vînt s'établir à demeure dans la ville[78]? Le cas des Grolier–Glorieri n'était donc pas si insolite que cela et il est probable que bon nombre d'« étrangers », italiens aussi bien que non italiens, n'hésitèrent pas à recourir à ce moyen relativement facile de faire avancer leur carrière. Quoi qu'il en soit, il y aurait là une piste intéressante à suivre.

Par contre, il est difficile de préciser le moment où l'étiquette « citoyen romain » constitua un gage important de succès à la cour pontificale. Il nous semble toutefois que ce tournant pourrait se situer vers la fin du pontificat de Paul III. Sur 168 « familiers » d'origine italienne, la cour de ce dernier en compte en 1545 au moins 25 d'origine romaine (soit 15 p. cent), alors que des 165 « familiers » italiens de la cour de Léon X, à peine 9 (soit 5 p. cent) étaient romains. Alexandre Farnèse, ne l'oublions pas, était lui-même originaire de Rome. Il n'est donc pas surprenant qu'il ait cherché à favoriser ses concitoyens.

Mais feront aussi partie de sa cour de nombreux éléments tirés de l'imposante clientèle que sa famille comptait dans le Patrimonio[79], ce qui ne pouvait à la longue que contribuer à renforcer le caractère romain de la cour. À sa mort en 1549, ce caractère était probablement suffisamment affirmé pour que les Romains se sentent désormais en position de force. Sans doute restaient-ils sous-représentés à la cour, mais ils l'étaient beaucoup moins qu'au temps de Léon X et la tendance, dans leur cas du moins, était à la hausse.

Rome, nous dit Jean Delumeau, était à la fin du XVIe siècle, une ville beaucoup plus italienne et surtout romaine qu'un siècle plus tôt[80]. Les proportions que nous avons établies dans un certain nombre de rôles de la deuxième moitié du siècle permettent de suggérer qu'il en était de même pour la cour pontificale[81]. Mais ce mouvement, nous l'avons vu, était déjà perceptible dans la première moitié du siècle, en particulier à partir du pontificat de Paul III. Sans doute la composition « ethnique » de la cour eut-elle, à partir de ce moment, tendance à se rapprocher de celle de la ville. Jusqu'à quel point ce renversement fut voulu, concerté, de la part des papes de l'époque, nous ne le saurons peut-être jamais. Chose certaine, il correspondait assez bien au désir exprimé par un certain nombre d'entre eux de rapprocher la cour de la ville, désir qu'on peut considérer comme pleinement réalisé avec l'installation de Clément VIII au Quirinal à la fin du XVIe siècle. Or, fait significatif, Paul III avait été le premier de ces pontifes à connaître l'attrait, à entrevoir les possibilités du Quirinal. Il venait fréquemment s'y reposer et c'est d'ailleurs là qu'il trouvera la mort en 1549[82]. Le phénomène d'italianisation et surtout de romanisation de la cour ne semble donc pas avoir été totalement fortuit et si le nombre des ultramontains ne cesse d'y décroître à partir du règne de Paul III, c'est sans doute que ce pape et ses successeurs étaient au moins d'accord avec le phénomène décrit précédemment et ne crurent pas dans leur intérêt de faire quoi que ce soit pour le renverser.

Notes

1. « Domicile commun au monde entier », écrit en 1547, à propos de sa ville, le Romain Marcello Alberini, non sans déplorer ce fait d'ailleurs qui, selon lui, démontre à quel point les Italiens sont et risquent de rester encore longtemps des apatrides. Seuls les Vénitiens, dit-il, ont su échapper à ce malheureux sort. M. Alberini, *Diario*, p.p. D. Orano, *ASRSP*, vol. XVIII, 1895, p. 323. Pour d'autres témoignages du même type, voir J. Delumeau, *Vie économique et sociale de Rome dans la seconde moitié du XVIe siècle*, vol. I, Paris, 1957, p. 197 et suivantes.
2. M. E. de Montaigne, *Journal de voyage en Italie*, p.p. C. Dedeyan, Paris, 1946, p. 242. La même idée est reprise dans les *Essais*, Firmin Didot (éd.), Paris, 1838, p. 521.
3. J. Delumeau, *op. cit.*, p. 197 et suivantes.
4. *Ibid.*, p. 220.
5. A. M. Gratiani, *La vie du cardinal Jean-François Commendon*, Paris, 1671, p. 24.
6. Le recensement de 1526-1527 fait état de 26 cours cardinalices existant à l'époque à Rome, représentant au total 3 232 « bouches ». Si nous ajoutons les quelque 700 « bouches » de la cour papale, nous arrivons à un total global d'environ 4 000 « bouches ». À ce sujet, voir D. Gnoli, « Descriptio Urbis : Censimento della popolazione di Roma avanti il Sacco Borbonico », *ASRSP*, vol. XVII, 1894, p. 375-520.

7. BAV, Vat. Lat. 9027, f°s 162A et suivants. Ce rôle a été publié par Paolo Piccolomini dans *ASRSP*, vol. XXVI, 1903, p. 143-164.
8. BAV, Vat. Lat. 8598. Ce rôle a été lui aussi publié par Alessandro Ferrajoli dans *ASRSP*, vol. XXXIV, 1911, p. 363-391.
9. Il s'agit cette fois de deux rôles : l'un de 1545, l'autre de 1549. Le premier se trouve à la BAV, Borg. Lat. 354; le second à l'ASR, Camerale I, Giustificazioni di Tesoreria, Busta 2, fasc. 7. Ni l'un ni l'autre n'a fait, jusqu'ici, l'objet d'une publication.
10. BAV, Ruoli 2.
11. Pour Giovanni Salviati, nos renseignements sont tirés de Giornale A, 1517-1531, Libro d'entrata e uscita, 1539-1542; Libro di Salariati, 1538-1542; Libro d'entrata e uscita, 1543-1546; Libro d'entrata e uscita, 1546-1547; Libro di Salariati, 1548-1550; Libro di Salariati, 1551-1552; Libro d'entrata e uscita, 1551-1553; Libro di ricordi e conti, 1553-1556 et Libro di promotione a benefitij (1544-1567). Tous ces registres se trouvent à la BAV, Barb. Salv. Pour Bernardo Salviati, nous avons puisé dans Giornale e ricordi A, 1530-1569; Libro di debitori e creditori, 1533-1535; Libro di debitori e creditori, 1540-1542; Quadernuccio di ricordi, 1554-1555; Libro d'entrata e uscita, 1557-1565 et Libro d'entrata e uscita 1568-1570, trouvés dans le même fonds.
12. BAV, Borg. Lat. 354, f°s 6r-10v, 28v-29rv.
13. En plus des publications déjà signalées aux notes 7 et 8, il faut mentionner, pour ce qui est du rôle de cour de Léon X, l'article de Walter Friendensburg, « Ein Rotulus Familiae Papst Leo's X », *Quellen und Forschungen aus italienischen Archiven und Bibliotheken*, vol. VI, 1903, p. 53-71. Ferrajoli, l'éditeur du rôle en question, fit suivre cette publication de toute une série de notices sur certains des principaux personnages de la cour : *ASRSP*, vol. XXXV, 1912, p. 219-271 et 483-539; *ibid.*, vol. XXXVI, 1913, p. 191-223 et 519-584; *ibid.*, vol. XXXVII, 1914, p. 307-360 et 453-484; *ibid.*, vol. XXXVIII, 1915, p. 215-281 et 425-452; *ibid.*, vol. XXXIX, 1916, p. 53-77 et 537-576; *ibid.*, vol. XL, 1917, p. 243-277; *ibid.*, vol. XLI, 1918, p. 87-110. Il était prévu que cette série se poursuivrait, mais la mort de Ferrajoli y mit brusquement fin. L'auteur avait sans doute accumulé des matériaux dans cette perspective. Il serait intéressant de savoir si ces matériaux subsistent encore aujourd'hui et, si oui, où ils sont.
14 De fait, nous ne connaissons aucune étude qui fasse explicitement mention de ces sources. Toutefois, le rôle de 1545 (Borg. Lat. 354) est connu et a probablement déjà été utilisé par certains chercheurs.
15. Le manuscrit publié par Piccolomini est manifestement incomplet; il manque certaines de ses premières pages. En effet, le rôle en question commence *ex abrupto* avec les noms de huit cubiculaires. Or nous savons

par la liste qui apparaît plus loin des serviteurs (*famuli*) des cubiculaires que ces derniers étaient au nombre de 32. Cette même liste des serviteurs nous permet d'ailleurs de constater qu'il manque également en tête de liste les noms des prélats domestiques, des parents et d'autres principaux personnages de la cour. En tout, probablement quelque 56 noms. D'ailleurs, comme il s'agit d'un rôle « funéraire », il suffit de comparer le nombre total de « *cannes* » de tissu distribuées au personnel de la cour, tout d'abord tel qu'indiqué à la fin du document, puis tel que contenu de fait dans le même document, pour constater un déficit de 280 « *cannes* », ce qui, à 5 « *cannes* » par prélat ou familier (moyenne habituelle pour cette catégorie), revient à 56 personnes.

16. Nous pensons en particulier aux renseignements fournis par les riches séries des archives de la chancellerie, de la daterie et de la Chambre apostolique de l'époque. Nous y reviendrons d'ailleurs plus loin. Pour ce qui est de la cour de Paul III, le rôle de 1549 peut être utilement mis en regard de celui de 1545. De même, de nombreux compléments peuvent être trouvés dans L. Dorez, *La cour du pape Paul III*, 2 vol., Paris, 1932.
17. P. Piccolomini, « La Famiglia di Pio III », *ASRSP*, vol. XXVI, 1903, p. 155.
18. On mentionne toutefois, en toute fin de liste, la présence de « *duo famuli parafrenariorum* » : A. Ferrajoli, « Il ruolo della corte di Leone X », *ASRSP*, vol. XXXIV, 1911, p. 390. C'est donc qu'il y avait des palefreniers à la cour de Léon X. Mais leurs noms n'apparaissent nulle part dans le rôle en question. Un examen attentif du registre des Spese minute tenus par Serapica, trésorier secret de Léon X, nous a toutefois permis de retrouver au moins 26 palefreniers faisant partie de la cour léonienne : ASR, Camerale I, Spese minute 1489-1490, *passim*.
19. L. von Pastor, *Geschichte der Päpste*, vol. III-VI, Fribourg, 1955-1957.
20. E. P. Rodocanachi, *Histoire de Rome : le pontificat de Jules II, 1503-1513*, Paris, 1928; *id.*, *Histoire de Rome : le pontificat de Léon X*, Paris, 1931; *id.*, *Histoire de Rome : les pontificats d'Adrien VI et de Clément VII*, Paris, 1933.
21. P. Pecchiai, *Roma nel Cinquecento*, Bologne, 1948.
22. *Cf.* note 7.
23. A. S. Strnad, « Francesco Todeschini-Piccolomini, Politik und Mäzenatentum im Quattrocento », *Römische Historiche Mitteilungen*, Graz, 1966.
24. *Cf.* notes 8 et 13.
25. *Cf.* note 16.
26. À l'ASV, nous avons surtout exploité les séries Resignationes (n° 14 et suivants), Introitus et exitus (n° 550 et suivants), Diversa Cameralia (Arm. XXIX, n° 63 et suivants), toutes très riches pour notre propos; à la BAV, les registres Vat. Lat. 10599-10605 (il s'agit de registres d'Entrata e uscita de la daterie pour les années 1531-1555), Ottobon. lat. 2548-2554

(le *Repertorio di famiglie* de Jacovacci), Capella Sistina 678 ; à l'ASR, dans le fonds Camerale I, la série Spese minute (n° 1489 et suivants).

27. J. Burchard, *Diarium, 1483-1506*, p.p. L. Thuasne, 3 vol., Paris, 1883-1885.
28. A. Ferrajoli, *Il Diario di Leone X di Paride de Grassi*, p.p. P. Delicati et M. Armellini, Rome, 1884.
29. BAV, Barb. Lat. 2799 (Diarium Blasii de Cesena, 1518-1540).
30. BAV, Vat. Lat. 12278 (Diarium J. F. Firmani, 1529-1565).
31. D. Gnoli, *op. cit.*, p. 386.
32. P. Piccolomini, *op. cit.*, p. 155. Voir aussi E. Celani, *I Cantori della Capella Pontificia nei Secoli XVI-XVIII*, Milan, 1909, p. 9-11.
33. BAV, Capella Sistina 678, f° 95r. E. Celani, *op. cit.*, p. 9-14. H.W. Frei, *Die Diarien der Sixtinischen Kapelle in Rom der Jahre 1560 und 1561*, Düsseldorf, 1959, p. 99-100.
34. BAV, Capella Sistina 678, f° 97r. ASR, Camerale I, Mandati camerali 866, f°s 170r, 192v. R. Casimiri, *I Diarii Sistini. I primi anni (1535-1559)*, Rome, 1939, *passim*. H.W. Frei, *op. cit.*, p. 128-146.
35. BAV, Capella Sistina 678, f° 59r.
36. *Ibid.*, f° 81r.
37. L. Dorez, *op. cit.*, vol. I, p. 68-69.
38. BAV, Vat. Lat. 5462, f°s 86v-87r.
39. BAV, Borg. Lat. 354, f°s 20v-21r, 23-26r.
40. M. A. Altieri, *Li Nuptiali*, p.p. E. Carducci, Rome, 1873, p. XVI.
41. P. Cortesi, *De Cardinalatu*, Castro Cortesio 1510, f° LVv.
42. D. Gnoli, *op. cit.* Gnoli parle de sept cardinaux romains créés par Léon X, mais il oublie de mentionner le cardinal Francesco Conti, lui aussi originaire de cette ville.
43. À ce propos, voir l'éclairante étude de W. Reinhardt, « Nepotismus. Der Funktionswandel einer papstgeschichtlichen Konstate », *Zeitschrift für Kirchengeschichte*, vol. LXXXVI, 1975, p. 145-185.
44. P. Piccolomini, *op. cit.*, p. 143 et suivantes.
45. D. Gnoli, *op. cit.*, p. 375-520. Le professeur Egmont Lee de l'Université de Calgary a publié une nouvelle édition critique de ce même recensement.
46. J. Delumeau, *op. cit.*, vol. I, p. 188 et suivantes.
47. E. Lee, « Notaries, Immigrants, and Computers, The Roman *Rione* Ponte, 1450-1480 », *Sources of Social History. Private Acts of the Late Middle Ages*, P. Brezzi et E. Lee (dirs.), Toronto, 1984, p. 245 et suivantes.
48. J. Delumeau, *op. cit.*, vol. I, p. 206-207.
49. *Ibid.*, p. 212.
50. P. Prodi, *Il Sovrano Pontifice*, Bologne, 1982, p. 191.
51. P. Piccolomini, *op. cit.*, p. 144.
52. *Ibid.*, p. 154.

53. B. Katterbach, *Referendarii utriusque Signaturae*, (Studi e testi 55), Rome, 1931, p. 82.
54. W. von Hofmann, *Forschungen zur Geschichte der Kurialen Behorden von Schisma bis zur Reformation*, vol. II, Rome, 1914, p. 104.
55. B. Katterbach, *op. cit.*, p. 82-83, 87, 90 et 98.
56. A. Ferrajoli, « Il ruolo della corte di Leone X », *ASRSP*, vol. XXXVI, 1913, p. 213-223.
57. E. Cerchiari, *Capellani papae et Apostolicae Sedis auditores causarum Sacri Palatii Apostolici seu Sacrae Romanae Rotae*, vol. II, Rome, 1921, p. 90.
58. J. Hergenroether, *Leonis X Pontificis Maximi Regesta*, vol. I, Fribourg, 1884, p. 391.
59. ASV, Resignationes 17, f° 188r.
60. ASV, Arm. XXIX, 87, f° 33rv.
61. Nous avons trouvé cet axiome dans une lettre du nonce Laureo, envoyée à Paris à l'été de 1573, qui l'attribue à l'évêque de Poznan, membre de la délégation polonaise venue rencontrer le duc d'Anjou, roi élu de Pologne. Vincenzo Laureo au cardinal de Côme, Paris, 27 août 1573, ASV, Nunz Francia 6, f° 455r. Il semble bien qu'il s'agit là d'un axiome relativement bien connu à l'époque.
62. À ce propos, voir entre autres *L'idea del Prelato*, petit traité sur l'art de réussir à la cour de Rome, attribué à Baldovino del Monte, mais en réalité du cardinal Antonio Maria del Monte, oncle de Jules III. L'ouvrage parut à Florence en 1616, mais il avait probablement été écrit un siècle plus tôt.
63. Un des plus beaux exemples que nous connaissions est celui du cardinal Merino (c. 1472-1535). Voir l'excellente notice que Ferrajoli lui a consacrée dans *ASRSP*, vol. XXXV, 1912, p. 26-71.
64. J. Delumeau, *op. cit.*, vol. I, p. 199-202.
65. La Castille et la Bretagne, avec respectivement 59 et 39 représentants, viennent en tête de liste, suivies des diocèses de Toul, de Genève et de Liège, avec 17, 13 et 12 sujets respectivement, puis des diocèses de Nantes et de Palencia, avec 11, et de Cologne et de Lyon, avec 10 représentants chacun. L'étude de J. Lesellier sur les notaires de curie montre que certaines de ces régions et de ces diocèses, du moins en ce qui concerne la France, étaient précisément ceux qui étaient le mieux représentés en ce qui concerne cette profession à Rome au début du XVIe siècle. Ainsi, Toul avec 45 notaires, Nantes avec 16, Lyon avec 26, sans compter les diocèses bretons de Rennes, de Vannes, de Saint-Malo, de Quimper, avec respectivement 17, 13, 11 et 4 notaires chacun : J. Lesellier, « Notaires et archives de la Curie romaine (1507-1627) : les notaires français à Rome », *Mélanges d'archéologie et d'histoire*, vol. 50, 1933, p. 261.

66. À ce propos, voir A. M. Pierri, *I Fiorentini a Roma sotto Paolo III, thèse ms.*, Rome, 1983, p. 14 et suivantes.
67. C. Eubel *et al.*, *Hierarchia Catholica Medii et Recentioris Aevi*, vol. III, Padoue, 1923, p. [3] et suivantes.
68. BAV, Ruoli 22, f°s 8, 33r.
69. *Ibid.*, Ruoli 56, *passim.*
70. Sans compter le fait qu'à chaque élection pontificale, le nouvel élu fait entrer avec lui à la cour une bonne partie de son ancien personnel. Mais à la mort du pape, ce même personnel est souvent redistribué parmi la parentèle ou la clientèle du défunt. Le cas des Farnèse serait très intéressant à étudier de ce point de vue. Sur ce phénomène au début du XVIe siècle, voir J.F. D'Amico, *Renaissance Humanism in Papal Rome*, Baltimore, 1983, p. 46 et suivantes.
71. P. Prodi, *op. cit.*, p. 174, n. 13.
72. BAV, Borg. Lat. 354, f° 16r.
73. F. Buonamici, *De claris pontificiarum epistolorum scriptoribus*, Rome, 1753, p. 247-248.
74. L. von Pastor, *Geschichte der Päpste*, vol. VI, p. 57, n. 380.
75. F. Buonamici, *loc. cit.*
76. BAV, Ottobon. Lat. 2550, p. 217.
77. BAV, Vat. Lat. 5462, f°s 1r et 11r. Léon Dorez fait état d'un certain Jules Grolier, fils de César et donc frère d'Alexandre, qui était chevalier de l'Ordre du Portugal et avait épousé Virginia Mancini, dont il eut sept enfants. *Cf.* « Le sac de Rome (1527), relation inédite de Jean Cave, Orléanais », *Mélanges d'archéologie et d'histoire*, vol. XVI, 1896, p. 439-440. S'agit-il du même personnage? C'est possible.
78. *Journal de voyage en Italie*, *op. cit.*, p. 243.
79. L. Dorez, *La cour du pape Paul III*, *op. cit.*, vol. I, p. 63-66.
80. J. Delumeau, *op. cit.*, vol. I, p. 220.
81 En particulier, BAV, Ruoli 100 (famille de Grégoire XIV) et 113 (famille de Clément VIII).
82. I. Insolera, *Le Città nella Storia d'Italia, Roma*, Rome, 1980, p. 148 et suivantes.

III

Les « métiers » de cour à Rome à l'époque de la Renaissance*

Que la ville de Rome ait été au XVIe siècle grande pourvoyeuse d'emplois, les témoignages en ce sens sont trop nombreux et trop convergents pour qu'on puisse en douter[1]. Jean Delumeau nous a fourni à ce propos des données on ne peut plus éclairantes[2]. Mais son étude, comme celles qui depuis ont cherché à lui faire écho[3], s'est surtout intéressée aux professions, aux métiers et aux emplois de la ville. Sans doute leurs auteurs admettent-ils les liens étroits existant au XVIe siècle entre le type de main-d'œuvre créée et le fait que Rome ait été une ville de cour, mais ils négligent en général de traiter des emplois de cour comme tels, si ce n'est dans le cadre plus vaste de considérations sur le secteur tertiaire, secteur qui, on le sait, occupait une place très importante à Rome. Or on n'a qu'à faire le décompte du personnel de cour à Rome au XVIe siècle pour constater à quel point la cour elle-même était créatrice, et créatrice directe, d'emplois.

Un premier indice en ce sens nous est fourni par le recensement de 1526-1527[4]. Les seules cours pontificale et cardinalices — il y avait à l'époque quelque 26 cardinaux installés à Rome — regroupaient, s'il faut en croire ledit recensement, au moins

---

* Nouvelle version d'un texte paru dans l'ouvrage collectif *Travail et travailleurs en Europe au Moyen Âge et au début des temps modernes*, Claire Dolan (éd.), Toronto, 1991, p. 217-252.

4000 personnes, en grande majorité d'ailleurs membres du personnel servant de ces maisons. Si l'on considère que la population de la ville était à l'époque d'environ 55000 habitants[5], force nous est d'admettre que ces mêmes cours, globalement prises, étaient, sinon le principal, du moins l'un des principaux employeurs de la ville. Et nous ne parlons ici que des emplois de cour comme tels. Si nous devions nous intéresser également aux emplois créés dans la ville pour répondre aux besoins de ces mêmes cours (construction, alimentation, vêtement, mobilier, décoration, divertissement, transport), combien plus vraie nous paraîtrait l'affirmation selon laquelle Rome, à l'époque, était non seulement ville de cour, mais ville vivant essentiellement de la cour.

Mais quels types d'emplois « domestiques » ces mêmes cours étaient-elles à même d'offrir ? Où ces emplois se situaient-ils dans l'organigramme de chacune de ces maisons ? Quelles compétences exigeait-on des titulaires de ces mêmes emplois et pouvait-on, le cas échéant, acquérir certaines de ces compétences sur place ? Comment et sur quelle base étaient rémunérés les titulaires de ces emplois, et, surtout, y eut-il évolution sur l'un ou l'autre de ces points durant la période étudiée ? Autant de questions auxquelles nous voudrions essayer d'apporter ici réponse.

1. Sources et méthode

Pour ce faire, nous aurons principalement recours à un certain nombre de sources contemporaines : sources normatives, d'une part, du type « coutumiers » ou « cérémoniaux » de cour ; sources descriptives, d'autre part, tels rôles, livres de comptes ou encore registres de salaires.

À la première de ces catégories appartiennent : 1) un coutumier probablement d'origine avignonnaise, remanié à Rome au XVe siècle et que Marc Dykmans a publié en 1983[6] ; 2) un coutumier du XVIe siècle, inédit celui-là, que Marc Dykmans croit être une version tardive du précédent et que nous trouvons dans un recueil de Paolo Alaleoni, cérémoniaire pontifical de la fin du XVIe siècle [7]; 3) le *Del Governo della Corte d'un Signore di Roma* de Francesco Priscianese, publié à Rome en 1543[8]; 4) le *Dialogo del Maestro di Casa* de Cesare Evitascandalo de la fin du XVIe siècle[9]. Dans la seconde catégorie se trouvent : 1) les rôles de cour des papes Pie III[10], Léon X[11], Paul III[12], Jules III[13] de même que ceux des cardinaux Giovanni et Bernardo Salviati[14] et Alexandre Farnèse[15]; 2) des livres de comptes et des registres de salaires provenant soit des archives pontificales, soit des archives Salviati[16].

Nous devons à ces diverses sources l'essentiel de nos renseignements sur les emplois de cour à l'époque. Signalons tout de suite que, pour éviter d'inutiles redites, nous appellerons désormais coutumier A celui du XVe siècle publié par Marc Dykmans, puis coutumier B son homologue du XVIe siècle provenant du recueil Alaleoni et que, pour les mêmes raisons, les traités de Priscianese et d'Evitascandalo seront habituellement désignés par les seuls noms de leur auteur.

Cela dit, nous nous en voudrions de ne pas signaler, dès le départ, certains problèmes de méthode posés par les sources en question et, partant, certaines difficultés que leur exploitation nous a values au fur et à mesure que nous progressions dans notre recherche.

La première difficulté tient à la nature ou, si l'on préfère, au « genre » particulier de chacune des catégories de sources utilisées et, donc, à la plus ou moins grande fiabilité des renseignements fournis par lesdites sources. Les coutumiers mentionnés précédemment et surtout les traités de Priscianese et d'Evitascandalo nous fournissent de précieuses descriptions et définitions des divers offices ou métiers de cour existant à l'époque tout en nous permettant de nous faire une assez bonne idée des transformations de ces mêmes offices ou métiers au cours de la période considérée, mais l'intention desdits coutumiers ou traités était plutôt normative que factuelle; ainsi il n'est pas sûr que les modèles proposés par leur auteur correspondent toujours très bien à la réalité. Heureusement, nos autres sources, soit les rôles de cour, les livres de comptes et les registres de salaires, nous fournissent, elles, presque des instantanés du vécu concret, quotidien des cours papale et cardinalices de l'époque. Elles permettent donc de vérifier sur plus d'un point la « factualité » des renseignements fournis par les précédentes, bien qu'elles ne soient pas toujours elles-mêmes, il faut le reconnaître, aussi complètes ou précises qu'on pourrait le souhaiter dans les circonstances.

La deuxième difficulté est liée aux pièges du vocabulaire. En effet, d'une source à l'autre, le même vocable peut parfois servir à désigner des réalités fort différentes. Tout comme, à l'inverse, des vocables différents peuvent servir à désigner les mêmes choses. Il faut être particulièrement attentif aux transformations que subissent à l'époque certains emplois ou métiers — ceux de camérier ou de palefrenier, par exemple —, transformations que ne permet pas de détecter la seule analyse du vocabulaire, ce dernier restant la plupart du temps étranger aux glissements ou aux mutations de sens occasionnés par lesdites transformations. D'où l'importance des renseignements fournis par les coutumiers qui permettent, eux, de cerner de plus près cette évolution et donc d'éviter en partie ce premier piège sémantique.

Une autre difficulté consiste à déterminer comment traduire adéquatement en français certains des vocables employés par nos sources, en particulier nos sources latines, pour désigner des fonctions qui ne semblent pas avoir eu d'équivalent ou, du moins, d'équivalent strict dans la terminologie de cour française de l'époque. Le *camerarius* des cours cardinalices du XVe siècle devrait-il être appelé intendant ou chambellan ou encore, tout simplement, camérier ? Le *cubicularius* des cours papales et de certaines cours cardinalices des XVe et XVIe siècles, faut-il lui donner le nom de camérier ou tout simplement de valet de chambre ? Le mieux, dans tous ces cas, n'est-il pas plutôt de s'en tenir au vocable latin (voire italien), quitte à expliquer, dans la mesure du possible, ce que recouvrent le ou les termes en question ? C'est ce que nous avons choisi de faire ici, comme on aura tôt fait de s'en rendre compte plus loin. C'est, par ailleurs, ce que nous n'avons pu éviter dans le cas de certains autres vocables non seulement intraduisibles, mais incompréhensibles (v.g. *macerus, capacius*) que nous trouvons en particulier dans le rôle de cour de Léon X[16].

2. Emplois et métiers de cour

L'analyse de ces diverses sources nous a permis d'établir, en premier lieu, une liste passablement exhaustive des offices ou des fonctions existant dans les cours papales et cardinalices à Rome entre le milieu du XVe et la fin du XVIe siècle. Le coutumier A énumère 25 offices considérés à l'époque comme nécessaires à la bonne marche d'une maison cardinalice[17]. À la cour pontificale, toujours selon ce même coutumier, on estime que ce nombre devrait être de 45[18]. Francesco Priscianese, quant à lui, parle de 36 offices ou fonctions qu'il voudrait voir exister à la cour de tout « seigneur » romain digne de ce nom[19]. De son côté, Cesare Evitascandalo estime, à la fin du XVIe siècle, que la cour d'un cardinal devrait comporter 51 offices distincts, bien qu'il admette, comme Priscianese d'ailleurs, que certains de ces offices puissent être cumulés par la même personne. De plus, il établit à 25 le nombre de fonctions jugées absolument indispensables à la gouverne d'une telle cour[20].

De fait, nous trouvons, par exemple, à la cour de Léon X, au moins 72 offices ou métiers différents[21]. Chez le cardinal Giovanni Salviati, ce nombre est de 54[22] ; chez le cardinal Alexandre Farnèse, il atteint pareillement la cinquantaine[23]. Et nous sommes probablement, dans chacun de ces cas, en deçà de la réalité[24].

Coutumiers et traités ne reflètent donc qu'imparfaitement l'éventail des offices et des métiers existant à Rome à l'époque, sans doute en raison du fait que la plupart se limitent, au moins jusqu'au milieu du XVIe siècle, à décrire les fonctions les plus traditionnelles ou encore les plus essentielles de la cour, négligeant par le fait même de mentionner certaines fonctions déjà existantes. D'où, encore ici, l'intérêt que présentent rôles de cour, livres de comptes et registres de salaires, de par leur nature mieux à même de refléter les transformations que subissent à l'époque les organigrammes de cours.

Cela dit, quel est l'éventail des offices, des métiers, des fonctions de cour existant à Rome dans la première moitié du XVIe siècle ?

Nous avions pensé au départ pouvoir dresser ici la nomenclature complète de ces fonctions pour les cours tout à la fois papales et cardinalices. Nous rendant compte par la suite de l'envergure excessive et surtout de la complexité d'une telle entreprise, nous avons choisi de nous limiter aux seules cours cardinalices, quitte à nous référer à l'occasion aux cours papales, ces dernières restant pour toutes les grandes maisons de Rome à l'époque, en particulier les maisons cardinalices, le modèle à suivre, sinon le modèle imposé.

Commençons par rappeler l'importante distinction existant dans toutes ces maisons (y compris celle du pape) entre ceux que l'on pourrait appeler les « hôtes » ou « familiers » et ceux, beaucoup plus nombreux, qui constituaient le personnel servant de ces mêmes maisons. En effet, ces dernières abritaient toute une série de « domestiques », au sens ancien du mot, ne remplissant aucune fonction particulière, ne figurant d'ailleurs pas dans les registres de salaires et n'appartenant donc pas, comme tels, au groupe des officiers ou des fonctionnaires de cour. Proches parents, gentilshommes, prélats domestiques, humanistes, artistes, musiciens, bouffons, voire nains, comme chez le cardinal Alexandre Farnèse : autant de personnes « hors catégorie » que nos sources évitent soigneusement de ranger parmi les « employés » de la cour, leur rôle n'étant pas d'abord de servir, mais bien plutôt d'entourer le maître, de lui faire en quelque sorte cortège, témoignant par là tout à la fois de sa grandeur, de sa générosité et de sa munificence. Ces personnages, en tant que tels, n'intéressent pas notre propos et ne seront donc pas considérés ici.

Il arrive toutefois que certains d'entre eux remplissent par ailleurs un office. Ainsi, pour ne donner que cet exemple, Evitascandalo affirme que dans les cours où il y a des pages, ces derniers tiennent habituellement lieu de valets de chambre[25]. Dans ce cas, qui, soulignons-le, reste plutôt exceptionnel, un certain nombre d'« hôtes », de « familiers » seront tout de même pris en considération.

Mais il y a des cas limites se prêtant mal à une telle « catégorisation ». Les quatre *litterati* (ou humanistes), dont l'un spécialisé en théologie, que Priscianese voudrait voir faire partie de sa cour modèle sont mis par lui au rang des salariés et donc des officiers de la cour[26], alors que dans les rôles de cour des cardinaux Salviati et du cardinal Farnèse, humanistes et théologiens sont considérés comme des « hôtes », non comme des employés de la maison[27]. Qui de Priscianese ou de ces trois prélats avait raison ?

Que dire du « miniaturiste », des musiciens que nous trouvons en 1546 à la cour du cardinal Farnèse ? Dans laquelle de nos catégories faut-il les situer ? À la cour de Léon X, les chanteurs de la chapelle Sixtine figurent au rang des salariés alors que les musiciens font partie du groupe des « hôtes[28] ». Jacquet du Pont, organiste et claveciniste du cardinal Giovanni Salviati, est traité comme un « familier », non comme un employé de ce dernier[29]. Encore ici, la frontière reste quelque peu floue et les choix ne s'imposent pas toujours d'eux-mêmes.

Nous aurons à tenir compte de cette ambiguïté au fur et à mesure que nous établirons plus loin la liste des métiers de cour existant à Rome à l'époque.

S'il importe de distinguer « hôtes » ou « familiers » des employés ou du personnel de cour comme tels, il importe tout autant de ne pas confondre titre et office à l'enseigne desquels ces mêmes groupes ou personnages apparaissent très souvent dans les rôles de cour. Ainsi, dans ceux de la maison papale, quatre grandes catégories de personnes figurent toujours en tête de liste, soit : 1) les prélats domestiques; 2) les camériers; 3) les *cubicularii*; 4) les écuyers. Or ces catégories, à l'époque, servaient d'abord et avant tout à définir le rang, le statut, pas nécessairement l'office ou la fonction des personnages en question. Seuls certains camériers et certains *cubicularii* remplissaient effectivement les offices désignés par ces appellations; pour les autres, comme pour la totalité des prélats domestiques et des écuyers, il ne s'agissait là que de titres. Rien de moins, rien de plus[30].

Bon nombre de ces personnes exerçaient par ailleurs un office. Parmi les prélats domestiques de Léon X, l'un était sacriste, un autre majordome, plusieurs, secrétaires; parmi ses écuyers, l'un exerçait la fonction de crédencier secret, un autre, celle d'acheteur (*spenditore*), d'autres enfin celles de maître d'hôtel secret, de maître de l'écurie, de « massier », de médecin ou encore de « maître de la cire[31] ».

Il en allait de même dans la plupart des maisons cardinalices. Les coutumiers A et B, entre autres, nous permettent de constater que, dans ces cours, les catégories chapelains, *cubicularii* et écuyers servaient également à définir un rang plutôt qu'une fonction précise. Ainsi trouve-t-on, dans le premier de ces coutumiers, un écuyer qui remplit la fonction d'échanson, un autre, celle d'écuyer tranchant, un autre, enfin, celle de porte-valise. Dans le second, il est fait mention de secrétaires qui arborent les titres de chapelains ou d'écuyers et, par ailleurs, d'un barbier, d'un « massier », d'un maître d'hôtel et d'un maître de l'écurie, qui ont également droit au titre de *cubicularii*[32].

3. Une hiérarchie de fonctions

Ces précisions faites, quels offices, quelles fonctions, quels métiers sont effectivement exercés dans les cours cardinalices à Rome dans la première moitié du XVIe siècle ?

Le premier de ces offices, en tout cas le plus prestigieux, est celui d'auditeur. Docteur en droit, le titulaire de cette charge a pour principale tâche de préparer, de suivre et de mener à bon terme les « causes » impliquant ou concernant son maître, soit à titre personnel, soit au titre des fonctions qu'il exerce à la curie. Lui servent d'aides ou de collaborateurs, du moins à partir du XVIe siècle, un ou des solliciteurs chargés, eux, des démarches à entreprendre auprès des diverses instances judiciaires ou administratives intéressées par ces mêmes « causes[33] ».

Deuxième en prestige, mais très certainement premier en autorité, l'office de majordome, dont on ne saurait trop souligner l'importance par rapport à l'organisation et à la bonne marche de la maison. Le coutumier A assigne ce rôle à un *camerarius*, véritable homme-orchestre qui voit à tout, qui surveille tout, qui a autorité sur tout et sur tous, assurant tout à la fois la direction du personnel, l'accueil des visiteurs, l'approvisionnement de la maison sous toutes ses formes de même que l'administration des biens et des bénéfices (y compris les bénéfices ecclésiastiques) du maître[34]. Au XVIe siècle, cet office, devenu trop lourd, donne naissance à toute une série de fonctions parallèles et subalternes. Le majordome qui a succédé au *camerarius* est désormais flanqué d'un contrôleur ou trésorier, d'un comptable, parfois d'un sous-majordome, qui se voient confier une partie des tâches autrefois réservées au *camerarius*. À noter que les auteurs des coutumiers et traités insistent de plus en plus au XVIe siècle sur la nécessité de mieux contrôler le personnel, les dépenses et le fonctionnement au jour le jour de la maison. On met les majordomes tout particulièrement en garde contre le gaspillage, les vols (en particulier de nourriture) et l'indiscipline dont sont victimes de trop nombreuses cours à l'époque[35]. Façon comme une autre de souligner l'importance du rôle joué par ces officiers de tout premier rang, mais rappel discret en même temps de l'autorité dont on souhaite qu'ils puissent et sachent user.

Autre officier appelé à jouer un rôle à peine moins important à l'époque : le chambellan ou le maître de la chambre. Cette fonction n'apparaît pas dans le coutumier A, ni d'ailleurs dans le traité de Priscianese. On y fait mention de camériers, de gentilshommes servants ou encore de valets de chambre, mais non d'un premier camérier qui aurait eu en quelque sorte autorité sur les autres. Sans doute le *camerarius* remplissait-il ce rôle au XVe siècle. Mais chez les cardinaux Salviati et dans la cour-type décrite par Evistascandalo, il y a bel et bien un chambellan ou un maître de la chambre commandant un personnel nombreux et varié de gentilshommes servants, de valets, d'assistants de toutes sortes, dont un maître de la garde-robe, lui-même flanqué d'adjoints, mais également — et, cela, de plus en plus à mesure que l'on avance dans le XVIe siècle — d'estafiers et de palefreniers[36]. Le chambellan est de toute évidence l'officier de l'« intimité », celui qui voit, sert et surveille de plus près le maître. Et on sait l'importance que les milieux de cour attachaient à l'époque à ce type de « proximité ». Il est en tout cas significatif que ce secteur (et, par conséquent, l'office correspondant) soit l'un de ceux qui se développent et s'articulent le plus au cours de la période qui nous intéresse, sans doute pour répondre à des besoins nouveaux, mais peut-être également en fonction d'ambitions et de sensibilités nouvelles[37].

Puisque nous sommes à parler d'intimité, de proximité, peut-être n'est-il pas déplacé de soulever ici le problème de l'écuyer devenu au XVIe siècle estafier ou palefrenier. Nous avons vu que le premier de ces vocables servait à désigner parfois simplement un titre, parfois, au contraire, une fonction bien précise, du moins dans certaines cours de l'époque. L'écuyer de fonction fait partie de l'univers décrit par le coutumier A, par les rôles de cour du cardinal Farnèse, mais également par le traité de Francesco

Priscianese[38]. C'est de toute évidence un personnage d'un certain relief, habillé aux couleurs du maître, lui tenant compagnie, le servant même en toutes sortes d'occasions, à l'intérieur comme à l'extérieur du palais. De ce point de vue, il s'apparente au chapelain, dont il sera d'ailleurs question plus loin et, sans doute, ces deux fonctions, au XVIe siècle du moins, étaient-elles perçues comme se répondant l'une à l'autre. L'écuyer va, au XVIe siècle, être concurrencé, puis supplanté par un personnage, à l'origine beaucoup plus modeste, c'est-à-dire le palefrenier qui, de garçon d'écurie[39], va progressivement devenir, après avoir quitté ce lieu malodorant, un des éléments-clés de l'entourage du maître. Déjà, à la cour de Léon X, et plus tard, à celle de Paul III, on voit très nettement s'affirmer cette vocation nouvelle par un certain nombre de personnes auxquelles le pape n'hésite pas à confier des missions importantes, apparemment sans commune mesure avec leur rang[40].

Dans les rôles de cour des cardinaux Salviati et dans le traité d'Evitascandalo, ce sont les palefreniers qui occupent la place autrefois tenue par l'écuyer de fonction. À noter toutefois que chez Bernardo Salviati, cet office est rempli pendant de nombreuses années par des personnages qui ont nom d'estafiers, le titre de palefrenier ne faisant son apparition dans les registres dudit Bernardo qu'à partir du moment où celui-ci est fait cardinal en 1561[41].

Trois vocables donc qui ont fini avec le temps par recouvrir à peu de choses près la même réalité, au fur et à mesure que leurs contenus eux-mêmes évoluaient sous la pression des circonstances. Bel exemple de ce que nous appelions dans les paragraphes précédents les pièges du vocabulaire. Bel exemple en même temps des transformations qui progressivement et, dans certains cas, presque insensiblement donnent aux cours pontificales, mais également aux cours cardinalices, les traits qui finiront par les caractériser au XVIe siècle.

4. Offices « intimes » particuliers

Auditeur, majordome, chambellan : on ne pouvait imaginer au XVIe siècle une cour cardinalice digne de ce nom qui n'eût à sa tête, à son sommet, ces trois fonctions-clés dominant et, jusqu'à un certain point, contrôlant toutes les autres. Du moins est-ce là le schéma qui semblait le plus largement proposé, voire accepté à l'époque. À vrai dire, les choses n'étaient pas toujours aussi simples que cela. En effet, toute une série d'offices « intimes », d'importance variable d'ailleurs, existaient dans ces mêmes cours, échappant ou, du moins, paraissant échapper en grande partie à l'autorité du majordome et du chambellan[42]. Il s'agit des fonctions de secrétaire, de chapelain, de confesseur, de médecin et de barbier.

Dans le coutumier A, il est fait mention d'un seul secrétaire[43], mais toutes nos autres sources parlent de secrétaires (ou de notaires) au pluriel, voire même de véritables secrétariats (ou chancelleries) ayant à leur tête un premier secrétaire flanqué d'adjoints et de subalternes de toutes sortes. Ce modèle est celui que l'on trouve dans un nombre grandissant de cours cardinalices, chez les cardinaux Giovanni Salviati et Alexandre Farnèse par exemple[44]. Le secrétaire ou, mieux, premier secrétaire est, de toute évidence, un « intime » du maître, dépendant directement de lui, ne répondant qu'à lui et lié par mille et un « secrets » à sa personne. Priscianese accorde à cet officier deux serviteurs à l'égal de l'auditeur et du majordome, ce qui chez lui est un bon indice de l'estime et de l'importance qu'il attache à cette fonction[45].

Les chapelains, décrits dans le coutumier A comme essentiellement des accompagnateurs du maître — ils sont presque constamment à ses côtés à l'extérieur comme à l'intérieur du palais[46] — deviennent avec le temps principalement des officiers responsables de tout ce qui touche au culte, à la liturgie et donc, plus particulièrement, à la chapelle. Certains sont parfois appelés à remplir des fonctions un peu plus particulières, celles de caudataire ou d'aumônier, par exemple. Il se peut également que l'un ou l'autre ait fait office de théologien avant que cette fonction ne soit officiellement instituée dans certaines cours cardinalices à partir des années 1540-1550, bien que Priscianese réserve cet emploi à l'un de ses quatre *litterati* (ou humanistes)[47]. Le même Priscianese déplore que les chapelains soient trop souvent des personnes de mauvaise réputation alors que leur office et leur rang exigeraient tout le contraire[48].

Quant à l'office de confesseur, seuls les rôles de cour des cardinaux Salviati le mentionnent[49]. Peut-être un des chapelains remplissait-il cette fonction ailleurs ou peut-être se contentait-on, ce qui semble plus probable, de recourir aux services occasionnels d'un prêtre ou, plus vraisemblablement, d'un religieux ami ou protégé du maître de maison. Quoi qu'il en soit, là où elle existait, cette fonction, comme les précédentes, échappait à l'autorité, du moins à l'autorité immédiate, du chambellan ou du majordome.

Même chose dans le cas du ou des médecins, absents des cours décrites par les coutumiers A et B, mais bel et bien présents dans les autres — Evitascandalo voudrait qu'on se prévale en plus des services d'un infirmier[50] —, ce ou ces médecins étant d'abord et avant tout (mais non exclusivement) à la disposition du maître. Les rapports médicaux laissés par certains d'entre eux montrent d'ailleurs à quel point cette attention toute spéciale accordée au maître était réelle[51].

Aucune mention de barbier chez Priscianese et Evitascandalo, mais cette fonction figure dans toutes nos autres sources et surtout y est l'objet d'une considération manifeste. Le coutumier B voudrait que ce personnage fasse partie du groupe des écuyers[52]. De fait, ne l'oublions pas, le barbier, à l'époque, c'était aussi le spécialiste de la saignée, le pendant en quelque sorte du médecin. Il pouvait donc, lui aussi, se targuer d'être un « intime » du maître. Beaumarchais, au XVIIIe siècle, en fera même, comme on le sait, un confident[53].

Après les offices « intimes », les uns, nous l'avons vu, soumis à l'autorité du majordome ou du chambellan, les autres échappant, en partie du moins, à l'une et l'autre de ces juridictions, il nous reste à considérer deux autres grandes catégories d'offices, soit les offices dits de « bouche » et les offices d'écurie.

5. Offices de « bouche », offices d'écurie

Les premiers vont connaître au XVIe siècle un développement significatif. Au maître de salle (ou de *tinello*) placé par les coutumiers A et B à la tête des services de table[54] vont bientôt succéder un ou des maîtres d'hôtel, assistés d'écuyers tranchants, parfois de gentilshommes (pour le service de la table du maître notamment), tous ces personnages étant par ailleurs eux-mêmes entourés d'aides ou encore de garçons[55]. Mais ces mêmes services exigeaient la présence de toute une série d'autres officiers qui avaient nom de panetiers (mieux connus sous le nom de crédenciers au XVIe siècle), de bouteillers, d'échansons, eux aussi flanqués d'adjoints de diverses sortes et de garçons[56]. À noter que certains officiers « intimes », notamment le majordome, mais également les chapelains et écuyers, et plus tard, les palefreniers, étaient tenus d'assurer, pour une part du moins, le service de la table du maître[57].

Ici va se poser, en particulier au XVIe siècle, le problème du *tinello* ou de la salle à manger. Priscianese rappelle, dans son traité, la belle époque où cardinaux et prélats se faisaient un point d'honneur de réunir autour d'eux leur « famille » pour les repas qui avaient lieu dans une seule et même salle commune[58]. Il semble bien que ce n'était plus le cas au milieu du XVIe siècle, puisque, s'il faut en croire Priscianese, la plupart des patrons se contentaient alors de donner la *parte* (allocation en argent ou en nature) à la majorité des membres de leur famille, qui s'organisaient alors pour manger à leur guise chacun de leur côté[59]. Evitascandalo, plus nuancé, affirme à la fin du XVIe siècle que certains patrons préféraient en effet cette formule — elle coûtait, semble-t-il, moins cher —, mais que d'autres offraient tout à la fois le *tinello* et la *parte* à la discrétion des intéressés[60]. Cela dit, Priscianese émettait le souhait qu'on en revienne à la formule du *tinello*, plus honorable et, à son avis, moins coûteuse[61]. Il demandait qu'on le fasse au moins pour les gentilshommes dans une salle *ad hoc*, fraîche l'été, facile à chauffer l'hiver, bien décorée surtout et munie de tous les services, meubles et ustensiles requis[62]. Evitascandalo abondait dans le même sens, suggérant même qu'on refuse la *parte* aux principaux officiers de la cour — de fait, les homologues de ceux que Priscianese appelait en son temps gentilshommes — afin de les obliger à manger dans le *tinello*[63]. À noter qu'ils séparent, tous deux, ces derniers du maître, qui a désormais non seulement table, mais salle à part[64].

Ce double régime semble bien avoir été le fait de bon nombre de grandes maisons à Rome au XVIe siècle, comme permettent de le constater les rôles de cour des cardinaux Giovanni et Bernardo Salviati et du cardinal Alexandre Farnèse avec leurs listes parallèles d'officiers de bouche dits, les uns, « secrets », les autres, « communs[65] », les premiers étant, comme à la cour pontificale d'ailleurs[66], au service exclusif de la table du maître.

Cette distinction, on la trouve également aux cuisines, où s'active un contingent de plus en plus varié et hiérarchisé de maîtres-queux, de pâtissiers, voire de boulangers assistés chacun d'aides, de garçons ou de marmitons[67]. Et puis, il ne faut pas oublier les dépensiers, sommeliers, acheteurs (*spenditori*) mentionnés par toutes nos sources et sur qui reposait la lourde responsabilité d'assurer chaque jour aux chefs des services de table et de cuisine du palais les denrées et fournitures requises[68]. Faut-il après cela se surprendre du fait que les services de bouche aient représenté, et de loin, le principal poste du budget de la plupart des cours cardinalices à l'époque[69] ?

Les services d'écurie coûtaient bien peu de choses en comparaison[70] et, pourtant, ils constituaient, encore au XVIe siècle, un rouage essentiel de la vie de cour en même temps qu'un indéniable élément de prestige. À la tête de ce secteur, un maître de l'écurie — le nom que lui donnent toutes nos sources — chargé de veiller sur les chevaux et autres montures à la disposition du maître et des principaux hôtes et officiers de la maison. Pour l'assister dans cette tâche, des palefreniers, bientôt remplacés au XVIe siècle, pour les raisons nommées précédemment, par des garçons ou des familiers d'écurie, puis des muletiers, des âniers, des charretiers, en plus de toute une série de préposés dont l'un à l'avoine, un autre au foin et à la paille[71]. Le coutumier B recommande d'ajouter à cette liste un maréchal-ferrant chargé non seulement de ferrer, mais également de soigner les chevaux[72].

Vers le milieu du XVIe siècle, un nouveau personnage, le cocher, va venir compléter ce tableau, marquant par le fait même l'apparition d'un mode de transport nouveau, soit le carrosse, appelé, on le sait, à un bel avenir[73]. Ni Priscianese, ni le premier des rôles de cour du cardinal Farnèse, ni ceux du cardinal Giovanni Salviati ne connaissent ce personnage, mais il est bel et bien présent à la cour de Bernardo Salviati dès 1540, comme en témoigne un des livres de comptes de ce dernier[74].

Quel seigneur aurait pu se permettre à l'époque de lésiner sur le nombre et la qualité des chevaux et autres montures à sa disposition, sur le nombre et la qualité également du personnel affecté à leur entretien, alors qu'il était appelé à tout moment à voyager, à se déplacer à l'intérieur de Rome, à se montrer en public le plus souvent à cheval, entouré d'une partie de son personnel « cavalcadant » à ses côtés[75]? Dès lors, rien de surprenant à ce qu'un Priscianese consacre dans son traité quelque seize pages au maître de l'écurie, alors que les autres officiers sont expédiés le plus souvent en une ou deux pages[76]. Il ne savait que trop l'importance qu'on attachait à ce secteur dans les milieux de cour de son temps.

6. De quelques autres « emplois »

Mais le service de la cour, c'était aussi une multitude de petits emplois tout aussi indispensables les uns que les autres, malgré leur caractère parfois très modeste. Ainsi en était-il des balayeurs, des aquiféraires, des portefaix, des lavandiers mentionnés par la plupart de nos sources[77].

On serait tenté d'inclure dans cette liste la fonction de portier, elle aussi d'apparence plutôt modeste, mais les coutumiers A et B accordent à ce poste une importance « stratégique » telle — c'est le portier, en effet, qui contrôle entrées et sorties de la maison, en plus d'avoir la garde des clefs de cette dernière[78] — qu'il faut le considérer comme une catégorie quelque peu à part. Le coutumier B suggère d'ailleurs de confier cette fonction à un des palefreniers[79].

Il arrive que des cours comptent en plus un certain nombre d'hommes de métier. Les cardinaux Salviati et le cardinal Farnèse emploient vignerons, et jardiniers ; les premiers ont en plus, à leur service, un tailleur, et les seconds comptent dans leur personnel un charpentier et un maçon[80]. La présence de ces personnes et d'autres du même acabit pourrait trahir de la part de ces trois hommes — et ils ne sont pas les seuls à agir de cette façon à l'époque — un certain désir, une certaine volonté même d'atteindre l'autosuffisance.

Une dernière catégorie existant bel et bien dans de nombreuses cours de l'époque, mais que passent totalement sous silence nos divers traités et coutumiers : le personnel de chasse. Pourtant, Cortesi, dans son *De Cardinalatu*, ne se fait pas faute de justifier et même de recommander aux *porporati* de son temps l'exercice de ce noble passe-temps en tout point conforme à leur statut et à leur rang[81]. Il semble qu'il ait été entendu. Les cardinaux Salviati et le cardinal Farnèse, comme tant d'autres de leurs collègues, comptent dans leur personnel ou emploient à l'occasion oiseleurs, fauconniers, *bracchieri*, valets de chiens (*canattieri*) et autres spécialistes des divers types de chasse pratiqués à l'époque[82]. C'est d'ailleurs là un poste important de leur budget annuel respectif[83].

Pour que ce soit complet, sans doute faudrait-il ajouter ici la catégorie que nous serions tenté d'appeler les serviteurs anonymes, c'est-à-dire tout le petit personnel mis à la disposition des « hôtes » et des principaux officiers de la maison. Leur nom n'apparaît habituellement ni dans les rôles de cour ni dans les registres de salaires, d'où les minces renseignements que nous possédons sur eux. Ils n'en représentent pas moins une main-d'œuvre importante : près du tiers des effectifs de la cour, s'il faut en croire Priscianese[84], un peu plus du quart d'après le coutumier B[85], et en réalité peut-être plus que cela si les données des rôles de cour du cardinal Farnèse (entre 36 et 39 p. cent d'« anonymes »)[86] sont indicatives des situations existant dans la plupart des grandes maisons cardinalices de l'époque. Où situer cette *turba magna* dans l'organigramme des cours en question? Selon toute vraisemblance, dans la catégorie des valets, des aides et des garçons, déjà fort bien représentée dans les principaux services de ces maisons.

Tout compte fait, comme l'illustre d'ailleurs très bien le tableau comparatif que nous proposons plus loin en annexe, les cours cardinalices, à l'image de la cour papale, abritaient un très large éventail de « métiers », d'emplois de cour, éventail qui, nous l'avons vu, avait tendance à s'élargir à l'époque en fonction de toute une série de facteurs internes aussi bien qu'externes, en fonction également des ambitions, des caprices même de certains maîtres de céans, un Alexandre Farnèse, par exemple. En cela, rien ne les distinguait vraiment des nombreuses cours séculières qui voyaient, elles aussi, à l'époque, s'étoffer, s'élargir considérablement leurs effectifs, en particulier ceux de leur personnel servant[87].

Un trait pourtant les distinguait et les distinguera de plus en plus de ces dernières : le fait que leur personnel ait été à peu près exclusivement masculin, voire, pour ce qui était des principaux officiers, majoritairement clérical. On trouve bien chez Alexandre Farnèse une *lavandaria*, et chez Giovanni Salviati une *gallinara*, mais, de toute évidence, ces servantes n'habitaient pas le palais, même si, dans le cas de la seconde, une certaine Cristiana[88], on avait pris soin de la loger à proximité, dans une des dépendances dudit palais. Mais telles étaient les règles régissant la vie et les mœurs des clercs à l'époque, règles qui s'appliquaient bien évidemment aussi aux cardinaux[89], et même si ces règles n'avaient pas toujours été scrupuleusement respectées jusque-là, la pression était et allait se faire de plus en plus forte au XVIe siècle pour qu'on s'y conforme, du moins en ce qui avait trait au recrutement et au logement du personnel de cour. Nos sources donnent à penser que pour l'essentiel, le mouvement de réforme aidant, les grands ecclésiastiques de Rome se pliaient de plus en plus à cette exigence vers le milieu du XVIe siècle, ce qui, par le fait même, donnait et allait donner de plus en plus à leurs maisons une allure et un allant bien particuliers[90].

7. La cour, école d'apprentissage ?

Nous nous étions demandé au départ si la cour, en plus d'être créatrice d'emplois, ne servait pas également à l'époque de lieu d'apprentissage pour certains des « métiers » qu'on y pratiquait ou, du moins, commençait alors à y pratiquer. Tout donne à penser qu'il en était effectivement ainsi.

Nous trouvons, par exemple, chez nos deux cardinaux Salviati, de nombreux cas de garçons de cuisine accédant au bout de quelques années aux postes de sous-cuisiniers, voire de chefs cuisiniers. Le cas le plus frappant est celui de Biagio di Ferrara qui, entré chez Giovanni Salviati comme simple marmiton, se verra promu cuisinier du commun en 1540, puis cuisinier secret, c'est-à-dire maître-queux du cardinal, en 1543[91]. Mais les exemples abondent pareillement, dans ces deux mêmes maisons, de palefreniers devenus avec le temps maîtres de la garde-robe ou crédenciers ou encore maîtres d'hôtel ; de sommeliers transformés en bouteillers; de garçons de dépense promus sous-crédenciers; de garçons de vignerons ou de muletiers prenant la succession de leurs maîtres[92].

Cesare Evitascandalo, parlant des aides ou des adjoints dont étaient habituellement entourés les secrétaires des cardinaux de son temps, tient à préciser qu'un jour ou l'autre, ces aides ou adjoints pouvaient espérer devenir eux-mêmes secrétaires « comme cela, dit-il, se voit si souvent à la cour de Rome[93] ».

Le processus en question devait être monnaie courante dans la plupart des cours de l'époque, à Rome aussi bien qu'ailleurs. Rien à cela de très surprenant quand on sait ce qu'étaient alors les systèmes d'apprentissage existant dans ces dernières. Il y avait sans doute des étapes à franchir, certaines règles à suivre avant que de pouvoir se faire reconnaître comme « habile » à exercer tel ou tel « métier » de cour. Le *cursus* plus haut évoqué d'un Biagio di Ferrara n'est peut-être pas, à cet égard, des plus typiques, mais il permet au moins d'imaginer ce que pouvait être le système d'apprentissage existant dans les divers services, mais en particulier les services « de bouche » des cours de l'époque.

Sans doute connaît-on beaucoup mieux le rôle joué par ces mêmes cours dans la préparation de nombreux jeunes prélats et gentilshommes aux tâches ou aux « vocations » auxquelles les destinaient leurs familles — nous pensons ici, entre autres, à l'apprentissage des « arts » décrits par Castiglione[94] —, mais il ne faudrait pas pour autant négliger le rôle qu'elles étaient pareillement amenées à jouer sur un plan beaucoup plus modeste sans doute, mais néanmoins essentiel, au profit de personnes de tous âges en quête d'emplois dans ce qu'il est convenu d'appeler aujourd'hui le secteur tertiaire, secteur qui, on le sait, occupait dans la Rome de l'époque une place très importante. D'ailleurs, à tout bien considérer, peut-être ces deux rôles étaient-ils en réalité complémentaires, voire solidaires l'un de l'autre. Il serait, de ce point de vue, fort intéressant d'étudier le type de formation donné aux pages dans les grandes cours ecclésiastiques ou civiles de l'époque.

8. Rémunération du personnel

Mais, dernière question, comment, sur quelle base, à partir de quels critères était rémunéré le personnel servant de ces mêmes cours? Quiconque a l'habitude des livres de comptes de l'époque sait à quels longs et tortueux calculs il faut parfois se livrer pour arriver à en tirer des renseignements de cette nature. Compte tenu des sources dont nous disposions, que sommes-nous en mesure de dire sur le sujet?

Première constatation : à l'image des « hôtes » ou des « familiers » de la cour qui, nous l'avons vu, ne faisaient l'objet d'aucune rémunération, certains des principaux officiers, l'auditeur par exemple, en plus d'être logés, nourris et entretenus aux frais du maître, faisaient comme eux périodiquement l'objet de plus ou moins généreuses gratifications (bénéfices ecclésiastiques, étrennes, etc.). Et cela était considéré à l'époque comme un traitement de faveur[95].

Pour ce qui est des autres membres du personnel, ils se voyaient attribuer, les uns, une « provision », les autres, un salaire. La « provision » était en général réservée aux premiers officiers de la cour; le salaire, aux officiers de moindre importance et à l'ensemble du petit personnel. La distinction entre ces deux formes de rémunération était surtout d'ordre monétaire : chez les cardinaux Salviati, les *provisionati* recevaient entre 24 et 100 écus par an; les *salariati* entre 6 et 18[96], ce qui correspondait en gros à ce que Priscianese recommandait comme échelle de traitement pour sa cour modèle[97]. Mais cette « frontière » servait sans doute aussi à rappeler le rang occupé par les uns et les autres dans la hiérarchie des fonctions exercées à la cour, même si l'avantage des *provisionati* pouvait paraître justifié, en partie du moins, par le fait qu'ils avaient à assurer l'entretien d'un ou plusieurs serviteurs attachés à leur personne.

Tout ce personnel était, bien entendu, logé aux frais du maître, mais ce dernier lui assurait-il toujours également la nourriture et le vêtement ? Il n'est pas toujours facile de le savoir. Tous, nous l'avons vu, ne mangeaient pas nécessairement à la salle commune (*tinello*) ; dans certains palais cette salle n'existait même pas. Il arrivait donc qu'on octroyât au personnel la *parte*, allocation en argent ou en nature qui permettait à chacun d'assurer sa propre alimentation. Mais cette *parte* s'ajoutait-elle au traitement ou était-elle considérée comme en faisant partie ? Nos sources ne permettent pas de le dire avec certitude[98]. Il en va de même pour le vêtement. Les livrées, habituellement aux couleurs du maître, qu'officiers et serviteurs étaient tenus de porter en certaines circonstances, étaient de toute évidence fournies par l'intendance du palais[99]. Il en allait de même des vêtements de deuil distribués à toute la maisonnée à l'occasion du décès de ce même maître ou de quelque autre membre important de la famille[100]. Pour le reste, il semble bien que chaque membre du personnel était renvoyé à lui-même.

Le terme rémunération recouvrait donc dans les cours de l'époque toute une série de pratiques et de situations, dans plusieurs cas, difficiles à circonscrire avec précision, mais qu'on pourrait ramener à trois, soit la gratification, la « provision » et le salaire, étant entendu que la première ne constituait pas un traitement au sens strict — elle servait d'ailleurs, dans certains cas, à « bonifier » les deux autres[101] —, étant entendu également que le gîte, habituellement le couvert, parfois le vêtement n'étaient pas compris dans ces diverses formes de rémunération et doivent donc être ajoutés au traitement du personnel de cour de l'époque. Ainsi, pour ne donner que cet exemple qui a trait au couvert, il en coûtait à la fin du XVIe siècle, selon Cesare Evitascandalo, 59, 57 et 31 écus respectivement pour couvrir les seules dépenses de bouche d'un « gentilhomme » (c'est-à-dire d'un des principaux officiers) du palais, d'un officier ou d'un palefrenier et d'un simple serviteur pendant une année[102]. Dans le cas de ce dernier, cela représentait plus, voire beaucoup plus que son salaire.

Le moins qu'on puisse dire, c'est que le personnel de cour de l'époque était en général bien traité même si certains volets de ce traitement étaient laissés à la discrétion du maître et restaient donc très aléatoires. À ce compte, on comprend l'énorme pouvoir d'attraction de la cour au XVIe siècle sur une foule de grands et petits personnages, mais on comprend en même temps le type de motivation, de tempérament même qu'il fallait pour accepter de se plier aux règles de ce monde à nul autre pareil.

La cour papale, mais plus particulièrement, nous l'avons vu, les cours cardinalices ont été à Rome au XVIe siècle d'importantes pourvoyeuses d'emplois. Nous ne nous sommes intéressé ici qu'à la main-d'œuvre créée à l'intérieur des murs de ces cours ; il y aurait une intéressante étude à faire sur la foule peut-être plus importante encore de banquiers, de marchands, de fournisseurs, d'artistes et d'artisans de toutes sortes gravitant autour de ces mêmes cours et vivant, pour une bonne part, d'elles[103]. Une telle étude permettrait sans doute d'étudier toute une série d'autres « métiers » ne méritant pas comme tels l'appellation « métiers de cour », mais s'y apparentant tout de même, ne fût-ce qu'en raison du type de rapport que leurs titulaires entretenaient avec les maîtres et habitants des cours en question[104]. Chose certaine, elle montrerait encore plus nettement à quel point Rome, au XVIe siècle, était non seulement ville de cour, mais ville dépendant presque entièrement de la cour.

Nous avons vu également à quel point tout au long de la période étudiée se sont multipliés, diversifiés et hiérarchisés les emplois de cour — tout le domaine de la bouche nous a paru, de ce point de vue, particulièrement révélateur —, probablement en vue de répondre à des besoins, mais également à des impératifs nouveaux. Il ne nous appartenait pas de chercher à expliquer ici ces besoins et ces impératifs, mais ils pourraient, à notre avis, résulter en bonne partie de la présence à Rome au XVIe siècle d'un nombre grandissant de cardinaux issus de grandes familles princières italiennes ou autres. Il y aurait là en tout cas une intéressante hypothèse à vérifier.

Enfin, nous avons noté chez un certain nombre de grands seigneurs ecclésiastiques de Rome une tendance assez nette à l'autosuffisance. Cela pouvait parfois aller jusqu'à l'embauche d'hommes de métiers tels tailleurs, boulangers, maçons ou encore charpentiers. Gratiani, premier biographe du cardinal Commendone, disait de l'État ecclésiastique que c'était une monarchie à l'intérieur de laquelle se trouvaient « plusieurs espèces de Républiques » et où, « quoi que tout le pouvoir [appartint] à un seul, chaque Prince ne [laissait] pas d'y avoir sa petite cour, et son autorité particulière[105] ». Il semble bien qu'un certain nombre de cardinaux du XVIe siècle aient été de cet avis et aient choisi de se doter de cours en conséquence. Il en allait de leur prestige personnel, mais il en allait également du prestige du Collège dont ils faisaient partie et de celui des familles auxquelles ils appartenaient. Il ne manquera pas de censeurs, catholiques aussi bien que protestants, pour s'en formaliser à l'époque, mais qu'importait aux milliers de personnes à qui cette volonté de prestige valait un emploi, un emploi qu'ils auraient cherché en vain ailleurs dans une ville où, pour reprendre l'expression irrévérencieuse de Montaigne, « chacun [prenait] sa part de l'oisifveté ecclésiastique[106] ».

Les censeurs avaient peut-être raison, mais, si leur point de vue eut triomphé, Rome se serait vue du coup privée de plusieurs milliers d'emplois. Aussi leurs récriminations avaient-elles peu de chances de trouver un écho favorable dans la ville et, de fait, elles n'en trouvèrent pratiquement pas. La cour n'était pas près de perdre la place unique et, à vrai dire, irremplaçable qu'elle occupait et allait encore longtemps occuper dans l'économie de la Rome pontificale.

Notes

1. Bien entendu, elle fut aussi ville de mendiants, de parasites de toutes sortes, vivant aux crochets d'un réseau serré de palais cardinalices, de monastères, de couvents et d'hospices « généreux ». *Cf.* J. Delumeau, *Vie économique et sociale de Rome dans la seconde moitié du* XVIe *siècle*, vol. I, Paris, 1957, p. 403 et suivantes.
2. J. Delumeau, *op. cit.*, p. [365] et suivantes.
3. On trouve une bonne vue d'ensemble sur le sujet dans M. Caravale et A. Caracciolo, *Lo Stato Pontificio da Martino V a Pio IX*, Turin, 1978, p. 33-43, 46-49, 63-66, 110-113, 115-118, 124-125, 128-129, 196-198 et 378-383.
4. D. Gnoli, « Descriptio Urbis o Censimento della popolazione di Roma avanti il Sacco Borbonico », *ASRSP*, vol. XVII, 1884, p. 375-520. Une nouvelle édition de cet important manuscrit a été faite par Egmont Lee : *Descriptio Urbis. The Roman Census of 1527*, Rome, 1985. Ce dernier met en doute un certain nombre de données et de conclusions que Gnoli prétendait pouvoir tirer du document en question.
5. I. Insolera, *La città nella storia d'Italia : Roma*, Rome, 1980, p. 82.
6. M. Dykmans, *Le cérémonial papal de la fin du Moyen Âge à la Renaissance*, vol. III, Rome, 1983, p. [420]-461.
7. BAV, Vat. lat. 12348, f°s 184-188.
8. Nous utilisons la réédition de ce traité faite à Città di Castello en 1883.
9. Nous nous servons de l'édition romaine de 1598.
10. BAV, Vat. lat. 9027, f°s 162A et suivants. Ce rôle a été publié par Paolo Piccolomini dans *ASRSP*, vol. XXVI, 1903, p. 143-164.
11. BAV, Vat. lat. 8598. Ce rôle a été lui aussi publié par Alessandro Ferrajoli dans *ASRSP*, vol. XXXIV, 1911, p. 363-369. Vincenzo de Caprio a réédité, il y a quelques années, ce texte de même que la série de notices biographiques que Ferrajoli avait consacrées à un certain nombre de personnages mentionnés dans le rôle : A. Ferrajoli, *Il Ruolo della Corte di Leone X*, Rome, 1984.
12. Il s'agit cette fois de deux rôles : l'un de 1545, l'autre de 1549. Le premier se trouve à la BAV, Borg. lat. 354; le second à l'ASR, Camerale I, Giustificazioni di Tesoreria, Busta 2, fasc. 7. L'un et l'autre sont jusqu'à ce jour restés inédits.
13. BAV, Ruoli 2.

14. Pour Giovanni Salviati, nos sources sont : Nota della famiglia del cardinale, 1522 ; ASF, Stroz. I, 334, f° 88r ; Giornale A, 1517-1531 ; Libro d'entrata e uscita, 1539-1542 ; Libro di salariati, 1538-1542 ; Libro d'entrata e uscita, 1543-1546 ; Libro d'entrata e uscita, 1546-1547 ; Libro di salariati, 1548-1550 ; Libro di salariati, 1551-1552 ; Libro d'entrata e uscita, 1551-1553 ; Libro di ricordi e conti, 1553-1556 ; Libro di promotione a benefitij, 1544-1567 ; BAV, Barb. Salv. Pour Bernardo Salviati, nos sources sont : Giornale e ricordi A, 1530-1569 ; Libro di debitori e creditori, 1533-1535 ; Libro di debitori e creditori, 1540-1542 ; Quadernuccio di ricordi, 1554-1555 ; Libro d'entrata e uscita, 1557-1665 ; Libro d'entrata e uscita (1568-1570).
15. L'un de 1544 (BAV, Barb. lat. 5366, f°s 266-v-267) ; l'autre de 1563 (AS, Filz. I, 81, fasc. 32).
16. *ASRSP*, vol. XXXIV, 1911, p. 382 et 389. Selon Du Cange (*Glossarium Mediae et Infimae Latinitatis*, Paris, 1937), le mot « *macerius* » servait à désigner soit un boucher, soit un « massier » (vol. V, p. 160-161). Quant à « *capparius* », correspondant peut-être à notre « capacius », il avait le sens soit de tailleur spécialisé dans les ornements ou vêtements liturgiques, soit de « chapier » (vol. II, p. 113). Mais quel sens avaient ces mots et à quoi correspondaient-ils en réalité à la cour de Léon X ? Il est difficile de le dire.
17. M. Dykmans, *op. cit.*, vol. III, p. [446]-461.
18. *Ibid.*, p. [420]-445.
19. F. Priscianese, *Del governo della Corte d'un Signore di Roma*, Città di Castello, 1883, p. 4-5 et 15.
20. C. Evitascandalo, *Dialogo del Maestro di Casa*, Rome, 1598, p. 10, 16, 204, 250-251 et *passim*.
21. *ASRSP*, vol. XXXIV, 1911, p. 363-391.
22. *Cf.* note 14.
23. *Cf.* note 15.
24. Un exemple, entre autres. Dans le rôle de cour de Léon X ne sont pas mentionnés les palefreniers, qui pourtant y étaient en grand nombre. De même n'apparaissent pas les noms de la plupart des membres du personnel de chasse.
25. C. Evitascandalo, *op. cit.*, p. 198.
26. F. Priscianese, *op. cit.*, p. 21 et 70.
27. BAV, Barb. lat. 5366, f°s 266v-267.
28. *ASRSP*, vol. XXXIV, 1911, p. 376, 379 et 391.
29. *Cf.* entre autres BAV, Barb. Salv., Giornale A, f°s 241v et *passim* ; Autogr. III, fasc. I/1, n° 5 ; AS Filz. II, 61, fasc. 9.
30. Voir, à ce sujet, J. Delumeau, *op. cit.*, vol. II, p. 774 et suivantes.

31. A. Ferrajoli, « Il Ruolo della Corte di Leone X », *op. cit.*, p. 367-369 et 379-384.
32. M. Dykmans, *op. cit.*, vol. III, p. 133-134, 455 et 460; BAV, Vat. lat. 12348, f°s 185v-186rv.
33. M. Dykmans, *op. cit.*, vol. III, p. 131-132 et 446; BAV, Vat. lat. 12348, f° 185v; F. Priscianese, *op. cit.*, p. 69 et 71-72; C. Evitascandalo, *op. cit.*, p. 5-7 et 224.
34. M. Dykmans, *op. cit.*, vol. III, p. 132 et 446-452.
35. F. Priscianese, *op. cit.*, p. 45-50; C. Evitascandalo, *op. cit.*, p. 104-184.
36. *Ibid.*, p. 184-188. Pour ce qui est des cardinaux Salviati, nous renvoyons aux sources indiquées à la note 14.
37. Voir, à ce propos, ce qui se passe à la même époque à la cour de France. J. F. Solnon, *La Cour de France*, Paris, 1987, p. 44-45, 146-147 et *passim.*
38. M. Dykmans, *op. cit.*, vol. III, p. 133 et 454; F. Priscianese, *op. cit.*, p. 75-76; BAV, Barb. lat. 5366, f° 266v.
39. M. Dykmans, *op. cit.*, vol. III, p. 134 et 458-459; F. Priscianese, *op. cit.*, p. 78.
40. Voir à ce propos ASR, Camerale I, 1989 (Spese minute 1516-1519), *passim.* Pour la cour de Paul III, voir L. Dorez, *La cour du pape Paul III*, vol. I, Paris, 1932, p. 63-66.
41. C. Evitascandalo, *op. cit.*, p. 198-203; BAV, Barb. Salv., Quadernuccio di ricordi, 1554-1555, Entrate e uscite, 1557-1565, *passim.*
42. F. Priscianese, *op. cit.*, p. 51, 68-69 et 82; C. Evitascandalo, *op. cit.*, p. 40-47, 189 et 205-210.
43. M. Dykmans, *op. cit.*, vol. III, p. 133 et 452-453.
44. F. Priscianese, *op. cit.*, p. 68-69; C. Evitascandalo, *op. cit.*, p. 11-12 et 205-210. Pour la cour d'Alexandre Farnèse, voir les sources indiquées à la note 15. Pour les cardinaux Salviati, voir celles indiquées à la note 14.
45. F. Priscianese, *op. cit.*, p. 4.
46. M. Dykmans, *op. cit.*, vol. III, p. 132-133 et 452.
47. F. Priscianese, *op. cit.*, p. 70.
48. *Ibid.*, p. 51.
49. Voir note 14.
50. C. Evitascandalo, *op. cit.*, p. 102-103.
51. Alessandro Petronio, médecin des cardinaux Giovanni et Bernardo Salviati, a laissé des rapports médicaux fort intéressants sur ce dernier. Voir en particulier celui d'avril 1568 aux ASF, Stroz. I, 334, f°s 10-15r.
52. BAV, Vat. lat. 12348, f° 186r.
53. Dans *Le Barbier de Séville.* Mais Beaumarchais ne faisait là que s'inscrire dans une tradition bien antérieure à lui.
54. M. Dykmans, *op. cit.*, vol. III, p. 453-454; BAV, Vat. Lat. 12348, f° 186v.

55. F. Priscianese, *op. cit.*, p. 31-35, 74-75 et 81-82 ; C. Evitascandalo, *op. cit.*, p. 101, 194-195, 210-215 et 238-250. Pour les cardinaux Salviati, nous renvoyons aux sources indiquées à la note 14. Pour le cardinal Farnèse, voir note 15.
56. *Ibid.* Voir aussi M. Dykmans, *op. cit.*, vol. III, p. 455-456 ; BAV, Vat. lat. 12348, f° 186r ; F. Priscianese, *op. cit.*, p. 76-77 ; C. Evitascandalo, *op. cit.*, p. 13, 16-27, 54-59 et 100.
57. M. Dykmans, *op. cit.*, vol. III, p. 132-133, 449-452 et 454, 458 ; F. Priscianese, *op. cit.*, p. 76 ; C. Evitascandalo, *op. cit.*, p. 46-47 et 202-203.
58. F. Priscianese, *op. cit.*, p. 25.
59. *Ibid.*, p. 26-27.
60. C. Evitascandalo, *op. cit.*, p. 168-169.
61. F. Priscianese, *op. cit.*, p. 28-30.
62. *Ibid.*, p. 31.
63. C. Evitascandalo, *op. cit.*, p. 169.
64. *Ibid.*, p. 124. F. Priscianese, *op. cit.*, p. 31.
65. Nous renvoyons aux sources indiquées aux notes 14 et 15.
66. A. Ferrajoli, « Il ruolo della Corte di Leone X », *op. cit.*, p. 365.
67. C. Evitascandalo, *op. cit.*, p. 14-15, 70-74 et 101. Pour les cardinaux Salviati et le cardinal Farnèse, voir les sources indiquées aux notes 14 et 15.
68. M. Dykmans, *op. cit.*, vol. III, p. 454-455 ; F. Priscianese, *op. cit.*, p. 78-80 ; C. Evitascandalo, *op. cit.*, p. 58-59, 79-87 et 226-228.
69. Voir le neuvième chapitre.
70. Chez le cardinal Alexandre Farnèse, les dépenses d'écurie représentent environ 12 p. cent du budget total d'entretien du palais alors que celles de bouche en représentent 60 p. cent. AS, Filz. I, 81, fasc. 32.
71. Nous renvoyons encore ici aux sources indiquées aux notes 14 et 15. Voir aussi F. Priscianese, *op. cit.*, p. 52-67 et 78 ; C. Evitascandalo, *op. cit.*, p. 91-94, 190-193 et 229-234.
72. BAV, Vat. lat. 12348, f° 186v.
73. J. Delumeau, *op. cit.*, vol. I, p. 443-446.
74. BAV, Barb. Salv., Libro di debitori et creditori, 1540-1542, *passim.* Le cocher en question s'appelait Natale di Verona.
75. M. Dykmans, *op. cit.*, vol. III, p. 452 et 454.
76. F. Priscianese, *op. cit.*, p. 52-67.
77. Pour ce qui est des cardinaux Salviati et du cardinal Farnèse, *cf.* notes 14 et 15. En plus, voir C. Evitascandalo, *op. cit.*, p. 234-235.
78. M. Dykmans, *op. cit.*, vol. III, p. 134 et 460 ; BAV, Vat. lat. 12348, f° 186r.
79. *Ibid.*
80. Voir les sources indiquées aux notes 14 et 15.
81. P. Cortesi, *De Cardinalatu*, Castro Cortesio 1510, f° LXXV.

82. Voir les sources indiquées aux notes 14 et 15.
83. Chez le cardinal Farnèse, le seul coût d'entretien du personnel de chasse et de la meute de chiens employée à cet effet s'élève à environ 500 écus par année. AS Filz. I, 81, fasc. 32.
84. F. Priscianese, *op. cit.*, p. 4-5.
85. BAV, Vat. lat. 12348, f°s 185v-187v.
86. Voir les sources indiquées à la note 15.
87. Pour la France, voir J. F. Solnon, *op. cit.*, p. 46-49 et 316-321.
88. « Che sta alla vigna a fare le bugate e governare e polli » (BAV, Barb. Salv., Entrate e uscite, 1546-1547). On avait donc installé cette servante, qui était tout à la fois lavandière et préposée au poulailler, dans la « vigne » du Transtevere, considérée à l'époque comme une dépendance du palais du cardinal.
89. À ce sujet, voir C. L. Richard, *Analyse des conciles*, Paris, 1733, p. 292-300, où sont rappelées un certain nombre de prescriptions en ce sens, notamment des conciles de Latran V et de Trente.
90. Voir ce que dit à ce sujet Montaigne lors de son célèbre voyage à Rome, durant lequel il eut l'occasion de visiter un certain nombre de palais cardinalices, dont celui du cardinal de Sens : *Œuvres complètes*, Paris, 1962, p. 1208-1209.
91. BAV, Barb. Salv., Libro di salariati, 1538-1542; Libro d'entrata e uscita, 1543-46; Libro d'entrata e uscita, 1551-1553, *passim.*
92. Ainsi Thierry de Lorraine qui, venu chez Giovanni Salviati comme palefrenier vers 1538, se voit promu maître d'hôtel en 1546; Guglielmo *dit* Canzino, serviteur du même cardinal, qui, après avoir été garçon de dépense pendant quelques années, devient sous-crédencier en 1541; ou encore Renaud d'Oloron, palefrenier chez le même Giovanni Salviati vers 1540, que l'on trouve en 1564 chez le frère de ce dernier, Bernardo, mais, cette fois, à titre de maître de la garde-robe. BAV. Barb. Salv., Libro di salariati, 1538-1542; Libro d'entrata e uscita, 1539-1542; Libro d'entrata e uscita, 1557-1565, *passim.* On pourrait multiplier ces exemples.
93. C. Evitascandalo, *op. cit.*, p. 12.
94. Nous renvoyons ici, bien entendu, au célèbre *Libro del Cortegiano* dont Bulzoni a publié en 1986 à Rome une très belle édition en facsimilé, reproduction de celle de 1528 à Venise. Pio Pecchiai souligne ce rôle d'« école » de courtisan rempli par la cour pontificale, mais également les cours de nombreux cardinaux romains. Voir son *Roma nel Cinquecento,* Bologne, 1948, p. 322-323.
95. C. Evitascandalo, *op. cit.*, p. 7.
96. Nous renvoyons encore ici aux sources indiquées à la note 14.
97. F. Priscianese, *op. cit.*, p. 21-24.

98. Priscianese semble faire cette distinction, puisqu'il évalue, d'une part, avec précision, ce qu'il en coûte pour nourrir les diverses catégories d'habitants du palais (p. 7-17) et, d'autre part, ce que représentent comme déboursé les salaires à verser aux officiers et aux serviteurs de la maison (p. 21-24). Evitascandalo, pour sa part, fournit le premier de ces renseignements (p. 253-254), mais il ne dit rien des salaires et laisse ouverte la question qui consiste à savoir si le maître doit ou non tenir *tinello* plutôt que d'offrir une allocation en argent ou en nature. Quant aux sources relatives à nos cardinaux, il est impossible d'en tirer des données concluantes, bien que chez le cardinal Farnèse, pour certaines catégories de serviteurs du moins, il semble bien y avoir distinction entre le salaire et ce qui est accordé pour la nourriture (AS Filz. I, 81, fasc. 32).

99. Chez le cardinal Farnèse, il en est ainsi pour les pages et les palefreniers. *Ibid.*, f° 11v. Il en est de même chez les cardinaux Salviati, comme on peut le constater à la lecture de leurs livres de comptes (*cf.* note 14).

100. C'est ce qui arrive à la mort du cardinal Bernardo Salviati en 1568. *Cf.* BAV, Barb. Salv., Libro d'entrata e uscita, 1568-1570, f° 18v. Mais c'était pratique courante à la cour pontificale. *Cf.* BAV, Vat. lat. 9027, f°s 162A et suivants; ASR, Camerale I, Giustificazioni di Tesoreria, Busta 2, fasc. 7. Il s'agit de rôles de cour dressés à l'occasion du décès des papes Pie III et Paul III respectivement.

101. *Cf.* F. Priscianese, *op. cit.*, p. 21 et 40; C. Evitascandalo, *op. cit.*, p. 40, 109, 112 et 254-255.

102. *Ibid.*, p. 253-254.

103. À ce propos, voir J. Delumeau, *op. cit.*, vol. I, p. 365 et suivantes.

104. Voir à ce sujet le neuvième chapitre, p. 214-215.

105. A. M. Gratiani, *La vie du cardinal Jean-François Commendon*, Paris, 1671, p. 25.

106. M. E. de Montaigne, *Œuvres complètes*, *op. cit.*, p. 1226.

Annexe
Tableau comparatif des « métiers » de cour

Coutumier A	Coutumier B	Priscianese	Evitascandalo	Cour Salviati	Cour Farnèse
Auditeur	idem	idem	idem	idem	idem
	(docteur)	+ solliciteur	idem	idem	
camerarius	majordome	idem	idem	idem	idem
		+ contrôleur	+ sous-majordome	idem	
			(maestro di casa)		
			+ comptable	idem	idem
			+ trésorier	idem	
secrétaire	secrétaires	secrétaire	idem	premier secrétaire	secrétaires
	(notaires)	+ sous-secrétaire	+ adjoint	+ adjoints	
				+ aides	
chapelains	idem	idem	idem	idem	idem
caudataire		idem	idem	idem	
aumônier			idem		
chantres					(musiciens)
	théologien	idem	idem	idem	
	(docteur)	*(litterato)*		confesseur	
écuyers	idem	idem	doyen des palefreniers		écuyers
		+ palefreniers	idem	idem (ou estafiers)	+ idem
			+ (doyen des pages)		+ (maître des pages)
			+ (pages)	(idem)	(idem)
			préposé à la litière		

Annexe

Tableau comparatif des « métiers » de cour *(suite)*

Coutumier A	Coutumier B	Priscianese	Evitascandalo	Cour Salviati	Cour Farnèse
Cubicularii	idem	idem	maître de la chambre	idem	valets de chambre
			+ valets de chambre	camériers	
			+ aides	+ sous-camériers	
			+ garde-robe	idem	idem
			+ aide garde-robe		
		médecin	idem	idem	idem
			+ infirmier		
barbier	idem			idem	idem
				oiseleur	idem
				fauconnier	idem
				bracchiere	valets de chiens
					(canattieri)
maître de salle	idem	maître d'hôtel secret	maître de salle	maître d'hôtel secret	idem
(tinello)		+ écuyer tranchant	+ garçon	écuyer tranchant	idem
		secret		secret	
		+ maître d'hôtel des	+ maître d'hôtel		
		gentilshommes	+ assistant		
		+ écuyer tranchant des	+ écuyer tranchant	idem	
		gentilshommes		idem	
		+ maître d'hôtel du		idem	idem
		commun		+ garçon	idem
		+ écuyer tranchant du			
		commun			

Annexe

Tableau comparatif des « métiers » de cour *(suite)*

Coutumier A	Coutumier B	Priscianese	Evitascandalo	Cour Salviati	Cour Farnèse
dépensier		idem	idem	idem	idem
		+ adjoint			
panetier	crédencier	idem	idem	idem	idem
			+ adjoint	+ sous-crédencier	
				+ garçon	
bouteiller	idem	idem	idem	idem	
		+ échanson	idem		
	sommelier	idem	idem	idem	idem
cuisinier +	idem	idem	idem	cuisinier secret	idem
garçons	idem	+ sous-cuisinier		cuisinier du commun	idem
		+ aide	idem	pâtissier	
		+ marmiton	+ garçons	boulanger	
				+ garçon de cuisine	
				+ garçon du boulanger	
				+ marmitons	*(stagnaio)*
maître de l'écurie	idem	idem	idem	idem	idem
			+ cocher(s)	idem	idem
			+ muletier(s)	idem	idem
+ garçons	idem	idem	idem		
(ou palefreniers)			+ préposé à l'avoine	+ charretiers	idem
	muletiers		+ préposé au foin et	+ ânier	+ préposé à l'avoine
	maréchal-ferrant		à la paille		

Annexe

Tableau comparatif des « métiers » de cour *(suite et fin)*

Coutumier A	Coutumier B	Priscianese	Evitascandalo	Cour Salviati	Cour Farnèse
acheteur *(emptor ou spenditore)*	idem	idem	idem	idem	idem
portier	idem	idem	idem		idem
			+ balayeur	idem	balayeur secret
					balayeur du commun
			aquiféraire		idem
			préposé au bois	surintendant de la vigne	
				vignerons + garçons	idem
				jardiniers	idem
				lavandières	idem
				gallinare	
					charpentier
				tailleur	maçon
			facchino	idem	idem
					chamelier

IV

La coexistence des cultures à la cour pontificale au temps de la Renaissance

Rome est à la fin du XVe et au début du XVIe siècle l'une des villes les plus cosmopolites d'Europe. Les contemporains, y compris les Romains eux-mêmes, en ont parfaitement conscience et en font d'ailleurs abondamment état, les uns pour s'en réjouir, les autres pour le déplorer, tel, par exemple, le Romain Marcello Alberini, qui accepte mal que sa ville soit devenue le « refuge de toutes les nations[1] ». Mais ce cosmopolitisme, il est surtout le fait de la cour, cour pontificale, d'une part, cours cardinalices de l'autre, où la sous-représentation des Italiens et surtout des Romains et, à l'inverse, la surreprésentation des non-Italiens sont et resteront au moins jusqu'à la fin du pontificat de Paul III, considérables. Ainsi, à la cour de Léon X, on compte 59 p. cent de *stranieri*, c'est-à-dire de non-Italiens, soit 140 Espagnols, 123 Français, 88 Allemands, 35 Flamands, 28 Lorrains et 19 Suisses, pour ne nommer que les « nations » les plus importantes en nombre, tandis que l'Italie, minoritaire, est représentée surtout par des Toscans, au nombre de 85, quelque 78 sujets pontificaux, dont une quinzaine de Romains seulement, puis, dans l'ordre, des Vénitiens, des Milanais, des Génois, des Napolitains, des Piémontais avec respectivement 33, 32, 20, 18 et 14 représentants pour chaque groupe. La proportion de *stranieri* est moindre à la cour de Paul III, mais ils n'en représentent pas moins encore 35 p. cent des effectifs totaux, avec cette fois une nette domination des Français et des Espagnols avec 119 et

101 courtisans respectivement[2]. Nous reviendrons plus loin sur ces données, mais en les précisant en vue de les faire entrer dans le cadre de notre enquête. Pour le moment, ce qu'il importe de souligner, c'est le caractère multiethnique de la ville, mais surtout de la cour de Rome à l'époque.

La présence d'un tel contingent de non-Italiens à la ville comme à la cour oblige bien évidemment à poser le problème non seulement du rôle joué et de l'influence exercée par ces étrangers, mais également de ce que cela a pu avoir comme conséquences pour la Rome, puis surtout la cour pontificale d'alors.

Nous voilà déjà, ou presque, au cœur de notre sujet. Une ville, une cour marquée à ce point par le cosmopolitisme ou, pour reprendre l'expression de Marcello Alberini, à ce point disposée à servir de « refuge » à « toutes les nations », ne pouvait qu'être par le fait même disposée à accueillir un très large éventail de cultures ou de traits culturels différents. Mais lesquels et jusqu'à quel point ces derniers réussirent-ils à s'insérer dans le tissu culturel de la ville et dans celui de la cour ?

1. Le territoire à explorer

Coexistence des cultures. Sans doute ne s'agit-il pas d'un phénomène inédit dans l'histoire de Rome — depuis le VIIIe siècle au moins Rome abritait, outre une très ancienne communauté juive, plusieurs « nations » installées là à demeure[3] —, mais ce phénomène acquiert aux XVe et XVIe siècles un relief nouveau attribuable pour l'essentiel aux transformations politiques, économiques et surtout socioculturelles que connaît l'Europe et, plus particulièrement, l'Italie de l'époque. Aux pèlerins qui continuent d'affluer à Rome en grand nombre, surtout à l'occasion des Années Saintes, aux réfugiés qui font halte et parfois finissent par s'installer dans la ville viennent désormais s'ajouter des curieux et des ambitieux de toutes sortes attirés par la réputation d'une capitale en plein essor et où, pour répondre à la formule d'un contemporain, « on peut aspirer à tous les honneurs, quand on a de l'esprit et du mérite[4] ». Nombre de ces chercheurs d'emplois et de faveurs aboutissent à la cour, forts de leurs talents, forts surtout des protections dont ils jouissent à la ville comme à la cour. Plusieurs d'entre eux, nous l'avons vu, sont non-Italiens (*stranieri*), plusieurs autres sont non-Romains (*forestieri*), et représentent donc eux aussi un apport « étranger », du moins aux yeux des Romains de l'époque[5].

Comment ces « nations » et les cultures qu'elles incarnent coexistent-elles, en particulier à la cour pontificale ? Tout d'abord, écartons l'hypothèse d'une simple juxtaposition ou d'une existence parallèle. Cela pouvait être le cas pour certains groupes ou sous-groupes installés dans la ville, bien qu'on soit encore loin à l'époque des mesures d'enfermement décrétées par un Paul IV ou un Pie V[6], mais on imagine mal de tels cloisonnements à la cour, où tout concourait à faire chaque jour se croiser, se rencontrer, travailler, prier, se divertir ensemble des personnes et des groupes de tous horizons et de toutes langues. Parler de coexistence dans leur cas, c'est donc nécessairement parler de rapports interculturels affectant les groupes et les personnes en question, mais également, par conséquent, la cour dans son ensemble.

Nous employons bien évidemment ici le mot « culture » dans le sens que sociologues et anthropologues donnent à ce mot. Parmi les innombrables définitions qui existent, nous retiendrons celle-ci, que nous empruntons au sociologue Guy Rocher : « Un ensemble [...] de manières de penser, de sentir et d'agir plus ou moins formalisées qui, étant apprises et partagées par une pluralité de personnes, servent, d'une manière à la fois objective et symbolique, à constituer ces personnes en une collectivité particulière et distincte[7] ». Cette notion, nous l'appliquerons tout d'abord aux différents groupes « nationaux » ou « régionaux » représentés à la cour, mais également à ce que les sociologues appellent « sous-groupes » et « sous-cultures », définis plutôt en fonction de critères socioprofessionnels et socioculturels.

Notre champ d'application sera, nous l'avons dit, d'abord et avant tout la cour pontificale, à fois *aula* et *curia*, car ces deux fonctions sont difficiles à différencier à l'époque. Pour que ce soit complet, sans doute faudrait-il inclure ici les cours satellites des cardinaux, de certains prélats, de certaines grandes familles qui entretiennent avec la cour pontificale des rapports très étroits et qui sont d'ailleurs souvent elles-mêmes lieux de coexistence de cultures ; on pourrait également aborder l'univers contrasté des banquiers, des marchands, des fournisseurs *Romanam Curiam sequentes*, des artistes et des humanistes et, pourquoi pas, des ambassadeurs, eux aussi liés de très près à la cour et eux aussi porteurs et « disséminateurs » de messages culturels riches et variés, susceptibles en tout cas d'ajouter au caractère pluriel de cette même cour. Malheureusement, cela dépasserait de loin les limites que nous nous sommes fixées ; aussi ne sera-t-il question ici que de la seule cour pontificale *stricte dictu*.

2. L'éventail des cultures

Le caractère pluriel de la cour s'exprime d'abord en termes de pluriethnicité. À la cour de Léon X, nous l'avons vu, cela se traduit, côté ultramontain, par de forts contingents d'Espagnols et de Français, quelques bataillons d'Allemands, de Flamands, de Lorrains, de Suisses et de Portugais auxquels, pour que ce soit complet, il faudrait sans doute ajouter ici les quelques rares Polonais, Anglais, Grecs, Franc-Comtois et Dalmates que compte cette même cour et, côté italien, cela se manifeste par une nette domination des Toscans, suivis de près des sujets pontificaux et de plus loin des Vénitiens, des Lombards, des Génois, des Napolitains, des Piémontais, les autres régions italiennes n'étant en général représentées que par quelques individus ou pas du tout, comme c'est le cas pour les Corses par exemple.

Mais ces données demandent elles-mêmes à être précisées car, culturellement parlant, les groupes énumérés dans les paragraphes précédents étaient loin d'être parfaitement homogènes, ne fût-ce que du point de vue linguistique. Qui dit Espagne, à l'époque, dit par le fait même Castillans, Aragonnais, mais aussi Basques, Navarrais, Galiciens, et à l'intérieur même de certains de ces groupes, Castillans à titre d'exemple, le groupe de loin le mieux représenté à la cour de Léon X, que de terroirs, que de parlers différents correspondant à des aires culturelles parfois fort dissemblables[8]. On pourrait en dire autant de la France, où abondent les différences régionales, cela pouvant aller des habitudes alimentaires (le beurre du Nord, l'huile du Midi) aux pratiques juridiques (droit romain au Sud, droit coutumier au Nord) en passant par toute la gamme des langues, des dialectes et des patois parlés dans ces mêmes régions (basque, breton, flamand, alsacien, mais aussi l'infinie variété des parlers d'oïl et d'oc)[9]. On retrouve le même phénomène en Allemagne, dans les Pays-Bas, et jusqu'à un certain point, en Angleterre et, bien entendu, en Italie, où ce même morcellement culturel existe, malgré les efforts tentés par certaines élites politiques ou intellectuelles pour imposer des pratiques, des sentiments, voire une langue commune, c'est-à-dire pour employer le vocabulaire des linguistes, une *koinè*[10]. Le nombre des cultures représentées à la cour pontificale à l'époque était donc beaucoup plus grand que ne le laisseraient supposer l'origine géographique et surtout l'appartenance politique des divers groupes ou personnes faisant d'une façon ou d'une autre partie de la cour.

Mais il ne s'agit encore là que de cultures ou de traits culturels définis en fonction de l'ethnicité. Si, en poussant plus loin notre analyse, nous atteignons ce que nous avons appelé le niveau des sous-cultures, c'est-à-dire des réseaux culturels définis non plus en fonction de l'ethnicité, mais plutôt d'affinités socioprofessionnelles ou socioculturelles, c'est d'un nombre encore beaucoup plus considérable de cultures ou de traits culturels dont il faut parler et donc d'une cour pontificale beaucoup plus diverse que nous ne pouvions l'imaginer au départ.

Arrêtons-nous un moment à cet autre aspect du caractère multiculturel de la cour et, tout d'abord, à sa composante professionnelle. La cour, en effet, n'est pas qu'*aula*, elle est aussi *curia*, c'est-à-dire lieu de gouvernement, responsable des trois sphères confiées traditionnellement à l'État : la « police », la justice et les finances. Dans le cas de la cour pontificale, ces fonctions ont trait tout à la fois au gouvernement temporel ou civil et au gouvernement spirituel, le premier limité à Rome et à l'État pontifical, le second, au contraire, embrassant l'ensemble de la chrétienté ou, comme on dira plus tard, en réaction au schisme protestant, la catholicité. Ce monde curial est très largement un monde de clercs formés au droit, aussi bien civil que canonique, maniant bien le latin, qui reste encore à l'époque à Rome la langue des tribunaux, de la chancellerie, voire de l'administration, même si l'italien, c'est-à-dire le toscan, gagne depuis le XVe siècle de plus en plus de terrain, notamment dans l'administration courante[11]. Ce monde forme un ensemble relativement homogène lié par des connaissances, des pratiques, des ambitions propres à la profession et aux fonctions qu'on y exerce, marqué surtout par un certain esprit de corps dont on trouve d'ailleurs de nombreux indices à l'époque[12]. En tout, quelque 1 500 personnes titulaires d'un office, les unes à la Chambre apostolique, d'autres à la Sacrée Pénitencerie ou à la Rote, d'autres enfin — et elles sont de loin les plus nombreuses — à la chancellerie et à la Secrétairerie pontificale[13]. Mais comme à peu près tous ces offices sont vénaux et que certains ne sont que de purs titres de rente, peut-être faudrait-il réduire ce nombre à 900 ou 1 000 pour ne tenir compte que des titulaires exerçant de fait un office et ayant qualité pour le faire. Sans doute faut-il inclure dans ce groupe les cardinaux dits de curie, soit une trentaine au total à l'époque de Léon X, qui assistent le pape dans l'exercice de ses fonctions de chef temporel et spirituel, qui d'ailleurs occupent pour certains des postes curiaux importants (vice-chancelier, camerlingue, grand pénitencier) et qui surtout, pour la plupart, ont des antécédents en administration[14]. En outre, il ne faudrait pas négliger les liens étroits, pour ne pas dire les « connivences », existant au XVIe siècle entre cet appareil bureaucratique et l'univers contrasté des banquiers, des fournisseurs, des solliciteurs et des agents de toutes sortes gravitant autour de la cour et vivant d'elle en grande partie[15].

De toute évidence, la cour pontificale ne peut pas ne pas avoir été marquée par la présence de tous ces gens de plume, de justice, de finance, d'autant plus d'ailleurs que nombre d'entre eux font aussi partie de la « domesticité » du pape, c'est-à-dire de l'univers de ses proches, de ses familiers tels, par exemple, au temps de Léon X, un Gabriele Merino, un Ferdinando Ponzetti, un Luigi de' Rossi ou un Silvio Passerini, pour ne nommer que ceux-là[16]. De cette manière, on comprend que des éléments de culture bureaucratique, mais peut-être aussi de culture marchande, aient fini par faire partie du paysage culturel de la cour à la fin du XVe et au début du XVIe siècle. Il suffit d'ailleurs de dépouiller les riches séries de la Chambre apostolique ou encore de la chancellerie pour voir à quel point ces éléments sont présents et influents à tous les niveaux de la cour. Que dire du rôle joué en ce sens par des personnages tels que le dataire ou encore le trésorier secret du pape qui, eux, ne sont pas des officiers de curie, mais bel et bien des officiers domestiques vivant dans l'intimité du pape et chargés d'alimenter et d'administrer sa caisse personnelle[17] ?

Mais la cour pontificale est aussi et peut-être surtout *aula*, c'est-à-dire lieu de représentation et « maison » du pape. Cette maison compte à l'époque plusieurs centaines de personnes — leur nombre oscille entre 900 et 1 200 au temps de Léon X[18] — exerçant les fonctions les plus diverses et jouissant par conséquent de statuts fort variés pouvant aller de la fonction de majordome à celle de garçon d'écurie, du statut de prélat domestique à celui de simple serviteur. Sans doute cette grande « famille » a-t-elle sur l'ensemble du personnel de curie l'avantage et de la proximité physique — la plupart habitent sinon le palais apostolique, du moins l'une ou l'autre de ses dépendances — et de la proximité psychologique, puisque tous peuvent se considérer comme faisant partie de la « domesticité » du pape. Mais sous cette enseigne commune, que de types et que de niveaux de culture différents, voire disparates.

À la cour de Léon X, on différencie très nettement trois catégories de « serviteurs » : 1) ceux de haut rang — il s'agit des prélats domestiques, des camériers, des *cubicularii* et des écuyers, en tout quelque 250 personnes; 2) ceux de rang intermédiaire, soit les 175 officiers chargés des divers services du palais; 3) ceux de rang inférieur, c'est-à-dire les quelques centaines de serviteurs vaquant aux menues tâches, manuelles surtout, que requiert la bonne marche de la maison[19].

Mais à ces clivages socioprofessionnels, il faut ajouter des clivages proprement culturels. Et là il importe de tenir compte de la présence à cette même cour d'un groupe important d'humanistes, notamment Pietro Bembo, Jacopo Sadoleto, Filippo Beroaldo, Gianfrancesco Poggio et Gentile Santesio de même que d'un groupe non moins important de musiciens, dont Giovanmaria de' Medici, Galeazzo Baldo, Lorenzo di Modena, Niccolò Bianchi, Gabriele « de Laude » et Girolamo d'Asti. Il y a également des prélats, des dignitaires et des officiers capables d'apprécier le talent de ces hommes et eux-mêmes imbus des valeurs que ces derniers incarnent. Si la cour pontificale vit sous Léon X plus que jamais à l'heure de la Renaissance, c'est à ce groupe sélect de beaux esprits, de fines plumes, de belles voix, de mains agiles qu'elle le doit et, bien entendu, à la générosité, pour ne pas dire la prodigalité — les comptes de Serapica en témoignent abondamment[20] — d'un Léon X qui a fait, ou mieux, qui a tenu à faire de ces hommes de goût et de talent ses « familiers ».

Mais à côté de ces représentants d'une culture qu'on serait tenté de qualifier de « courtisane », au sens que Baldassarre Castiglione donnait à ce terme à l'époque, c'est-à-dire tout à la fois « art de vivre » et « art de converser[21] », on ne peut ignorer la présence massive dans cette même cour de représentants d'une culture tout autre ou, du moins, d'un tout autre niveau, faite de connaissances pratiques, de tours de main, de sagesse populaire, bref d'une culture artisanale ou « mécanicque », comme on disait à l'époque en France, et donc, aux yeux des contemporains, inférieure, même si les métiers pratiqués par ces hommes le sont dans le cadre prestigieux de la cour. Sans doute, les liens maîtres–serviteurs aidant, les frontières sont-elles loin d'être étanches entre ces deux univers culturels — les Figaros ne manquent pas dans les cours de l'époque, y compris à la cour pontificale —, mais il n'en reste pas moins que, pour la plupart, les habitants du second de ces univers vivent de valeurs et d'impératifs qui les situent à un tout autre niveau de culture[22].

Pour compléter ce tableau, forcément incomplet, ne faudrait-il pas aussi parler de culture cléricale ? Car c'est un fait, depuis la deuxième moitié du XVe siècle, cour et curie se sont de plus en plus fermées aux laïcs, comme en témoignent d'ailleurs de nombreuses réglementations adoptées par les papes de l'époque[23]. Mais peut-on parler de culture cléricale quand la plupart de ces clercs se contentent du minimum requis, soit la tonsure, et n'ont reçu aucune formation cléricale digne de ce nom ? Passe encore pour certains cardinaux, certains prélats, certains officiers de curie férus de droit canonique, voire de théologie, mais qu'en était-il des autres qui n'avaient probablement du clerc que les insignes, quand ils les portaient ? Si des éléments de cette culture sont présents à la cour pontificale à l'époque — et il ne fait pas de doute qu'ils le sont —, c'est vraisemblablement moins en raison du nombre imposant de clercs que compte alors la cour que de l'influence de certains de ces clercs (canonistes, théologiens, liturgistes) sur le fonctionnement et les pratiques de cette même cour[24].

3. Le dialogue des cultures

La cour pontificale, considérée dans sa double fonction administrative et « domestique », c'est, au début du XVIe siècle et plus précisément durant le pontificat de Léon X, quelque 2000 personnes représentant une impressionnante variété de cultures ou de traits culturels liés les uns à l'ethnicité, les autres à des particularités et à des affinités d'ordre socioprofessionnel ou socioculturel. Et s'il fallait inclure ici les cours et les groupes satellites mentionnés précédemment, c'est probablement non plus à 2000 mais à 5000 ou 6000 personnes qu'il faudrait appliquer le modèle en question[25].

Le caractère pluriel de la cour oblige bien évidemment à poser la question des rapports existant entre les diverses composantes de cette même cour. Nous y avons déjà fait allusion, mais sans entrer dans le détail de la dynamique d'une société à ce point diverse et surtout des problèmes de communication qui inévitablement devaient s'y poser, à commencer par celui de la ou des langues parlées.

Ce problème, à notre connaissance, n'a jamais fait l'objet d'une étude systématique. Côté langue écrite, tout le monde s'entend pour dire que le latin reste à l'époque la langue de la bureaucratie pontificale, mais que dans l'entourage même du pape, à côté de la Secrétairerie apostolique chargée de la rédaction et de l'expédition des brefs aux princes et des lettres secrètes, s'est constituée au temps de Léon X une secrétairerie « domestique », dite des Florentins, rédigeant en italien, c'est-à-dire en toscan, la correspondance diplomatique et politique adressée aux agents pontificaux, aux princes et aux autres importants personnages alors en relation avec la cour de Rome[26]. Ce dernier développement pourrait être le résultat d'un développement antérieur touchant, cette fois, la langue parlée, langue qui depuis le XVe siècle à la cour de Rome est de plus en plus le florentin ou le toscan. L'arrivée de Léon X et plus tard de Clément VII sur le trône pontifical ne pouvait qu'accentuer cette tendance, au point où on est en droit de penser qu'au plus haut niveau de la cour, là où à l'époque Italiens et surtout Florentins étaient majoritaires[27], le toscan était effectivement la langue d'usage courant, le principal véhicule de communication.

Qu'en était-il des autres instances de la cour ? De nombreux officiers, même étrangers, du fait d'une présence prolongée à Rome ou dans d'autres cours italiennes, pouvaient sans doute eux aussi s'accommoder de cette langue. Rabelais recommandait à ses contemporains d'apprendre le parler de leurs voisins, en particulier l'italien, qui lui semblait une langue des plus utiles à l'époque. Sans doute était-ce là une conviction assez largement répandue parmi la gent instruite ou la gent commerçante du temps. Ce qui ne veut pas dire qu'on y maîtrisait parfaitement les langues étrangères, en particulier l'italien, mais du moins savait-on se faire suffisamment comprendre pour voyager commodément et « faire ses affaires[28] ».

Il est moins sûr que le petit personnel de la cour, même italien, ait été à même de s'exprimer facilement et correctement dans la langue des Médicis. Il existait probablement parmi ce petit personnel ce que les linguistes appellent un sabir[29] fait des diverses langues, dialectes ou patois pratiqués par les membres de ce personnel et qui leur servait à communiquer entre eux ou avec des supérieurs d'une langue, d'un dialecte ou d'un patois autre que le leur. Ce sabir ne nous est pas connu — et pour cause, le magnétophone n'existait pas à l'époque —, mais peut-être pourrait-on en trouver des traces chez certains écrivains ou dramaturges de la fin du XVe et du début du XVIe siècle ou encore dans les archives judiciaires de l'époque, qui recèlent parfois des perles rares de cette sorte[30]. Il ne serait sans doute pas exagéré de dire que plus on s'éloigne des hautes instances de la cour, moins grandes sont les chances à la fin du XVe et au début du XVIe siècle d'entendre parler toscan, du moins un toscan d'une certaine qualité et correction, et plus grandes celles d'être exposé à une Babel linguistique faite de parlers nationaux ou régionaux ou encore de parlers « macaroniques » inventés sur place.

Ce cosmopolitisme linguistique ne doit cependant pas masquer le fait que la cour pontificale privilégiait à l'époque deux langues véhiculaires ou, pour employer le jargon des linguistes, deux « koinè », l'une, officielle, le latin, qui servait à la fois de langue bureaucratique et de langue liturgique, l'autre, officieuse, le toscan, qui était la langue de communication interne et externe des plus hauts échelons de la cour, mais aussi la langue de « représentation », comme en témoignent abondamment les spectacles présentés périodiquement à cette même cour au profit du pape, de son entourage immédiat, mais également de ses hôtes habituels ou occasionnels[31].

Certains parlers dominent donc : le latin, le toscan, par rapport à certains autres, mais sans que soient pour autant laminés ou exclus les parlers venus d'ailleurs ou concoctés sur place.

Si cela est vrai pour la langue, pourquoi cela ne le serait-il pas également pour les autres aspects des cultures existant à la cour pontificale tels, par exemple, les habitudes vestimentaires ou alimentaires, les types de comportement, les structures mentales ou les dispositions affectives ?

Le rôle exemplaire, incitatif des principaux personnages de la cour, le pape en tête, et la contrainte des normes en tous genres auxquelles était soumis l'ensemble du personnel de cette même cour pesaient sans doute de tout leur poids. Les diaires tenus par les cérémoniaires pontificaux de l'époque permettent de constater à quel point ces normes étaient pointilleuses et en général prises au sérieux. Mais ces dernières ne couvraient pas toute la vie ni tout dans la vie des membres de la cour et les occasions d'échapper aux modèles imposés, si contraignants fussent-ils, ne devaient certes pas manquer. On imagine mal les différents groupes étrangers présents à la cour pontificale se privant de célébrer, comme ils en avaient sans doute souvent le goût, les richesses de leur terroir d'origine, que ce soit dans les domaines de la musique, de la poésie, du jeu ou de la cuisine. Il n'est pas facile d'estimer la place exacte que ces particularismes, et même dans certains cas, ces exotismes, occupaient à la cour pontificale, mais un certain nombre d'indices permettent de penser que cette place était loin d'être négligeable.

Cela semble particulièrement vrai de la cour de Léon X. Ce pape fastueux et généreux, souvent jusqu'à la prodigalité, s'intéressait passionnément à tout ce que son époque pouvait offrir en termes d'art, de littérature, de théâtre, de musique, mais aussi de curiosités et d'incongruités de toutes sortes[32]. De ce point de vue, la présence habituelle à ses côtés de grands savants et de lettrés tels Pietro Bembo, Jacopo Sadoleto ou Andrea Giovanni Lascaris, de musiciens de qualité tels Giovanmaria de' Medici et Galeazzo Baldo, de poètes de renom tels Raffaele Brandolini et Biagio Palladio, mais en même temps de bouffons de la trempe d'un Fra Mariano ou de rimailleurs de bas étage dans le genre de Baraballo ou de Gazoldo[33] est significative. Tout aussi significative est sa fascination, d'une part, pour les trésors de l'Antiquité grecque et latine — témoin la création à Rome en 1516 de l'Académie Médicis[34] —, de l'autre, pour les « nouveaux mondes » ou tout simplement les mondes lointains dont il découvrait avec ravissement les particularités, pour ne pas dire les « bizarreries ».

Les livres de comptes de Serapica regorgent de noms d'animaux exotiques; celui des éléphants, des chameaux, des léopards, des lions achetés ou reçus en cadeau des quatre coins du monde et que le pape se plaisait à exhiber dans le *viridarium* du Vatican[35]. Passionné de chasse, Léon X collectionnait aussi chiens et oiseaux de proie qu'il faisait venir d'un peu partout en Europe, tels ces faucons importés en 1518 de Crête (*Candia*) au coût de 200 ducats[36]. Que dire du plaisir que lui procuraient les fêtes organisées par ses soins ou à son instigation? Celles du carnaval en particulier, avec son mouvement bigarré et pittoresque des masques, ses joutes et représentations de toutes sortes, ses courses de taureaux, voire ses amusements les plus incongrus, le comblaient d'aise[37].

On ne s'étonne guère après cela du caractère contrasté de sa cour, de l'attrait que cette même cour exerçait sur une impressionnante variété de grands et petits personnages de tout horizon géographique et mental, de la présence — et une présence remarquée — de tant de personnes qui, à première vue, semblaient n'avoir rien ou presque rien en commun, mais qui forts de leurs talents, de leurs savoir-faire, parfois de leurs excentricités, avaient tout pour plaire à un Léon X qui, pour reprendre l'expression de Pietro Aretino, était d'une nature « *da stremo a stremo*[38] ». *Mutatis mutandis*, cette ouverture d'esprit, ce goût de l'inhabituel, du bizarre même, existaient aussi à la cour d'un Alexandre VI, d'un Jules II, d'un Paul III, voire d'un Clément VII[39].

Les différentes cultures ou les différents types de culture présents à la cour pontificale au temps de la Renaissance semblent donc avoir eu la chance de s'exprimer, de faire valoir leurs différences. Pour ce qui est de la cour de Léon X, nous savons, grâce encore une fois aux livres de comptes de Serapica, que ces « différences » étaient non seulement tolérées, mais encouragées, comme en témoignent les *mancie* faites presque quotidiennement à des musiciens, des danseurs, des acteurs, des « amuseurs » venus des quatre coins de l'Europe[40].

Mais cela ne pouvait avoir lieu sans produire à la longue un certain effet sur la texture même de la cour, sur ses goûts, ses habitudes, son allure, son allant. Sans doute y avait-il aux plus hauts échelons de la cour pontificale une volonté d'imposer un certain modèle fait tout à la fois d'éléments sacrés et profanes, selon des proportions qui ne plaisaient d'ailleurs pas toujours à certains censeurs de l'époque — témoin les critiques de Burchard, de Grassi, de Baroni, pour ne nommer que ceux-là[41] —, mais, cela dit, on imagine mal que ce modèle ait pu échapper à l'influence de groupes et de personnes venus, nous l'avons vu, d'horizons extrêmement divers. Les sources disponibles ne permettent pas toujours de mesurer cette influence ni même de savoir précisément où et comment elle s'exerçait, mais ce que nous savons aujourd'hui des phénomènes d'acculturation et de transculturation[42], grâce aux anthropologues et aux ethnologues, nous oblige à admettre qu'une cour marquée à ce point par le cosmopolitisme était une cour exposée à des bricolages culturels de toutes sortes susceptibles d'affecter à la longue non seulement ses pratiques, mais sa physionomie même.

Prenons, par exemple, le cas de la langue parlée à la cour. Nous avons vu que, depuis le XVe siècle, la langue principale à la cour pontificale était le toscan. Mais il faut savoir qu'en Italie, la question de la langue était à cette époque l'objet de débats acerbes entre « florentinistes », d'une part, et « italianistes », de l'autre. Les premiers étaient partisans du toscan tel qu'il était parlé à l'époque à Florence ou, c'était la thèse de Bembo, d'un toscan un peu plus littéraire; les autres prônaient une langue résultant du concours des différents dialectes italiens, mais expurgés de leurs idiomatismes les moins acceptables, ou encore — c'était le point de vue de Castiglione — d'une combinaison du toscan et des meilleurs éléments des dialectes régionaux. Castiglione pensait d'ailleurs que c'était là la formule dont devaient s'inspirer les cours italiennes de l'époque[43].

Le Gallois William Thomas, qui séjourne trois ans en Italie au milieu du XVIe siècle, tour à tour à Venise, à Florence, à Rome et à Naples, est frappé par le fait que dans toutes ces villes, les élites parlent une langue commune qu'il appelle le « courtisan » (*courtesan*) et qu'en conséquence il est, selon lui, souvent difficile de déterminer les origines des membres des élites en question. Peter Burke, qui cite ce rare témoignage relatif à la langue parlée à l'époque, reconnaît l'existence d'une koinè propre aux élites de la péninsule, le *cortegiano*, dont il trouve traces dès le milieu du XVe siècle dans les documents produits par les chancelleries des principaux États italiens. Mais il signale en même temps que cette koinè est au XVIe siècle de plus en plus dominée par le toscan et que c'est sous cette forme qu'elle restera pendant longtemps la langue de communication des élites de la péninsule. On l'utilise dans la communication écrite surtout, car les dialectes locaux ou régionaux restent, et de loin, prédominants dans la langue parlée à l'époque ; ils le resteront d'ailleurs pratiquement jusqu'au XXe siècle. Ces mêmes élites n'avaient sans doute pas d'autres choix, du moins dans leur région respective, que de recourir à l'un ou l'autre des dialectes en question, ne fût-ce que pour se faire comprendre de leurs serviteurs, voire de leurs proches. Burke cite le cas de Venise, où ce type de diglossie était largement pratiqué. Mais ce devait être également le cas un peu partout en Italie[44].

Qu'en était-il à la cour pontificale ? Il est difficile de le savoir, mais il y a fort à parier que le toscan qu'on y parlait ne correspondait pas toujours au modèle préconisé par les « florentinistes » et que devaient assez fréquemment surgir chez certains locuteurs des expressions, des tournures empruntées à leur langue ou à leur dialecte d'origine. En résulta-t-il à un certain moment une *lingua cortigiana* propre à la cour pontificale ? Seuls des linguistes spécialistes de la période pourraient nous le dire. Mais ne pourrait-on pas du moins formuler l'hypothèse que le cosmopolitisme de la cour aidant, le toscan ou l'italien parlé à cette même cour était probablement de type hybride et donc assez éloigné de ce qu'aurait souhaité entendre, entre autres, Pietro Bembo.

Je serais tenté, pour des raisons similaires, d'émettre cette même hypothèse à propos de beaucoup d'autres dimensions ou aspects de la cour pontificale de l'époque. La présence d'un fort contingent espagnol, et cela, depuis le pontificat de Calixte III[45], celle d'un nombre imposant d'humanistes et de savants aux talents et aux antécédents des plus variés, celle d'artisans de toutes sortes exerçant des métiers appris dans presque toutes les régions d'Europe et reflétant les particularités de ces régions constituent autant de facteurs qui ne peuvent avoir qu'influé sur les pratiques, les attitudes, les idiosyncrasies de la cour pontificale de l'époque. Des enquêtes poussées sur certains points précis comme la cuisine, les jeux et divertissements, l'art et le protocole permettraient sans doute de révéler jusqu'à quel point ces domaines d'activité et de

« représentation » ont été marqués par la présence au sein même de la cour ou dans son entourage immédiat de traditions culturelles diverses et parfois fort contrastées.

Ce qui nous amène à formuler une autre hypothèse — et elle nous servira de conclusion —, à savoir que si la cour pontificale a été considérée, et sans doute à juste titre, comme le modèle par excellence de ce que pouvait et devait être une cour princière à l'époque[46], c'est peut-être que, sans le savoir, cette même cour, grâce à son cosmopolitisme poussé, avait en quelque sorte réussi la synthèse de ce que l'Europe avait à offrir de meilleur et de plus raffiné à l'époque et c'était cette synthèse qui, à son tour, séduisait des princes qui y retrouvaient des éléments connus, voire familiers, mais intégrés dans un ensemble plus vaste, original, inédit et surtout au prestige inégalé. Censeurs et réformateurs de l'époque auraient sans doute souhaité voir la papauté jouer un rôle autre que celui-là, mais malgré toutes les réserves que l'on puisse faire, force est d'admettre que, du point de vue de l'histoire de la culture, ce rôle emblématique, incitatif fut et reste largement positif.

Notes

1. M. Alberini, *Diario*, p.p. D. Orano, *ASRSP*, vol. XVIII, 1895, p. 279.
2. Voir à ce sujet le deuxième chapitre, p. 26-40.
3. I. Insolera, *La città nella storia d'Italia : Roma*, Bari, 1980, p. 3.
4. A. M. Gratiani, *La vie du cardinal Jean-François Commendon*, Paris, 1671, p. 24.
5. Voir à ce sujet le deuxième chapitre, p. 34-38.
6. I. Insolera, *op. cit.*, p. 87 et 142-143. A. Milano, *Il Ghetto di Roma*, Rome, 1964.
7. A. Rocher, *Introduction à la sociologie générale*, vol. I, Montréal, 1969, p. 88.
8. A. Martinet, *Des steppes aux océans. L'indo-européen et les « Indo-Européens »*, Paris, 1987, p. 25-26 et 86. À noter que cette hétérogénéité linguistique s'est maintenue jusqu'à nos jours. Voir A. Martinet (dir.), *Le langage*, Paris, 1968, p. [887] et 1133-1134.

9. F. Braudel, *L'identité de la France*, Paris, 1986, p. 28-94.
10. À ce sujet, voir A. Martinet (dir.), *Le langage*, *op. cit.*, p. 578-581.
11. J. Delumeau, *Vie économique et sociale de Rome dans la seconde moitié du XVIe siècle*, vol. I, Paris, 1959, p. 211. P. Prodi, *Il Sovrano Pontefice*, Bologne, 1982, p. 174, n° 13.
12. J. Heers, *La vie quotidienne à la cour pontificale au temps des Borgia et des Médicis, 1420-1520*, Paris, 1986, p. 35-36.
13. Mon estimation est fondée sur deux listes d'offices de curie des années 1550. *Cf.* BAV, Vat. lat. 6528, fos 264v et 265-267r. Peter Partner parle de plus de 2 000 offices au temps de Léon X, mais il inclut des titres de chevalerie — Léon X avait en effet créé 400 titres de « chevaliers de S. Pierre » en 1520 — qui sont de purs titres de rentes n'ayant d'ailleurs rien à voir avec l'administration curiale. P. Partner, *Renaissance Rome, 1500-1550*, Berkeley, 1976, p. 61.
14. Une analyse des carrières des cardinaux en question permet de constater que 62,5 p. cent d'entre eux avaient des antécédents curiaux.
15. À ce sujet, voir J. Delumeau, *op. cit.*, vol. II, Paris, 1959, p. 845 et suivantes. P. Partner, *op. cit.*, p. 146-149.
16. *Cf.* A. Ferrajoli, « Il ruolo della corte di Leone X », *ASRSP*, vol. XXXV, 1912, p. 226-27; vol. XXXVI, 1913, p. 553-584. *Id.*, *La congiura dei Cardinali contro Leone X*, Rome, 1919, p. 171-172. Voir aussi L. von Pastor, *Geschichte der Päpste*, vol. IV, t. I, Fribourg, 1956, p. 372-373, 376-377 et 379-80.
17. Sur le dataire, voir en particulier L. Celier, *Les dataires du XVe siècle et les origines de la Daterie apostolique*, Paris, 1910, et P. Prodi, *op. cit.*, p. 201-204. Le caractère domestique de ces deux fonctions est fort bien illustré, dans le cas du dataire, par les livres de comptes qui nous restent pour la période 1531-1535 (BAV, Vat. lat. 10599), dans le cas du trésorier secret, par ceux du célèbre Serapica, au temps de Léon X (ASR, Camerale I, 1489-1491). À ce sujet, voir M. Bullard, *Filippo Strozzi and the Medici*, Cambridge, 1980, p. 102-103. L'auteur considère le dataire comme un officier de curie. Le fait que cet officier soit toujours un proche ou un intime du pape, qu'il dépende directement de ce dernier, qu'il habite le palais apostolique, qu'il soit chargé d'alimenter d'abord et avant tout la caisse du pape, milite en faveur de le considérer comme un officier « domestique ». D'ailleurs, fait significatif, sa charge n'est pas vénale, contrairement à la presque totalité des offices curiaux.
18. D'après le rôle existant de cette cour qui se trouve à la BAV, Vat. lat. 8598. Ce rôle a été publié par Alessandro Ferrajoli dans *ASRSP*, XXXIV, 1911, p. 363-391, mais également *Il Diario di Leone X di Paride de Grassi*, p.p. P. Delicati et M. Armellini, Rome, 1884, p. 891.
19. A. Ferrajoli, *loc. cit.*

20. Voir note 17.
21. À ce sujet voir A. Quondam, « La Forma del Vivere. Schede per l'analisi del discorso cortigiano », dans *La Corte e il Cortegiano*, vol. II, Rome, 1980, p. 22-23.
22. Voir le troisième chapitre.
23. À ce sujet, voir P. Prodi, *op. cit.*, p. 211 et suivantes.
24. De bonnes indications à ce sujet se trouvent dans J. O'Malley, *Praise and Blame in Renaissance Rome*, Durham, 1979. L'influence des cérémoniaires pontificaux n'est pas non plus à négliger. *Cf.* J. Burchard, *Diarium, 1483-1506*, p.p. L. Thuasne, 3 vol., Paris, 1883-1885 ; *Il Diario di Léone X di Paride de' Grassi*, *op. cit.* Pour Baroni, voir, entre autres, BAV, Barb. lat. 2799.
25. *Cf.* I. Insolera, *op. cit.*, Bari, 1980, p. 87-91.
26. P. Richard, « Origines et développement de la secrétairerie d'État apostolique (1417-1823) », *RHE*, vol. XI, 1910, p. 505-512. C. Lefebvre *et al.*, *Histoire du droit et des institutions de l'Église en Occident*, vol. XV, t. I, Paris, 1976, p. 182.
27. J. Delumeau, *op. cit.*, vol. I, p. 211 ; voir aussi le deuxième chapitre.
28. R. Mandrou, *Introduction à la France moderne*, Paris, 1961, p. 91.
29. A. Martinet (dir.), *Le langage, op. cit.*, p. 597-598.
30. Pour ce qui est des écrivains et dramaturges, le nom de l'Arétin vient spontanément à l'esprit. Un bon exemple des parlers « macaroniques » qui sans doute existaient à la cour et dans la ville de Rome à l'époque : le *Dialogus omnium nationum habentium cardinalem in Romam*, pasquinade de 1521, publiée dans *Pasquinate del Cinque e Seicento*, V. Marucci (éd.), Rome, 1988, p. 79-80. Les minutes qui subsistent des procès tenus à la cour du gouverneur de Rome au XVIe siècle fourmillent d'exemples du genre, surtout en ce qui concerne le parler « populaire ». À ce sujet, voir T. V. Cohen et E. S. Cohen, *Words and Deeds in Renaissance Rome*, Toronto, 1993, p. 4.
31. L. von Pastor, *op. cit.*, p. 415-418.
32. *Ibid.*, p. 353-354.
33. *Ibid.*, p. 398-407.
34. *Ibid.*, p. 475-478.
35. *Ibid.*, p. 405-406, 408-409, 418-420 et *passim*. ASR, Camerale I, 1489, f° 7r ; 1490, f°s 65r.
36. L. von Pastor, *op. cit.*, p. 408-409. ASR, Camerale I, 1489, f° 54r.
37. L. von Pastor, *op. cit.*, p. 415-420.
38. A. Ferrajoli, « Il ruolo della Corte di Leone X », *op. cit.*, p. 363.
39. À ce sujet, voir E. Rodocanachi, *Histoire de Rome. Une cour princière au Vatican pendant la Renaissance. Sixte IV, Innocent VIII, Alexandre VI*, Paris, 1925 ; *id.*, *Histoire de Rome : le pontificat de Jules II*, Paris, 1928 ; *id.*,

Histoire de Rome : les pontificats d'Adrien VI et de Clément VII, Paris, 1933.

40. ASR, Camerale I, 1489-1491, *passim.*
41. *Cf.* note 24.
42. À ce sujet, voir S. Clapier-Valladon et P. Mannoni, « Psychosociologie des relations interculturelles », *Histoire des mœurs*, vol. III, Paris, 1991, p. 546 et suivantes.
43. C. Bec, *Précis de littérature italienne*, Paris, 1982, p. 157.
44. P. Burke, *The Art of Conversation*, Ithaca, 1993, p. 84-85.
45. J. Delumeau, *op. cit.*, vol. I, p. 199.
46. E. Guidoni, « Les transformations du quartier Arenula et le rayonnement de l'urbanisme farnésien », *Le palais Farnèse*, vol. I, t. i, Rome, 1977, p. 63.

V

Un Art de réussir à la cour de Rome : *L'Idea del Prelato* de Baldovino del Monte*

L'existence, d'une part, de la monumentale *Histoire des Papes* de Ludwig von Pastor[1] et, d'autre part, de toute une série d'études du type de celles qu'Emmanuel Rodocanachi produisit au début de ce siècle[2], a créé pendant longtemps l'illusion que nous savions tout ou à peu près tout ce qu'il était possible de savoir sur la cour des papes au XVIe siècle. J'en étais moi-même persuadé jusqu'à ce que, il y a quelques années, je me mette sérieusement à l'étude de cette cour. Je me rendis alors compte que la recherche sur le sujet était à peine amorcée et qu'il fallait plutôt parler, comme le faisait en 1982 Paolo Prodi dans son ouvrage sur la papauté aux XVIe et XVIIe siècles, d'un domaine totalement négligé de la recherche[3]. Ce n'est heureusement plus le cas aujourd'hui.

La présente analyse de texte se situe dans le cadre des enquêtes en cours visant justement à mettre fin à cette négligence. Elle cherche à répondre à l'une des nombreuses questions qu'on se pose inévitablement au fur et à mesure que l'on avance dans l'étude de ce dossier, question d'ailleurs que les contemporains eux-mêmes se posaient à l'époque, à savoir : comment entrait-on à la cour et, une fois entré, comment pouvait-on espérer y réussir ?

---

* Ce texte est d'abord paru dans *Renaissance and Reformation/Renaissance et Réforme*, vol. XI, 1987, p. 149-161.

Des milliers de personnes ont fait partie de la cour pontificale au XVIe siècle. Comment expliquer les réussites des uns, les échecs ou, du moins, les moindres réussites des autres ? Ces réussites (ou ces échecs), les devaient-ils à la seule bonne (ou mauvaise) fortune, ou au seul concours d'heureuses (ou funestes) circonstances ? Ou, au contraire, étaient-ils les artisans de leur propre succès et, si oui, existait-il des recettes sûres et éprouvées, susceptibles de conduire à un tel succès ? C'est ce que croyaient un grand nombre de personnes au XVIe siècle, qui ont produit toute une série de traités en ce sens, traités que je suggérerais de regrouper sous l'appellation « Arts de réussir à la cour », la cour étant, bien entendu, dans le cas qui nous occupe ici, celle de Rome[4]. *L'Idea del Prelato* de Baldovino del Monte, dont il sera ici principalement question, est l'un des meilleurs exemples du genre et il a cette particularité d'avoir été publié à l'époque, ce qui, à ma connaissance, n'est pas le cas des autres[5].

1. Le texte et son auteur

Un mot d'abord à propos du texte lui-même et de son auteur. S'il faut en croire l'éditeur de *L'Idea del Prelato*, un certain Giovanni Pieroni qui se dit d'ailleurs protégé de Baldovino del Monte, ce dernier aurait écrit son ouvrage à l'intention d'un ami en partance pour la cour de Rome. Mais le texte n'était pas destiné à la publication et c'est Pieroni qui aurait pris l'initiative de le faire imprimer, convaincu, disait-il, qu'un ouvrage aussi remarquable et utile se devait d'être connu d'un plus large public. D'où sa décision de dédier *L'Idea del Prelato* à Fabrizio Coloreto, chambellan du grand-duc de Toscane qui, il l'espérait, lui obtiendrait l'indulgence et la compréhension de l'auteur[6].

Il faudrait être quelque peu naïf pour prendre à la lettre ces « précautions » de Pieroni, qui visaient probablement plus à mettre en appétit des lecteurs éventuels qu'à apaiser le courroux d'un auteur publié à son insu. Il est plus que vraisemblable que ce dernier savait très bien ce qui se passait et qu'il en était d'ailleurs fort aise. Mais l'éditeur ajoute à notre confusion, probablement encore ici de connivence avec Baldovino del Monte, en faisant de ce dernier l'auteur de *L'Idea del Prelato*, car, lorsque nous lisons la préface écrite par ledit Baldovino, préface qui suit immédiatement la présentation de Pieroni, nous découvrons que le véritable auteur de *L'Idea del Prelato* n'est pas Baldovino del Monte, mais, comme ce dernier nous en assure lui-même avec une fierté évidente, un de ses *antenati*, le célèbre cardinal Antonio del Monte. Apparemment, Baldovino se serait limité à transcrire le texte en question, texte qu'il aurait trouvé dans les archives familiales, et à en faire bénéficier un ami dont il venait d'apprendre le départ prochain pour Rome[7]. Il ne méritait donc pas le nom d'auteur, mais le seul fait qu'il ait découvert le texte en question, qu'il lui ait en quelque sorte redonné vie, suffisait sans doute, du moins aux yeux de Giovanni Pieroni, pour que son nom apparût sur la page de titre d'un livre qui, sans lui, n'aurait peut-être jamais vu le jour. Et puis, après tout, n'était-il pas, lui aussi, un illustre représentant de la famille del Monte?

À noter que l'année même où parut à Florence *L'Idea del Prelato*, soit en 1616, un autre ouvrage attribué également à Baldovino del Monte fut publié par le même éditeur sous le titre *Il Simoncello, ovvero della caccia*[8]. Ce second traité semblait de fait convenir beaucoup mieux au personnage — Baldovino del Monte n'était-il pas à l'époque gentilhomme de la Chambre du grand-duc de Toscane? — tout comme un troisième et dernier traité d'ailleurs qu'il fera paraître à Mantoue en 1625 sous le titre *Il Cesarino, ovvero Dell'Arte di cavalcare*[9].

Mais il n'en était pas là à ses premières armes, car, s'il faut en croire G. B. Febei, auteur des *Notizie di scrittori orvietani*, rédigées vers 1751, une *Laudatio in funere Francisci Medicei* parue à Florence en 1614 serait de sa plume, de même qu'un *Il Vinto, ovvero Consolazione Filosofica in morte di Francesco Principe di Toscana* écrit probablement à la même époque[10]. Chose certaine, c'est bien lui qui prononça, puis fit publier en 1624 à Bologne un *De laudibus Virginii Caesarini*, un hommage bien senti, mais sans doute aussi intéressé, à un homme qui laissait une réputation enviable de poète et de savant — Baldovino del Monte n'hésitait pas à le comparer à Pic de la Mirandole — mais dont on ne pouvait surtout oublier qu'il avait été majordome du pape Urbain VIII. C'est d'ailleurs à ce dernier, et non à la famille du défunt, que del Monte prenait soin de dédier son panégyrique[11].

Cette seule énumération d'œuvres effectivement sorties de la plume d'un homme non seulement cultivé mais connaissant on ne peut mieux le monde de la cour — celle de Florence, bien entendu, mais également, d'après Giovan Vittorio de Rossi, celles de Mantoue et de Rome[12] — nous oblige à nous demander si Baldovino del Monte, à son tour, ne nous induit pas en erreur en prétendant n'être que le « découvreur » d'un texte écrit bien avant lui et qu'il n'aurait fait en somme que sortir de l'oubli. Notre hésitation est d'autant plus justifiée que certaines ressemblances de style et de vocabulaire existent entre *L'Idea del Prelato* et les œuvres de Baldovino del Monte, telles *Il Simoncello* ou encore *Il Cesarino*. On trouve, en particulier, dans les trois ouvrages en question, la même propension à citer en abondance les œuvres de l'Antiquité aussi bien grecque que latine — nous y reviendrons plus loin — et à tirer de ces mêmes sources des *exempla* servant à illustrer le propos de l'auteur[13].

Comment, par ailleurs, expliquer l'absence de toute référence, voire de toute allusion au traité du cardinal del Monte dans la diserte littérature de cour du XVIe siècle, quand on sait que ce traité était destiné, de l'aveu même de son auteur, au jeune Giovan Maria del Monte, le futur Jules III ? Pareille discrétion surprend, surtout dans une ville et à une époque réputées précisément pour le contraire. On sait quelle diffusion connaîtra dans la deuxième moitié du XVIe siècle un traité semblable du cardinal Commendone, pourtant lui aussi écrit à l'intention d'une personne bien particulière et non du grand public[14].

Un examen un peu plus attentif de *L'Idea del Prelato* nous oblige toutefois à écarter la plupart des motifs soutenant notre hésitation. Tout d'abord, les ressemblances de style et de vocabulaire évoquées sont de nature plutôt superficielle et pourraient fort bien n'être que fortuites, ou encore résulter de corrections, d'améliorations apportées au texte original par Baldovino del Monte au moment de la transcription dudit texte. De fait, *L'Idea del Prelato* est écrit dans un style en général plus lourd que celui de Baldovino del Monte. D'ailleurs, à bien y réfléchir, il sonne trop clérical, fait trop bonnet carré pour être d'une plume autre qu'ecclésiastique. Quant aux emprunts massifs aux auteurs de l'Antiquité grecque et latine, cela n'était pas une particularité du XVIIe siècle ; bien au contraire, le XVIIe siècle ne faisait en cela que se conformer à un modèle qui lui venait de la Renaissance.

Mais l'élément le plus important, celui qui, à mes yeux, milite le plus en faveur de l'assertion de Baldovino del Monte, c'est le fait que, pour ce qui est des auteurs cités, pour ce qui est également des faits relatés, *L'Idea del Prelato* ne contient, à proprement parler, aucun anachronisme, c'est-à-dire rien qui permette de situer ce texte à une époque plus tardive que celle indiquée par Baldovino del Monte. Pour considérer que ce dernier est le véritable auteur du traité en question, il faudrait lui supposer une habileté et des connaissances peu communes, ce qui, en l'occurrence, paraît difficile à admettre.

Nous partirons donc ici de l'hypothèse que le cardinal Antonio del Monte (ou, du moins, quelqu'un de son entourage et de son époque) est bel et bien l'auteur de *L'Idea del Prelato*. Si tel est le cas, quand et dans quelles circonstances fut composé ce traité ?

Tout semble indiquer qu'il le fut peu après l'élévation d'Antonio del Monte au Sacré Collège, c'est-à-dire probablement au printemps ou à l'été de 1511. Le texte, nous l'avons vu, était destiné à son neveu, Giovan Maria del Monte, le futur Jules III, qui, à l'époque, revenait d'études à Pérouse et à Sienne et s'apprêtait à entrer au service de Jules II[15]. Il est facile de comprendre, à la lumière de ce qu'avait accompli l'oncle et de ce que réussirait plus tard le neveu, que Baldovino del Monte et Giovanni Pieroni aient été intéressés, un siècle plus tard, à promouvoir un texte qui non seulement servait la cause des del Monte, mais pouvait en même temps être présenté comme une formule quasi assurée de succès et donc trouver d'autant plus facilement preneurs.

2. Une formule gagnante

La formule d'Antonio del Monte était de fait largement fondée, comme il l'assure lui-même au début de son traité, sur son expérience personnelle. S'il était une chose qu'il avait apprise au fil des années, c'était bien que nul ne pouvait espérer réussir à Rome sans une connaissance approfondie du fonctionnement mais également du climat de la cour pontificale car, insistait-il, la première dignité de cette cour étant élective, Rome était une scène changeante et imprévisible où l'on pouvait tout aussi rapidement perdre que gagner[16]. Il fallait donc pour y réussir être constamment sur ses gardes et surtout savoir y manœuvrer.

> *Si vuol dunque di questo larghissimo mare conoscer non solo ottimamente il principal porto, e piu capace, che è la grazia del Sommo Pontefice, e proccurare con vele, e con remi di entrarvi, ma i minori ancora; ove ricovrar tu ti possa per qualsivoglia fortunoso accidente: ne solo i porti, che securi sono ad ogni vento: come sarebbe à dire l'amicizie de' Cardinali, e degli altri gran prelati; ma, per parlare alla marineresca, le cale ancora, e i ridossi della benevolenza de' favoriti cortegiani, e delle persone minori*[17].

> Il importe donc de cette mer immense connaître non seulement le principal et meilleur port qui s'appelle le bon vouloir du Souverain Pontife, mais également les ports de moindre importance où tu pourrais te retrouver par quelque heureux hasard ; et

> non seulement les ports qui sont à l'abri de tout vent, comme le serait l'amitié des cardinaux et autres grands prélats, mais, pour parler à la marinière, les cales également et radoubs de la bienveillance aussi bien des favoris que des petits personnages de la cour.

Le futur courtisan devait donc savoir en tout temps se ménager des contacts à tous les niveaux de la cour, des contacts choisis en fonction de leur influence, de leur expérience, mais également de leur accès aux meilleures sources d'information. Le plus humble des serviteurs pouvait, de ce point de vue, s'avérer à l'occasion plus utile que le plus puissant des cardinaux. Il fallait, au fond, savoir exploiter les bonnes sources aux bons moments. L'expérience acquise dans d'autres cours ne suffisait pas. Rome avait un style et des traditions bien à elle. Il fallait apprendre à les connaître et à bien les connaître, sans quoi tout espoir de réussite était compromis[18].

Mais comment faisait-on pour entrer à cette cour et, éventuellement, s'y tailler une place ? Les ambitions de son neveu étant, comme les siennes, de nature ecclésiastique, Antonio del Monte était d'avis que la première vertu à cultiver dans ce cas était la vertu de religion ou, si l'on préfère, la piété. Une piété simple, sincère, discrète[19], mais surtout adaptée au type de vie très actif dans lequel le neveu allait bientôt s'engager : « Il convient que tu suives l'exemple de Marthe plutôt que celui de Madeleine[20] ».

Mais il lui fallait aussi, dès le départ, se fixer un objectif et pas n'importe quel objectif. Giovan Maria del Monte étant ce qu'il était, cet objectif ne pouvait être en effet que le plus élevé possible : au moins le chapeau de cardinal. Autrement, il ne valait même pas la peine d'entreprendre une carrière à la cour. Viser haut comportait d'ailleurs de grands avantages sur le plan psychologique :

> [...] *che dovendoti alcun fin proporre nella Romana corte, grande, magnifico, e sublime lo ti proponga ; conciosiá cosa che, se*

> *di conseguirlo non ti avviene per quantunque opere buone tu faccia, che mezzano almeno* [...] *non ti potrà mancare; la dove se mezzano tu lo ti proponessi, forse ad infimo, a vile, e di niun pregio di arrivare, t'incontrerebbe*[21].

> [...] car devant te fixer un but à atteindre à la cour pontificale, il serait important que tu te le fixes grand, magnifique et sublime, compte tenu du fait que si, malgré tous tes bons efforts, tu ne l'atteignais pas, du moins pourrais-tu compter en atteindre un de moindre importance, alors que si tu t'en fixais un de moindre importance, tu risquerais devoir te contenter à la fin de quelque chose d'infime, de vil et de peu de valeur.

Après s'être fixé un objectif et ayant mis, pour ainsi dire, Dieu de son côté, à quels moyens, à quelles règles, à quelles stratégies fallait-il avoir recours pour pouvoir réaliser ses ambitions ?

Tout le reste du traité, c'est-à-dire quelque 77 pages sur 95, est consacré à ce problème, ou mieux, à cet ensemble de problèmes bien concrets, le facteur déterminant étant, dans chaque cas, l'utilité ou pas, la rentabilité ou pas, par rapport à l'objectif fixé, de tel ou tel comportement, de telle ou telle attitude, de telle ou telle pratique qu'on pourrait se voir recommander ou être tenté d'adopter. Un certain cynisme colore toute cette partie du traité, bien que, je le reconnais, il soit beaucoup moins accusé que dans certains écrits contemporains du même type. Évidemment, on ne peut s'empêcher de penser à Machiavel, bien que Machiavel n'avait pas encore en 1511 publié son *Prince*, mais le machiavélisme d'Antonio del Monte a ceci de très particulier et de très différent qu'il attache beaucoup de prix à l'honnêteté et à la vertu et croit, contrairement à Machiavel, qu'elles peuvent être, l'une et l'autre, récompensées.

Réussir n'en est pas moins, aux yeux du cardinal, d'abord et avant tout une question de méthode, de prudence et de patience[22]. Méthode, parce qu'une carrière supposait des étapes, des étapes à franchir selon un certain ordre, voire selon un certain rythme.

Prudence et patience, parce qu'à trop se presser on risquait souvent des erreurs coûteuses, et à dévoiler trop tôt ses talents, on s'exposait à des jalousies inutiles, en plus d'indisposer ceux dont on pouvait espérer obtenir des grâces :

> [...] *è tale il costume degli huomini à cui tocca distribuirle, che vogliono, che loro splendido dono, et assolutamente libero apparisca, non merito di chi che sia, le dignità e le ricchezze, che danno*[23].

> [...] car les personnes à qui il revient de distribuer des faveurs tiennent à ce que, splendide, leur don apparaisse en même temps totalement libre, en d'autres mots que personne ne s'attribue le mérite des dignités et richesses qu'elles octroient.

Le futur courtisan devait donc procéder avec beaucoup de circonspection et surtout sans précipitation. Mais il ne pouvait espérer réussir seul, c'est-à-dire sans le concours des autres. Mais quels autres ?

Revenant à un thème déjà abordé dès le début de son traité, le cardinal entreprenait de répondre à cette question en développant sur quelque 35 pages ce que l'on pourrait à juste titre appeler « l'art de se faire des alliés » (ou des complices ?).

Le futur courtisan avait tout d'abord besoin d'amis. De personnes avec lesquelles il se sentait parfaitement à l'aise et à qui il pouvait en toute liberté se confier. Son choix devait se fixer d'abord et avant tout sur des personnes reconnues pour leur vertu. Mais à Rome, capitale de la duplicité, ce n'était pas là chose facile et, nonobstant toutes les règles reconnues de l'amitié, il fallait y rester très prudent dans les rapports qu'on entretenait, et ce, même avec ses proches[24].

Le futur courtisan avait surtout besoin de contacts à la cour. Il fallait pour cela qu'il s'y montre souvent (« les visites, les rencontres, les accompagnements qui se font à longueur de jour[25] ») et surtout qu'il se pénètre des règles, des coutumes et des pratiques qui y étaient de rigueur. Mais avec qui fallait-il de préférence se lier, à qui fallait-il vouer son temps et ses talents? La réponse à cette question était simple et non dénuée de cynisme. Toute personne, tout groupe de personnes, en état de nuire aussi bien que d'aider, était digne d'attention. Les puissants venaient, bien entendu, en tête de liste, mais également leurs favoris, car ces derniers pouvaient être de précieux alliés dans la conquête des faveurs et de la protection de leur maître. Toutes ces personnes, favoris y compris, devaient être traitées à l'égal de patrons dans l'espoir que certaines d'entre elles finissent un jour par jouer le rôle qu'on attendait d'elles[26].

> *Con quelli, che tù comprenderai, possenti in corte, e di autorità, di porre in opera fa mestiere com'io ti dicea, quella parte della prudenza, che sagacità vien detta, e con essa tutte le piu chiuse, e piu segrete vie investigando, gli umori loro scoprir piu, che si puote, e scoperti, che tu gli abbia, adempir con essi accortamente ogni offizio, che à loro sia di piacere, e à te d'onesto utile esser possa; tutte le voglie loro incontrando, ne à spesa guardando, ne a disagio, che alle tue forze possibil sia*[27].

> Avec ceux que tu estimerais puissants en cour et disposant d'autorité, prends soin, comme je te le disais, de faire appel à cette partie de la prudence qu'on appelle sagacité et, avec son aide, cherche par les voies les plus dissimulées et les plus secrètes à découvrir le plus possible leurs humeurs et, une fois découvertes, emploie-toi à leur rendre adroitement tout service qui pourrait leur faire plaisir et te serait toi-même d'honnête profit, n'épargnant aucun effort, aucune dépense, aucun sacrifice pour répondre à leurs désirs.

La flatterie, admettait le cardinal, était, à l'égard de ces personnes, presque de rigueur. Aussi le futur courtisan ne devait-il pas hésiter à y recourir, mais sans la servilité, le mensonge ou la fraude dont certains à l'époque l'assortissaient. Sans doute la distance n'était-elle pas très grande entre ce que le cardinal appelait la sagacité (*sagacità*), qu'il approuvait, et la ruse (*astutia*), qu'il rejetait, mais un courtisan pouvait éviter de glisser de l'une à l'autre en se restreignant à des formes très sélectives de flatterie. À titre d'exemple, vanter les traits positifs ou encore les réalisations d'une personne, même si les premiers n'étaient pas nécessairement caractéristiques de cette personne ou les secondes à mettre réellement au compte de cet être. Même chose pour la dissimulation (*dissimulazione*) qu'il fallait parfois se résigner à pratiquer, bien qu'elle ressemblât un peu trop à la simulation (*finzione*), laquelle ne convenait d'aucune façon à un homme de son état. Mais il fallait être réaliste. Injustement ou chichement traité par son patron, le courtisan devait apprendre à ne rien laisser paraître de son mécontentement ou de sa frustration. Par contre, il ne devait en aucun cas se taire, encore moins paraître approuver lorsque, en sa présence, on disait du mal de ce même patron[28].

Il y avait donc un temps pour parler et un temps pour se taire. Dans le cas du futur ou encore du jeune courtisan, ce temps était, s'il faut en croire le cardinal, d'une singulière importance. Il fallait, par exemple, se montrer très discret dans les rapports qu'on entretenait avec les grands de la cour. Éviter par-dessus tout d'étaler le fait qu'on était au mieux avec ces derniers; certains patrons n'appréciaient guère ce genre d'exhibitionnisme. Éviter également toute forme d'indiscrétion ou de bavardage concernant ces mêmes patrons et leur entourage. Une particulière attention devait être, de ce point de vue, accordée aux favoris de tous ces grands personnages, ces derniers considérant habituellement les coups portés à leurs subalternes comme des coups portés à eux-mêmes[29].

Mais il ne suffisait pas au courtisan en herbe de disposer d'un bon réseau d'amis et de protecteurs : il lui fallait en plus se faire personnellement un nom à la cour.

Encore ici, Antonio del Monte prêchait la discrétion. L'homme d'esprit était apprécié de la cour, mais dans la mesure où il savait ménager son talent. Les commérages devaient être laissés aux femmes dont c'était la spécialité. Plusieurs avaient ruiné leur carrière à Rome pour s'être adonnés à l'un ou à l'autre de ces dangereux passe-temps[30].

> *Fa un tuo pensiero, che non solo ogni Cardinale che a Roma vedrai o praticherai per qualsivolgia modo, possa al Papato arrivare, ma che tutti i Prelati ancora, co' quali tu userai amichevolmente, Cardinali esser possano*[31].

> Dis-toi bien que non seulement tout cardinal qu'à Rome il te serait donné de voir et de fréquenter pourrait un jour être pape, mais qu'aussi tous les prélats avec lesquels tu pourrais te lier d'amitié pourraient, pour leur part, devenir cardinaux.

Faire un trop grand étalage de ses talents, surtout pour quelqu'un qui amorçait à peine sa carrière, c'était également s'exposer à de graves dangers. On devait montrer ce dont on était capable afin d'attirer l'attention de ceux qui étaient à même de favoriser les ambitions qu'on nourrissait, mais il fallait le faire par étapes et sans précipitation : « comme les riches le font de leur argent, en faisant peu étalage et seulement lorsque nécessaire[32] ». Plus on progressait dans sa carrière, plus on pouvait se mettre de l'avant. En ce domaine comme en tant d'autres, l'important était de savoir ménager ses effets.

Mais, poursuivait le cardinal, là où la discrétion n'était plus de mise, c'était lorsque venait le moment d'être ou de se faire l'hôte de membres de la cour. Compte tenu de la carrière qu'il avait en vue, Giovan Maria del Monte devait se créer dès le départ une réputation de prélat libéral et munificent. Il fallait à tout prix éviter à ce niveau toute forme, voire toute apparence d'avarice. Être trop près de ses sous, c'était le plus sûr moyen de compromettre à tout jamais sa carrière[33].

> *E quantunque, e la gola, e la pigrizia, e'l piacer delle donne, possano tra le mura delle camere star nascosi, il puzzo dell'avarizia à guisa del fumo, per ogni picciolo spiraglio esce, e si diffonde*[34].
>
> Et alors que la gourmandise, la paresse, les plaisirs de la chair peuvent être dissimulés entre les quatre murs d'une chambre, la mauvaise odeur de l'avarice, telle la fumée, s'échappe par la moindre fissure et se répand partout.

Il fallait sans doute fuir également la prodigalité, mais l'accent n'en devait pas moins être mis sur un style de vie digne de ce qu'on était et de ce qu'on représentait[35].

Aux qualités du courtisan, il fallait, du moins pour la carrière que le cardinal del Monte envisageait pour son neveu, savoir joindre celles du curialiste. Et, à ce propos, le prélat assurait que rien ne serait plus utile à cette carrière qu'une solide maîtrise du latin, langue que malheureusement ses compatriotes négligeaient de plus en plus, alors que les étrangers continuaient à la pratiquer avec bonheur[36]. Et puisque Giovan Maria serait très probablement appelé à remplir un jour des missions diplomatiques, pourquoi ne se mettrait-il pas à l'étude des principales langues « barbares » : le français, l'espagnol ou l'allemand, par exemple[37] ? Se tenir au courant de ce qui se passait dans les pays voisins, des caprices, des pensées et des ambitions de leur gouvernement ou prince respectif était également une nécessité. De bonnes sources d'information sur ces diverses matières existaient à Rome même. Il fallait savoir les exploiter, mais en s'en tenant toujours aux règles de discrétion déjà précisées[38].

Giovan Maria del Monte devait donc multiplier les efforts en vue d'acquérir les connaissances, les habiletés et l'expérience nécessaires à la réalisation de ses projets d'avenir. La paresse était son pire ennemi (« *non ha chiunque vien in Corte maggior nimico, o più capitale*[39] »). Il se tiendrait donc constamment occupé. Les temps libres devaient être consacrés soit à des lectures utiles — le cardinal recommandait en particulier les ouvrages d'histoire ou encore les biographies d'hommes illustres —, soit à des retours réguliers sur les choses faites, dites ou entendues en vue de tirer le meilleur parti possible de l'expérience accumulée au fil des jours[40]. Le cardinal lui conseillait également de se tenir loin de la poésie qui, disait-il, était un passe-temps à réserver aux gens oisifs (« *alle oziose persone* »). Il reconnaissait la beauté de cet art, mais c'était, disait-il, un art inutile, donc de peu de profit pour lui. Qui plus est, la poésie telle que pratiquée à Rome était intimement liée à l'amour, et l'amour, en plus de faire perdre beaucoup de temps, pouvait facilement mettre en danger une carrière telle que la sienne[41].

Cependant, le talent, l'expérience, une bonne préparation et de puissants patrons ne suffisaient pas pour réussir. Il fallait en plus posséder ce que le cardinal appelait l'instinct du vainqueur, c'est-à-dire le goût et la volonté d'arriver au but. Le succès dépendait très souvent de la capacité qu'on avait (ou qu'on n'avait pas) de saisir l'occasion au moment même où elle se présentait[42]. À cet égard, le cardinal signalait l'importance de la « conjoncture » (*congiontura*), qu'il décrivait comme « l'union tout à la fois du temps, de l'occasion et des moyens et autres circonstances favorables[43] ». Machiavel n'aurait pu mieux dire.

Mais cela supposait de la part du courtisan une autre vertu essentielle : celle de persévérance. Et c'était là, disait Antonio del Monte, une vertu qu'il connaissait bien, ayant dû lui-même la pratiquer, parfois dans des circonstances des plus difficiles.

> *Ned'io, qual oggi io mi sia, à cose fatte mi avvenne à un tratto; ma doppo lo essere stato molti anni non conosciuto, non apprezzato in corte, piaqque ad Innocenzo Ottavo di questo nome, la mia industria adoperare, e quinci la mia degnità accresciutasi un poco, gran tempo anche, senza avanzarsi plu oltre, à molti rimase à dreto;*

ed'avendola promossa, e quasi posta in campo Alessandro Sesto, e Pio Terzo augumentatola, Giulio Secondo oggi regnante al segno à che ella e l'ha condotta[44].

À moi non plus, ce que je suis aujourd'hui devenu n'est-il arrivé d'un seul coup, car ce n'est qu'après avoir été pendant plusieurs années ignoré, mal estimé de la cour qu'il plut à Innocent VIII de faire appel à mes talents, me permettant ainsi de gagner quelque peu en dignité, mais sans qu'il me soit possible pendant assez longtemps d'aller plus loin, contrairement à d'autres qui y réussirent mieux que moi, et c'est à Alexandre VI et à Pie III que je dois d'avoir été promu à plus haut rang en attendant que Jules II glorieusement régnant ne m'élève enfin à celui qui est présentement le mien.

Le cardinal espérait que son neveu ferait preuve d'une égale patience et persévérance et pourrait ainsi connaître un sort au moins comparable au sien. Et sur ce souhait plutôt optimiste, il concluait son traité.

3. L'exemple des anciens

Dans l'analyse que je viens de faire du texte du cardinal del Monte, je me suis limité à l'essentiel, c'est-à-dire aux principaux avis donnés par le prélat à son neveu et aux arguments dont il entoure, dans la plupart des cas, ces avis. Pour rendre justice à son œuvre, il faudrait également tenir compte du riche assortiment de *dicta* et d'*exempla* dont il émaille son discours. Ces *dicta* et *exempla* représentent de fait, quantitativement parlant, près de la moitié du texte de l'ouvrage. Le plus frappant, c'est qu'à une ou deux exceptions près, ils sont tous d'origine païenne. À un certain moment, le cardinal sent le besoin de dire : « et tu pourrais non plus seulement des livres profanes, mais des saintes Écritures également tirer de nombreux exemples[45] ». Toutefois, la Bible est en fait pratiquement absente de son œuvre, l'allusion aux vocations divergentes de Marthe et de Marie étant le seul passage biblique explicite de tout l'ouvrage. Comment expliquer une telle discrétion dans un traité écrit après tout par un homme d'Église pour un homme d'Église s'apprêtant d'ailleurs à entrer au service de la papauté ? Il faudrait, pour répondre à cette question, connaître un peu mieux l'auteur de *L'Idea del Prelato*. Or, si nous sommes assez bien renseignés sur sa carrière et sur ses talents exceptionnels de juriste et d'administrateur, nous le sommes beaucoup moins en ce qui concerne ses rapports avec la culture de son temps. Sans doute, comme tant d'autres cardinaux et prélats romains, avait-il été touché par les courants humanistes qui occupaient tant de place dans l'Italie de l'époque, mais jusqu'à quel point pouvait-il être considéré comme un humaniste lui-même, il est difficile de le dire. Chose certaine, il connaissait bien ses auteurs anciens et avait tenu à leur faire une large place dans son ouvrage.

De quels auteurs s'agissait-il ? Antonio del Monte cite quelque 23 auteurs différents, dont 10 grecs et 13 latins. Dans la première catégorie, on trouve en tête de liste Homère avec quatre mentions, suivi d'Isocrate et de Démosthène avec trois mentions chacun, puis Aristote, Euripide, Thucydide, Epictète, Plutarque, Hérodote, avec deux, et finalement Hésiode, avec une. Dans la seconde catégorie figurent, tout d'abord, loin devant le reste du peloton, Suétone, avec 31 mentions, puis Cicéron, avec 6, Caton l'Ancien avec 3, Quintus Ennius, Juvénal et Quinte-Curce, avec 2, suivis de Valère Maxime, de Salluste, d'Horace, de Sénèque, de Virgile et de Tite-Live avec une mention chacun. Sans doute faudrait-il ajouter à cette dernière catégorie Cassiodore, avec une mention, de fait le seul auteur chrétien cité par le cardinal. On aura remarqué l'importance accordée aux historiens, en particulier à un Suétone. Si Antonio del Monte en recommandait tant la fréquentation à son neveu, c'est qu'il savait d'expérience quel profit il y avait à lire leurs ouvrages.

Pour ce qui est des *dicta* et des *exempla* retenus par le cardinal, on ne sera pas surpris, à la lumière de ce que nous venons de dire à propos des auteurs cités, de constater qu'ils concernent dans leur très grande majorité des personnages de la Rome antique : Jules César, mentionné sept fois, l'empereur Auguste, six, Tibère, cinq, Galba, Néron, Caligula, deux fois chacun, et enfin Claude et Vespasien, une fois. Les non-Romains, par ailleurs, incluent Philippe de Macédoine et Alexandre le Grand, avec une mention chacun, les empereurs Cyrus et Darius de Perse, le roi Ramiro d'Espagne et Théodoric, roi des Ostrogoths, eux aussi mentionnés une fois.

La liste est impressionnante et montre bien qu'Antonio del Monte avait une culture qui ne se limitait d'aucune façon au monde de la jurisprudence. Comment le jeune Giovan Maria reçut-il ce *compendium* de sagesse à l'antique ? Nous ne le savons pas. Néanmoins, il serait surprenant qu'il n'en ait pas été au moins flatté.

En tint-il compte dans la poursuite de sa carrière ? Pas complètement, semble-t-il, car, d'une part, s'il s'intéressa peu aux poètes et à la poésie, il n'évita pas pour autant certains des dangers que son oncle disait naître de la pratique de cet art[46]. Il n'avait, d'autre part, ni le raffinement ni la discrétion souhaités par le cardinal — les contemporains ne manquent pas de souligner, les uns pour s'en féliciter, les autres pour s'en offusquer, sa grande liberté de parole et de conduite[47] —, mais il était un travailleur acharné, un homme habile et intelligent, et il sut notamment avec le temps se créer, comme le lui avait recommandé son oncle, une réputation de prélat libéral et munificent. L'incomparable villa Giulia est encore là aujourd'hui pour en témoigner. Il était surtout très proche des Farnèse. Et c'est ce qui, à la longue, lui valut de gravir un à un les échelons menant jusqu'au trône pontifical[48]. Les conseils de son oncle n'avaient donc que partiellement servi à assurer sa réussite. Mais, comme Antonio del Monte le disait dans son traité, l'important était d'arriver au but. Tout le reste, après tout, n'était que moyens. Eût-il été encore vivant au moment de l'élection pontificale de 1550, le cardinal aurait certainement été fier de ce neveu qui, tout compte fait, avait réussi, et réussi au-delà de toutes ses espérances.

Notes

1. L. von Pastor, *Geschichte der Päpste*, vol. III-XI, Fribourg, 1955-1959.
2. E. P. Rodocanachi, *Histoire de Rome : une cour princière au Vatican pendant la Renaissance. Sixte IV. Innocent VIII, Alexandre VI*, Paris, 1925. *Id.*, *Histoire de Rome : le pontificat de Jules II*, Paris, 1928. *Id.*, *Histoire de Rome : le pontificat de Léon X*, Paris 1931. *Id.*, *Histoire de Rome : les pontificats d'Adrien VI et de Clément VII*, Paris, 1933.
3. P. Prodi, *Il Sovrano Pontifice*, Bologne, 1982, p. 102.
4. Le plus célèbre de ces traités est, sans contredit, celui du cardinal Francesco Commendone, *Discorso sopra la Corte di Roma*, probablement écrit vers 1564-1565. Il connut une très large diffusion aux XVIe et XVIIe siècles, comme en témoignent les nombreux exemplaires qui nous restent. À ce propos, *Cf.* L. von Pastor, *op. cit.*, vol. VII, p. 661-662. À noter toutefois que l'ouvrage en question contient un long discours d'un ton très réformiste sur la cour pontificale de l'époque, qui fait singulièrement contraste avec ce qui suit sur l'art de réussir à cette même cour. Moins connue, mais plus représentative peut-être du cynisme que l'on retrouve à divers degrés dans la plupart de ces traités, la très leste et incisive *Instruttione per chi vuol entrar nella Corte Romana* (connue aussi sous le titre : *Avvertimenti bellissimi per la Corte di Roma*) attribuée au comte de Verrua, ambassadeur du duc de Savoie à Rome, et donc probablement de la fin du XVIe ou du début du XVIIe siècle. Au sujet de ce dernier, voir N. Bianchi, *Le materie politiche relative all'estero degli Archivi di Stato piemontesi*, Bologne, 1876, p. 296. Ce discours n'a pas connu la diffusion du précédent, mais on en trouve un certain nombre d'exemplaires, notamment à la Bibliothèque Nationale de Paris (v.g. BN Mél. Colbert 2, f°s 575-591rv), à la bibliothèque du Vatican (F. Chigi N. III 84, f°s 193-206r) et à la Biblioteca Nazionale de Florence (Magl. Cl. XXIV, n°s 63 et 65). Je suggère de distinguer ce genre de traités de ceux que l'on pourrait appeler des Arts de vivre à la cour, tel le Courtisan (*Il Cortigiano*) de Castiglione, par exemple.
5. *L'Idea del Prelato. Trattato del Signor Baldovino di Monte Simoncelli. De' Signori di Viceno, gentil' uomo della Camera del Serenissimo Gran Duca di Toscana*, Florence, 1616. J'ai utilisé un des cinq exemplaires de l'ouvrage

existant à la bibliothèque du Vatican (Cote : BAV R.I. IV 1895 int. 5) et toutes les références qui suivent sont faites à partir de l'exemplaire en question.

6. *Ibid.*, p. [II]-[V].
7. *Ibid.*, p. 1-2.
8. B. del Monte, *Il Simoncello ovvero Della Caccia. Dialogo di Baldovino di Monte Simoncelli*, Florence, 1616
9. *Id.*, *Il Cesarino ovvero Dell'Arte di Cavalcare. Dialogo di Baldovino di Monte Simoncelli de' Sig. ri di Viceno nell' Accademia degli Invaghiti detto il Securo*, Mantoue, 1625.
10. G. B. Febei, « Notizie di scrittori orvietani », *Archivio Storico per le Marche e per l'Umbria*, vol. III, Foligno, 1886, p. 409-410.
11. B. del Monte, *De Laudibus Virginii Caesarini, Urbani Octavi P. M. Cubuculi (sic) Praefecti. Oratio Habita Bononiae in Gelatorum Academia*, Bologne, 1624.
12. [G. V. Rossi], *Pinacotheca Altera Imaginum Illustrium doctrinae vel ingenii laude, virorum qui auctore superstite, diem suum obierunt*, Cologne, 1645, p. 130-136.
13. *Il Cesarino*, par exemple, cite près d'une cinquantaine d'auteurs anciens, les préférences de l'auteur allant notamment à Tite-Live, à Suétone, à Virgile, à Jules César, à Varron, à Quinte-Curce et à Xénophon, auxquels il emprunte d'abondants *dicta* et *exempla*.
14. Le traité de Commendone avait en effet été écrit à l'intention de Girolamo Savorgnano. *Cf.* L. von Pastor, *op. cit.*, vol. VII, p. 662.
15. *Ibid.*, vol. VI, p. 36-37. Pour inciter son neveu à suivre son exemple, le cardinal del Monte évoquait les diverses étapes de sa carrière depuis son entrée à la cour sous Innocent VIII jusqu'à son accession au cardinalat sous Jules II. *L'Idea del Prelato*, *op. cit.*, p. 57.
16. *Ibid.*, p. 4-5.
17. *Ibid.*, p. 6. La traduction de ce texte est de moi, mienne que celles des textes cités par la suite. Vu les particularités du style, de la syntaxe et du vocabulaire employés par l'auteur, j'ai dû renoncer à une traduction littérale de peur de rendre certains passages pratiquement incompréhensibles en français.
18. *Ibid.*, p. 7-9.
19. *Ibid.*, p. 10-13.
20. « A te conviene [...] lasciando da parte Maddalena, tutto a Marta darti in preda. » *Ibid.*, p. 11. On est surpris de lire « Maddalena » alors qu'on s'attendrait plutôt à lire « Maria », sœur de Marthe et de Lazare, celui que Jésus avait ressuscité à Béthanie. Mais on avait déjà dans le passé confondu Marie de Magdala, dite Marie-Madeleine, et Marie de Béthanie. Il semble qu'on le faisait encore au XVIe siècle.

21. *Ibid.*, p. 13-14.
22. *Ibid.*, p. 18-22.
23. *Ibid.*, p. 19-20.
24. *Ibid.*, p. 22-31.
25. « [...] le visite, gli incontri, gli accompagnamenti [...] che [...] si fanno tutto giorno ». *Ibid.*, p. 31.
26. *Ibid.*, p. 31-34.
27. *Ibid.*, p. 35.
28. *Ibid.*, p. 36-39.
29. *Ibid.*, p. 40-42.
30. *Ibid.*, p. 43-44.
31. *Ibid.*, p. 44.
32. « [...] come della moneta i ricchi far sogliono, poco, e solo al bisogno mostrarla ». *Ibid.*, p. 49.
33. *Ibid.*, p. 50.
34. *Ibid.*, p. 51.
35. *Ibid.*, p. 52-55.
36. *Ibid.*, p. 57.
37. *Ibid.*, p. 58.
38. *Ibid.*, p. 66-68.
39. *Ibid.*, p. 80.
40. *Ibid.*, p. 82-84.
41. *Ibid.*, p. 60-63.
42. *Ibid.*, p. 70-71.
43. « [...] l'unione stessa del tempo, e dell' occasione e de'mezzi, e d'altre favorevoli circunstanze ». *Ibid.*, p. 72.
44. *Ibid.*, p. 94.
45. « [...] e potreti di ci non più de'libri profani, ma dalle sacre lettere ancora addure molti esempi ». *Ibid.*, p. 81.
46. L. von Pastor, *op. cit.*, vol. VI, p. 48 et suivantes.
47. Diario di Giulio III, BAV, Urb. lat. 1640, f° 431rv.
48. *Ibid.*, f°s 432v-433r.

VI

Symboles et réalité du pouvoir cardinalice à Rome au XVIe siècle*

Rome est, au XVIe siècle, d'abord et avant tout une ville de cour. Elle est même, aux yeux de nombreux contemporains, la ville de cour par excellence. La symbolique de la vie urbaine est donc, dans son cas, profondément conditionnée par cette réalité, d'autant plus d'ailleurs que la ville des papes se sait, se veut héritière d'un riche passé païen et chrétien et entend, plus que jamais au XVIe siècle, jouer un rôle politique, culturel et religieux à l'avenant.

Témoins-clés de cette réalité et de ces ambitions, soit en raison de l'espace qu'ils occupent à l'époque dans la ville, des investissements qu'ils y font ou encore des rôles qu'ils y jouent, les cardinaux romains, pris individuellement et collectivement, nous ont semblé mieux que d'autres à même d'exprimer, de refléter ce que pouvait être la symbolique de la vie urbaine dans le cas d'une ville comme Rome et jusqu'à quel point cette symbolique allait être appelée à évoluer ou du moins à changer de signification au cours de la période ici considérée, c'est-à-dire la période allant du milieu du XVe à la fin du XVIe siècle. Bien évidemment, même en nous limitant au seul groupe des cardinaux romains, il ne saurait être

---

* Une première version de ce texte est parue dans *Simbolo e Realtà della vita urbana nel tardo Medioevo*, M. Miglio et G. Lombardi (éd.), Rome, [1993], p. 269-286.

question de faire le tour du sujet : ce serait présomption de notre part, et d'ailleurs il n'est pas sûr que les sources existent pour le faire. Aussi avons-nous choisi de privilégier un aspect bien particulier de cette symbolique, aspect qui, dans le cas du Sacré Collège et dans le cas surtout d'une ville comme Rome, revêt, on en conviendra, une très grande importance : nous voulons parler de la symbolique du pouvoir, en l'occurrence du pouvoir cardinalice.

1. Le pouvoir cardinalice

Tout d'abord, qu'en est-il en réalité de ce pouvoir au XVIe siècle? Les historiens de la papauté, depuis Léopold von Ranke au siècle dernier jusqu'à Paolo Prodi tout récemment, n'ont pu faire autrement que de constater, comme les ambassadeurs vénitiens bien avant eux, que les cardinaux du XVIe siècle n'avaient de pouvoir, de pouvoir délibératif et décisionnel s'entend, que ce que voulait bien leur en laisser une papauté de plus en plus consciente et jalouse de son autorité souveraine[1]. Le sort réservé au consistoire suffirait à lui seul à montrer à quel point ce pouvoir, déjà à partir de la deuxième moitié du XVe siècle, est de moins en moins partagé. Paolo Paruta, ambassadeur vénitien à Rome à la fin du XVIe siècle, souligne le fait qu'à son époque, le pouvoir des cardinaux n'est plus que l'ombre de ce qu'il avait été un siècle et demi plus tôt. Autrefois, dit-il, le pape consultait le Sacré Collège en tout ce qui avait trait aux affaires les plus importantes de son gouvernement et, une fois obtenu son accord, rendait publique la résolution prise avec la mention : *cum consensu fratrum.* Mais, poursuit-il, depuis le pontificat de Pie II, les choses ont à ce point évolué que le Collège n'a désormais plus part aux affaires « publiques » et, lui arrive-t-il d'être consulté, c'est en général pour des questions de peu d'importance ou des questions réglées d'avance, le pape se limitant le plus souvent à les informer des décisions qu'il vient de prendre de sa seule autorité. Les consistoires, autrefois si influents, ne servent plus, ajoute-t-il, qu'à distribuer des « églises[2] ».

Ce constat, nombre d'historiens de la papauté ont été à leur tour à même de le faire et leurs conclusions, en général, restent assez proches de celles de Paruta, à savoir qu'à partir de la deuxième moitié du xve siècle, les prétentions des cardinaux à une certaine coresponsabilité, à un certain partage du pouvoir, tant au niveau du gouvernement de l'Église universelle qu'à celui de l'administration des États pontificaux furent effectivement battues en brèche, puis tout simplement niées. C'est que ces prétentions qui s'appuyaient, d'une part, sur les thèses de certains ecclésiologues de la fin du Moyen Âge et, d'autre part, sur certaines pratiques, entre autres celles des pactes électoraux, qui avaient encore cours à la fin du xve siècle, font de moins en moins le poids face aux prétentions contraires d'une papauté de plus en plus encline à penser que son autorité, à l'image de celle des monarques de l'époque, est et se doit d'être sans partage. De collègues du souverain pontife que d'aucuns, à une certaine époque, croyaient ou, du moins, prétendaient être, les cardinaux deviennent progressivement, et cela, dès la fin du xve siècle, ses auxiliaires, pour ne pas dire ses subalternes, au service d'un appareil bureaucratique qui se met ostensiblement en place à l'époque et dont ils formeront ultérieurement, à partir de la grande réforme de Sixte Quint en particulier, les articulations les plus visibles. Le titre de prince de l'Église pouvait encore faire illusion; les intéressés, eux, n'étaient pas sans savoir — et d'aucuns l'avaient appris à leurs dépens — que le rêve d'un pouvoir partagé, un moment entretenu par un certain nombre d'entre eux, n'était plus à la fin du xvie siècle qu'un lointain et regretté souvenir, le temps étant désormais non plus au partage, mais à la délégation, et à une délégation mesurée, temporaire et contrôlée du pouvoir. Paolo Prodi, qui a étudié de près ce phénomène et qui a surtout bien relevé les conséquences qu'il aura sur l'avenir et de l'Église et de l'État pontifical, n'a pas tort lorsqu'il affirme que les cardinaux du XVIe siècle ne sont plus que le pâle reflet d'une papauté dont ils dépendent de plus en plus[3].

Telle nous apparaît, de façon générale, la réalité du pouvoir cardinalice à Rome au XVIe siècle. Les symboles dont s'entoure ce pouvoir correspondent-ils bien à la réalité en question, et cette réalité étant elle-même, nous l'avons vu, sujette aux changements, y a-t-il évolution, transformation parallèle des symboles servant à l'exprimer ? Ou, au contraire, ces derniers ont-ils tendance à prendre du retard par rapport à cette réalité, ou en d'autres mots, à se survivre à eux-mêmes ? Voilà une première question à laquelle nous voudrions essayer de répondre.

Cependant, avant d'aller plus loin, il importe, nous semble-t-il, de nous interroger sur le sens du mot *pouvoir*. Ce que nous en avons dit jusqu'à maintenant concernait principalement le pouvoir politique, c'est-à-dire le pouvoir de décision et d'exécution des cardinaux en tant que membres du Sacré Collège et en tant que collègues et collaborateurs du souverain pontife. Mais d'autres types de pouvoir existaient à l'époque, c'est-à-dire les pouvoirs économique, social et religieux dont disposaient, à divers degrés, ces mêmes cardinaux et desquels, même privés de tout pouvoir politique, ils pouvaient encore espérer tirer d'immenses avantages pour eux-mêmes et leurs nombreux dépendants. On pourrait d'ailleurs se demander si ces mêmes cardinaux, par conviction, pour certains, par calcul ou simple réalisme, pour d'autres, n'ont pas, à la longue, accepté de sacrifier le premier de ces pouvoirs en échange de l'assurance qu'ils pourraient continuer à se prévaloir des autres. Et les nombreuses faveurs (bénéfices, pensions, gratifications de toutes sortes) faites aux cardinaux et à leur famille par les papes de l'époque, faveurs que Barbara McLung Hallman décrit à profusion dans son ouvrage intitulé *Italian Cardinals, Reform and the Church as Property*[4], n'auraient-elles pas eu justement pour but de s'assurer que ce « transfert » se fasse sinon avec l'assentiment, du moins avec la résignation reconnaissante des intéressés ? Il est permis de le penser, d'autant plus d'ailleurs que tout cela allait dans le sens de ce que voulaient, de ce que souhaitaient les papes et les théoriciens du pouvoir pontifical depuis au moins le milieu du xve siècle[5].

Parler des symboles du pouvoir cardinalice à l'époque, c'est donc parler des rapports complexes existant entre ces mêmes symboles et une réalité changeante, mouvante, qui se dit au singulier, mais se vit au pluriel, c'est-à-dire à plusieurs niveaux et en fonction de circonstances de temps, de lieu et de personnes aussi variées qu'imprévisibles, ajoutant par le fait même à la complexité des rapports en question et, du coup, à la perplexité de ceux qui, à l'époque, directement ou indirectement, en dépendent. Comment ces rapports nous apparaissent-ils aujourd'hui ? Que nous disent-ils de la réalité politique, sociale, culturelle d'un cardinalat plus que jamais présent et visible à Rome au xvie siècle ? Que nous apprennent-ils surtout des efforts déployés par ces mêmes cardinaux pour faire de cette présence, de cette visibilité un instrument sinon de pouvoir, au sens strict du terme, du moins de prestige et d'influence ? Autant de questions auxquelles nous voudrions également essayer d'apporter une réponse.

2. Symboles du pouvoir

Les symboles par lesquels s'expriment le pouvoir et le prestige cardinalices à l'époque sont multiples et variés. Pensons, par exemple, à tout le domaine du vêtir, qui fait d'ailleurs dans les coutumiers et cérémoniaux du temps l'objet de réglementations de plus en plus détaillées, pour ne pas dire minutieuses. Pensons également à tous ces rituels que s'imposent ou que se voient imposer les cardinaux romains : rituels liturgiques tout d'abord, qui servent à traduire, de façon parfois très élaborée, les dimensions sociales et collectives de leur pouvoir ; rituels mi-sacrés mi-profanes du type entrées de villes, triomphes, défilés où ils figurent toujours en bonne place et souvent magnifiquement accompagnés, mais, encore ici, habituellement comme groupe, comme collège ; rituels profanes, enfin, où sous forme de jeux, de divertissements musicaux ou théâtraux, de fêtes champêtres et de banquets sont valorisés certains aspects plus personnels, plus individuels du pouvoir et du prestige dont ils se croient ou, du moins, se voudraient investis. Tout aussi, sinon plus parlant est l'imposant univers des symboles monumentaux — palais, villas, églises, chapelles, tombeaux, hôpitaux, monastères, couvents, collèges — dont les cardinaux du XVIe siècle se sont plu à orner et décorer Rome et grâce auxquels, il ne fait pas de doute, ils entendaient exprimer et, jusqu'à un certain point, immortaliser leur grandeur. Enfin, symboles plus discrets, mais non moins éloquents, l'écusson et son pendant, le sceau, au moyen desquels ces mêmes cardinaux tenaient à dire qui ils étaient et où ils se situaient.

Devant l'impossibilité d'exploiter ici tous les éléments de ce riche arsenal symbolique, nous avons choisi d'en retenir deux, soit le monument, principalement le palais et la villa, de même que l'écusson et le sceau, l'un et l'autre de ces symboles présentant, entre autres avantages, ceux de la pérennité et de la permanence, en plus de refléter, mieux que les autres, il nous semble, les intentions avouées, voire réfléchies de leurs auteurs.

Tout d'abord, la symbolique monumentale. La tour et la maison fortifiées constituaient dans l'Europe et, plus particulièrement, dans l'Italie du Moyen Âge, de puissants symboles d'un pouvoir aristocratique ou féodal, pouvoir d'ailleurs à forte composante politique. L'apparition à la fin du Moyen Âge d'États (communes, principautés) capables d'imposer un certain ordre et une certaine volonté politiques a entraîné la disparition de ce type de symbole, remplacé graduellement par un nouveau paradigme, c'est-à-dire la résidence de prestige, un prestige qui a gardé, dans certains cas, un contenu politique, bien que vécu sur le mode du partage (dans le cas des oligarchies urbaines notamment), mais qui, plus souvent, a dû se contenter d'un contenu social, économique et culturel, lui aussi d'ailleurs très souvent vécu sur le mode collectif[6]. Cette logique a fini par intervenir à Rome comme ailleurs. Revenus pour de bon dans leur ville après la double parenthèse de l'exil d'Avignon et du grand schisme d'Occident, les papes ont cherché et assez rapidement réussi à réduire, en exploitant leurs divisions, les deux pouvoirs avec lesquels ils avaient dû jusque-là composer, soit, d'une part, le pouvoir communal, et d'autre part, celui des barons. De nombreuses destructions de palais fortifiés, de tours, de murailles ont servi et au xve et au xvie siècles à exprimer symboliquement cette réduction, dans le cas de l'aristocratie notamment, et leurs victimes, plus ou moins consentantes, il faut le reconnaître, ont finalement accepté de troquer leur passion politique d'antan pour des avantages économiques et sociaux qui, à leur tour, ont trouvé à s'exprimer dans une nouvelle symbolique monumentale au goût du jour. Au palais fermé d'autrefois a succédé le palais ouvert, palais conçu en fonction du bien-être de ses habitants et de ses hôtes plutôt qu'en fonction de la défense ou de la guerre, cette dernière fonction étant désormais réservée à la papauté, seule détentrice du pouvoir politique, sous la protection de laquelle les anciennes familles ont décidé, de gré ou de force, de se placer[7]. Quant aux familles nouvelles, créations de cette même papauté, elles avaient tout intérêt à suivre cet exemple, voire même à le dépasser, leurs réalisations en ce domaine pouvant facilement être mises au compte de la gratitude, même si elles dissimulaient parfois des ambitions moins avouables. On pourrait citer ici le cas des della Rovere ou encore des Farnèse dont Rome garde encore aujourd'hui des témoignages on ne peut plus éloquents.

La même logique a-t-elle joué dans le cas des cardinaux? Ces derniers avaient profité du séjour avignonnais, puis surtout de la crise ouverte par le Grand Schisme pour ajouter à leur pouvoir et à leur prestige. Les papes durent composer avec eux, voire, à certains moments, les traiter presque en collègues. Toutefois, à partir du milieu du xve siècle, on assiste à un renversement de la tendance. Les papes profitent des occasions qui se présentent —

complicité de certains cardinaux avec des opposants à Rome (Orsini, Colonna) ou encore avec un prince étranger en rupture de ban avec le Saint-Siège (Louis XII, instigateur du concile schismatique de Pise), plus tard, complots mis sur pied par certains d'entre eux (par exemple, la conjuration de Petrucci contre Léon X) — pour rogner de plus en plus ce pouvoir et le ramener à des proportions acceptables[8]. Vers le milieu du XVIe siècle, ce pouvoir est largement « domestiqué », en attendant de subir, un demi-siècle plus tard, l'épreuve de la bureaucratisation. Ces transformations se reflètent-elles dans la symbolique, en particulier la symbolique monumentale de l'époque ? Et, si oui, de quelles façons, sous quelles formes le font-elles ?

3. Palais et villas cardinalices

Pour essayer de répondre à cette double interrogation, nous avons commencé par faire un relevé des palais et des villas construits par des cardinaux à Rome entre le milieu du XVe et la fin du XVIe siècle. Le bilan est impressionnant : une cinquantaine des quelque 90 monuments de ce type édifiés à l'époque l'ont été par eux ou, du moins, à leur instigation[9]. Mais combien de ces monuments célèbrent le pouvoir et le prestige cardinalices comme tels ? Et surtout, que nous en disent-ils ?

Commençons par écarter les palais et villas qui, bien qu'initiatives cardinalices, sont vite devenus symboles de pouvoir et de prestige pontificaux pour les raison suivantes : 1) leurs auteurs ont, par la suite, accédé à la papauté (p. ex. Venise, Farnèse, Madame, villa Pia, villa Montalto) ; 2) ils étaient de proche parentèle pontificale (p. ex. Riario-Chancellerie, Riario-Corsini, Sforza-Cesarini, Piccolomini, della Rovere-Penitenzieri) ; 3) les palais ou villas en question furent par la suite achetés et transformés par un pape ou par une famille apparentée à un pape (p. ex. Doria-Pamfili, Soderini-Altemps, villa Ricci-Médicis). Éliminons également les palais et villas construits ou reconstruits par des cardinaux issus de vieilles familles aristocratiques ou patriciennes, leurs réalisations étant, dans tous ces cas, les symboles d'un pouvoir et d'un prestige qui n'étaient pas tant les leurs que ceux de leur famille ou de leur clan respectif (p. ex. Orsini, d'Albret, Fieschi, Savelli, Crescenzi, Capranica, Caetani, Pio de Carpi, Carafa, Grimani, Pallavicini, Capodiferro, Cesarini, Conti, Ferrerio).

Que reste-t-il alors ? Il reste, tout d'abord, une dizaine de palais construits par des cardinaux issus de familles nouvelles (p. ex. Salviati, de Cupis, Pamfili, Maffei, Gaddi, Ricci, Soderini, Ginnasi, Santorio, della Valle) et qui peuvent être considérés, à l'origine du moins, comme les symboles d'un pouvoir et d'un prestige personnels, pouvoir et prestige de toute évidence liés à leur cardinalat, mais ces mêmes symboles étant appelés à devenir avec le temps ceux d'une réussite plus durable concernant, cette fois, non plus seulement le cardinal en question, mais toute sa famille, il est à se demander si ces mêmes palais méritent d'être considérés, si ce n'est que pour un temps, comme des symboles du pouvoir cardinalice à Rome. Restent également quelques palais édifiés, comme les précédents, par des hommes nouveaux, mais dont la réussite restera sans lendemain (p. ex. Castellesi, Podocatari, Dovizi), condamnant par le fait même leurs efforts en ce domaine à n'être guère plus que les symboles éphémères d'une promesse qui ne sera pas tenue. Encore ici, l'ambiguïté est gênante.

Restent enfin les palais construits par un certain nombre de cardinaux en lien avec les églises dont ils étaient titulaires (p. ex. San Callisto, San Lorenzo in Lucina, San Pietro in Vincoli, Santi Apostoli, Sant'Apollinare) qui sont, eux, pour la plupart, des réalisations collectives, dues à la générosité et au bon goût de plusieurs titulaires se succédant à la tête des églises en question. Ici, nul doute possible : voilà bien des symboles, et des symboles durables du pouvoir et du prestige cardinalices à Rome.

Mais tous les cardinaux installés à Rome aux xve et xvie siècles ne se sont pas dotés de palais ou de villas de leur cru ou, du moins, de leur appartenance. Plusieurs se contentent du statut de locataire, emménageant ici et là, au hasard des occasions qui se présentent, leur choix se portant habituellement sur certaines grandes maisons — palais Stati-Cenci, palais Madame, palais Capodiferro, palais Orsini à Monte Giordano, palais Nardini — qui, au fil des ans, ont fini par se spécialiser dans ce genre d'hospitalité. Encore une fois, comment parler de symboles du pouvoir et du prestige cardinalices, si ce n'est dans les quelques rares cas où les demeures en question finissent par être associées à tel ou tel hôte habitué ou habituel[10] ?

Et puis il y a le cas des cardinaux palatins, logés, nourris, entretenus aux frais du pape et vivant pratiquement sous son toit[11]. Symbole éloquent du pouvoir et du prestige dont disposent ces hommes, mais symbole en même temps d'un pouvoir ne leur venant pas de leur statut de cardinal, mais bien plutôt des fonctions qu'ils remplissent au service de la papauté.

Tout compte fait, peu des monuments jusqu'ici mentionnés peuvent, si ce n'est que dans le court terme, être considérés comme des symboles du pouvoir et du prestige cardinalices comme tels. Et, d'ailleurs, le pourraient-ils tous, que serait-ce en comparaison des réalisations faites à la même époque sous l'initiative d'une papauté décidée à faire de sa capitale une des plus belles et des plus impressionnantes villes du monde ? Pensons aux vastes chantiers des palais du Vatican, du Latran, du Quirinal, à ceux des églises Saint-Pierre de Rome, Saint-Jean de Latran, Sainte-Marie Majeure, à ceux des grands édifices publics et administratifs tels la Zecca, le Saint-Office, le Vicariat, la Sapienza, le Palais du Gouverneur, puis, surtout, au sommet du Capitole, les palais du Conservateur et du Sénateur, tous emblématiques d'un pouvoir pontifical qui s'affirme et entend s'affirmer de plus en plus. Que dire également des grands travaux d'urbanisme entrepris au cours de la même période — construction ou réfection d'ouvrages de défense de diverses sortes, ouverture de nouvelles rues et de nouvelles zones d'habitation, aménagement de vastes places, construction de nouveaux ponts, d'aqueducs, de fontaines —, eux aussi représentatifs d'un pouvoir et d'un prestige sans égal[12] ?

Jean Delumeau souligne que « [b]âtir est pour les princes et les grands le premier devoir de leur charge, la preuve de leur autorité et la consécration de leur prestige[13] ». Si tel est le cas, combien plus impressionnantes, combien plus convaincantes, face à celles des cardinaux, sont les réalisations monumentales des papes de l'époque ! D'ailleurs, si les cardinaux ont, eux aussi, tant fait en ce domaine — car, outre les palais et villas jusqu'ici mentionnés, ils ont aussi construit des églises, des hôpitaux, des couvents et des collèges —, n'est-ce pas, en bonne part, parce qu'ils y avaient été invités, parfois même forcés (dans le cas des églises titulaires, par exemple[14]) par une papauté qui entendait redonner à Rome sa beauté, son prestige d'antan ? D'ailleurs, à cette fin, la papauté n'avait cessé depuis le pontificat de Sixte IV d'encourager à l'aide de privilèges et d'avantages de toutes sortes les élites de la ville, en particulier les cardinaux, à se mettre à la tâche, avec les résultats que l'on sait[15].

4. La règle et l'exception

Pourtant, certains indices nous obligent à admettre que, tout au long de la période étudiée, certains cardinaux nourrirent des ambitions personnelles ou familiales qui ne respectaient pas nécessairement les paramètres de plus en plus clairement définis par les papes de l'époque et cherchèrent à exprimer ces ambitions d'une façon qui faisait ou, du moins, semblait faire ombrage aux pouvoir et prestige de ces mêmes papes.

L'exemple de Raffaele Riario est bien connu. Le neveu de Sixte IV passait au début du xvie siècle pour être un des personnages les plus puissants et influents de Rome. Lorsqu'il rentre dans la ville en 1513 après une absence de quelques années, il y est accueilli triomphalement par les représentants de la commune.

Sebastiano Tedallini, dans son *Diario*, n'hésite pas à écrire qu'il se présenta « avec une pompe digne d'un pape, voire d'un roi[16] ». Somptueusement logé dans ce qui passait pour être le plus beau palais de Rome à l'époque, le palais de Saint-Damase qu'il avait d'ailleurs lui-même fait construire, propriétaire en outre du magnifique palais Riario (plus tard Corsini) dans le Transtevere, il menait un train de vie et entretenait une cour dignes d'un chef d'État. Mais on sait ce qui lui arriva en 1517 à la suite de sa participation à la conjuration de Petrucci et on sait ce qui arriva, en particulier, à son palais de Saint-Damase, symbole éloquent et, aux yeux de Léon X, sans doute insolent d'un pouvoir parallèle excessif et donc intolérable[17].

Le cas d'Alexandre Farnèse, petit-fils de Paul III, est, lui aussi, bien connu[18]. Nous avons encore une fois affaire à un personnage très influent, riche et puissant qui, jusqu'à sa mort en 1589, sera vu comme une sorte d'arbitre des conclaves — et il semble bien qu'il l'ait été à plusieurs reprises — et qui surtout saura faire jouer son immense richesse, sa position à la curie de même que ses liens de parentèle et de clientèle pour s'assurer une réputation et un crédit à nuls autres pareils à Rome. Il y avait le pape, puis il y avait Alexandre Farnèse. Et la famille Farnèse. Et ces incomparables monuments qu'étaient, à Rome, le palais Farnèse, et en dehors de Rome, la villa de Caprarola. Pourtant, à aucun moment, si ce n'est peut-être au temps de Paul IV et pour des raisons strictement de politique extérieure, Alexandre Farnèse ne fut-il menacé du sort réservé à Raffaele Riario. C'est que, tout-puissant qu'il fût, il avait su moduler ses ambitions en fonction de celles de chacun des papes sous lesquels il avait été appelé à servir. De ce point de vue, il nous paraît significatif que durant de très nombreuses années il ait choisi d'habiter le palais de la chancellerie (l'ancien palais Riario) plutôt que son propre palais, place Farnèse. Sans doute y avait-il de bonnes raisons à cela : tout d'abord le fait qu'à titre de vice-chancelier de l'Église, le premier de ces palais était à sa disposition, puis peut-être également le fait que des travaux se poursuivaient et allaient se poursuivre encore longtemps au palais Farnèse. Cela dit, il n'est pas interdit de penser qu'en choisissant ainsi de s'installer dans un palais de fonction plutôt que dans son propre palais, il entendait exprimer symboliquement sa volonté d'être bon et fidèle serviteur de l'Église et du pape, à son rang, qui était prestigieux, mais à son rang seulement.

Autant le cas Riario est typique des ambitions excessives que ne pouvaient tolérer des papes imbus de leur autorité souveraine, autant le cas Farnèse l'est des ambitions légitimes ou, du moins, considérées telles, parce que se déployant sur des terrains et par rapport à des objets qui ne menaçaient en rien le pouvoir ou le prestige pontifical et que les papes pouvaient donc non seulement tolérer, mais encourager, voire même flatter. Que de cardinaux issus de familles souveraines (Gonzague, d'Este, Médicis), que de cardinaux de couronne (France, Espagne, Empire), que de parvenus même en feront, tout au long de notre période, l'heureuse ou l'amère expérience. Peut-être touchons-nous ici du doigt le paradigme déjà évoqué d'un cardinalat résigné à son statut de dépendance pourvu qu'en retour lui soient assurés certains avantages socio-économiques et, tout naturellement, le prestige personnel lié au rang qui est (ou qu'il considère) le sien, de même que d'une papauté pleinement d'accord pour consentir, voire même majorer ces avantages en échange de l'acceptation d'un pouvoir exercé sur le mode non plus du partage, mais de la délégation.

Par rapport à ce paradigme, dont le poids se fait de plus en plus sentir à mesure que l'on avance dans le xvie siècle, des cas comme celui du cardinal Riario font de plus en plus figure d'exception. Il est d'ailleurs significatif qu'ils se situent, pour la plupart, à la fin du xve et dans la première partie du xvie siècle. Après 1550, on trouve de moins en moins de cardinaux tentés par des réalisations du type Riario ou Farnèse ; la tendance est plutôt de reprendre, voire d'accentuer la tradition antérieure qui consistait, comme le rappelle Insolera, « à s'insérer discrètement et sans trop d'ostentation », au point d'ailleurs où beaucoup de ces palais « indistincts » seront considérés comme mineurs par les urbanistes de la fin du XIXe siècle et éventuellement démolis[19]. Mais la tendance est aussi de se faire désormais remarquer par des réalisations d'un tout autre genre, inspirées, les unes, par la piété (églises, chapelles, couvents), les autres, par la charité (hôpitaux, orphelinats, collèges), deux vertus chères au cœur des réformateurs catholiques et donc des papes de la seconde moitié du XVIe siècle. Il en résulte que beaucoup des monuments édifiés par ces mêmes cardinaux à Rome après 1550 paraîtront non plus commandés par un désir de servir un pouvoir, un prestige, des ambitions bien à soi, mais plutôt de s'associer aux efforts déployés par la papauté, surtout après le concile de Trente, pour faire de Rome non seulement la plus belle, mais la plus édifiante ville du monde[20]. Désintéressement que ne manquent d'ailleurs pas de souligner publicistes et panégyristes du temps[21].

Il y a donc, parallèlement au processus de « domestication » du pouvoir cardinalice en cours depuis le milieu du XVe siècle, un processus de plus en plus marqué de « domestication » des symboles par lesquels ce pouvoir cherche et va chercher de plus en plus à s'exprimer.

5. L'écusson et le sceau, symboles du pouvoir cardinalice

Si cela est vrai sur le plan de la symbolique monumentale, et nous en avons fourni ici un certain nombre d'exemples probants, cela l'est également, et d'une façon peut-être encore plus nette, en ce qui concerne la symbolique héraldique. En effet, il suffit de se reporter à l'étude que Wolfgang Reinhard a publiée en 1979 sur le sujet[22] pour constater qu'à partir du règne de Paul III commencent à figurer sur les écussons et sceaux de nombreux cardinaux les armes des papes auxquels ces mêmes cardinaux doivent le chapeau, « pour bien montrer de qui ils sont les créatures », explique l'héraldiste Marc Antonio Ginanni au xviiie siècle[23]. Aussi ce dernier suggère-t-il d'appeler ce type de blason « *arme di padronanza* », ce que les héraldistes allemands traduiront plus tard par « *Devotionswappen*[24] ».

Avant Paul III, cette pratique est quasi inexistante. Sans doute trouve-t-on des cas de proches parents arborant les armes des papes qui les ont fait entrer au Sacré Collège, comme sous les pontificats d'Alexandre VI ou de Jules II, mais les cardinaux en question entendaient tout simplement par là affirmer leur commune appartenance à une même souche familiale, non faire acte de « créature ». Il y a toutefois, sous Jules II, le cas des cardinaux Alidosi, Santorio et Ciocchi del Monte dont les blasons, coiffés tous trois du chêne des della Rovere, méritent sans nul doute d'être considérés comme des *Devotionswappen*[25], mais ce n'étaient, encore là, qu'exceptions, que rares exceptions.

Tout change avec Paul III. En effet, c'est sous son règne que la pratique des *Devotionswappen*, jusque-là exceptionnelle, devient pour ainsi dire courante. Avec son successeur, Jules III, elle devient une sorte de règle établie. Ainsi, alors qu'elle n'est encore suivie que par 25 p. cent de *porporati* au temps du pape Farnèse, c'est 80 p. cent d'entre eux qui s'y rallient au temps du pape del Monte. Et, à partir de ce dernier pontificat, le règne de Grégoire XIII excepté, c'est là, jusqu'à l'époque de Clément VIII, le choix d'au moins 50 p. cent des *porporati*, la moyenne pour l'ensemble de cette période se situant à près de 64 p. cent, avec un sommet de 81 p. cent sous Pie V[26]. Voilà un tournant on ne peut plus net et qui vient en quelque sorte confirmer ce que nous disions plus haut à propos des changements intervenus vers le milieu du xvie siècle sur le plan des représentations du pouvoir cardinalice à Rome.

Ce tournant, peut-on l'expliquer ? Il ne semble pas, dans le cas de l'héraldique du moins, qu'il soit le résultat de règles ou de normes institutionnelles précises. Une bulle de Paul III, en 1540, autorisait les référendaires à coiffer leurs blasons des armes du pontife régnant. Une autre de Jules III, en 1551, en faisait autant pour les assistants au trône pontifical. En 1560, Pie IV étendra ce privilège à tous ses « familiers et commensaux[27] ». Sans doute y avait-il là une logique à l'œuvre, une logique correspondant peut-être à une nouvelle définition des rapports patron–clients, le patron étant, en l'occurrence, le pape, et les clients, les membres de sa cour.

Il est significatif que de nombreux cardinaux aient choisi de faire leur cette logique, au moment précisément où elle trouvait pour la première fois à s'exprimer symboliquement, alors qu'elle semblait à l'époque n'intéresser que certaines catégories d'officiers de la cour et qu'ils n'étaient donc pas tenus de suivre cet exemple. Il est probable qu'ils aient senti — et plus encore leurs successeurs — qu'il était dans leur intérêt de le faire, compte tenu du nouveau type de rapport qui était en train de s'instaurer entre eux et leur maître et souverain, le pape. Princes de l'Église, ils l'étaient et ils le resteraient — la papauté ne pouvait leur nier cela sans risquer de se rabaisser elle-même —, mais il leur fallait et il leur faudrait de plus en plus se résigner à ce que ce fût à l'ombre et sous la dépendance de celui à qui ils devaient cet honneur et les avantages qui, inévitablement, en découlaient. C'était là le prix à payer pour que le cardinalat conservât tout son éclat, éclat d'un autre genre peut-être — Paolo Prodi parlait de « *luce riflessa* » —, mais éclat tout de même.

On serait tenté de reprendre ici, mais en l'accommodant aux circonstances particulières de la cour des papes au XVIe siècle, la très belle et très perspicace définition que François Bluche propose de la cour de Louis XIV au moment où celle-ci atteint son apogée vers la fin du XVIIe siècle :

> Si tout despote est isolé, chaque tyran solitaire, un monarque digne de ce nom a besoin d'échos et de reflets. Dans l'ordre du gouvernement le Roi, quoique absolu, préside [...] une structure collégiale : plus un ministre est puissant, plus sa réputation contribuera à la gloire du Roi, du royaume et du règne. Il en va

> de même avec la cour. Par la volonté de Louis XIV [...], la cour est ce relais ou ce reflet indispensables aux princes. Organisation presque parfaite, elle constitue à elle seule, sous l'impulsion de son chef un système de gloire qui sert le Roi et fait la réputation du pays[28].

Remplacez « Roi » par « Pape », Louis XIV par Léon X, Paul III ou encore Clément VIII, « royaume » et « pays » par « Saint-Siège » et vous avez une assez juste image de ce que les souverains pontifes cherchaient et, pour une bonne part, réussirent à réaliser entre le milieu du xve et la fin du xvie siècle, et ce, avec la complicité d'un nombre grandissant de cardinaux, qui comprirent qu'il y avait en tout cela plus à gagner qu'à perdre et qu'il ne leur servirait à rien de se mettre en travers de changements qui, de toute façon, allaient se faire.

Tout cela, bien évidemment, eu égard aux sensibilités de l'époque, eu égard aux particularités de la vie de cour, demandait à être traduit symboliquement : les quelques exemples dont il a été fait état ici montrent que ce le fut, de façon graduelle et presque insensible dans le cas des symboles monumentaux, de façon beaucoup plus nette, abrupte même, dans le cas des symboles héraldiques.

Notre démonstration demeure forcément incomplète. Il aurait fallu vérifier ce qui se passait également à l'époque concernant des symboles tels que le costume, le rite ou le langage. Il aurait fallu aussi s'interroger sur les facteurs ayant pu influer sur les transformations ici évoquées, notamment l'accroissement considérable des effectifs du Sacré Collège[29] à partir du pontificat de Léon X en particulier, le nombre grandissant de cardinaux promus au terme d'une carrière bureaucratique[30], les liens presque endogamiques existant, au fur et à mesure que l'on avance dans le XVIe siècle, entre papes, cardinaux et leurs parentèles et clientèles respectives[31], mais nous laissons à d'autres le soin d'explorer ces avenues, qui, nul doute, permettraient de préciser et de nuancer nos conclusions.

Nous nous étions demandé au départ si les symboles par lesquels cherchait à s'exprimer le pouvoir cardinalice à Rome au XVIe siècle correspondaient bien à la réalité de ce qu'était et était en train de devenir ce pouvoir à la même époque. À partir de l'analyse de deux catégories de symboles, symboles monumentaux, d'une part, symboles héraldiques, de l'autre, nous avons été à même de constater que ces symboles effectivement évoluaient, se transformaient même pour essayer de s'ajuster à une réalité elle-même changeante. Avouons-le : dans un monde, à une époque où le symbole restait un élément-clé du discours social, le contraire aurait été pour le moins surprenant.

NOTES

1. Sur tout ce problème, voir P. Prodi, *Il Sovrano Pontefice*, Bologne, 1982, p. 169-189.
2. E. Alberi, *Relazioni degli ambasciatori veneti al senato*, 2e série, vol. IV, Florence, 1857, p. 413.
3. « Essi dipendono sempre più del papato e vivono soltanto di luce riflessa ». P. Prodi, *op. cit.*, p. 173.
4. Publié en 1985 pour la University of California Press (Berkeley-Los Angeles).
5. P. Prodi, *op. cit.*, p. 173 et suivantes.
6. On trouve de bonnes indications sur ce phénomène dans J. Heers, *Le clan familial au Moyen Âge*, Paris, 1974, p. 111-113, 151-161, 169-172, 190-212 et *passim*. Pour Florence, voir l'ouvrage fondamental de R. A. Goldthwaite, *The Building of Renaissance Florence*, Baltimore, 1982, p. 13-26, 67-112 et *passim*.
7. Sur cette transformation physique et psychologique de la ville, voir les travaux de E. Rodocanachi, *Histoire de Rome de 1354 à 1471. L'antagonisme entre les Romains et le Saint-Siège*, Paris, 1921, p. 213-219,

271-283, 333-337, 397-403, 431-449 et *passim*; *Histoire de Rome. Une cour princière au Vatican pendant la Renaissance*, Paris, 1925, p. 21-34, 64-71, 253-257 et *passim*; *Histoire de Rome : le pontificat de Jules II, 1503-1513*, Paris, 1928, p. 33-60 et *passim*; *Histoire de Rome : le pontificat de Léon X, 1513-1521*, Paris, 1931, p. 158-174 et *passim*; *Le Château Saint-Ange*, Paris, 1909, p. 62-194. De même P. Tomei, *L'architettura di Roma nel Quattrocento*, Rome, 1942; I. Insolera, *Le città nella storia d'Italia: Roma*, Rome, 1950, p. 29 et suivantes.

8. À ce sujet voir L. von Pastor, *Geschichte der Päpste*, Fribourg, 1955-1961, vol. II, p. 576 et suivantes; vol. III, t. 1, p. 438 et suivantes, 562 et suivantes; vol. III, t. 2, p. 820 et suivantes; vol. IV, p. 116 et suivantes.
9. Pour tout ce qui concerne les palais et villas dont il sera question ici, nous avons puisé abondamment dans la très utile série des *Guide rionali di Roma*. Rome, 1970 et suivants. Nous avons eu recours en particulier aux volumes suivants (entre parenthèses les noms de palais ou de villas auxquels les pages indiquées renvoient) : vol. II, t. 1, p. 72, 102 et 138-140 (Pio de Carpi, Crimani); vol. II, t. 2, p. 54-56 (Ferrerio); vol. III, t. 1, p. 34-35 (Savelli), p. 82-84 (S. Lorenzo in Lucina); vol. III, t. 2, p. 28-32 (Crescenzi), p. 54-60 (Capranica), p. 84-92 (Gaddi), p. 108-110 (Conti); vol. IV, t. 2, p. 30-68 (Ricci-Médicis), p. 140-142 (Orsini); vol. V, t. 1, p. 20 (Caetani), p. 24-30 (Soderini-Altemps), p. 32-34 (S. Apollinare); vol. V, t. 2, p. 30-40 (Orsini); vol. V, t. 3, p. 40-42 (Gaddi), p. 60 (Pallavicini); vol. V, t. 4, p. 76-80 (Sforza-Cesarini); vol. VI, t. 1, p. 32-34 (de Cupis), p. 40-48 (Pamfili), p. 50 (Carafa, Orsini), p. 88-92 (d'Albret), p. 96-98 (Nardini), p. 104 (Dovizi); vol. VI, t. 2, p. 60-64 (Fieschi), p. 70-108 (Riario-Chancellerie), p. 150-154 (Orsini); vol. VII, t. 2, p. 20-22 (Podocatari), p. 22-26 (Ricci), p. 56-85 (Farnèse), p. 94-108 (Capodiferro); vol. VIII, t. 1, p. 34 (Cesarini), p. 72-76 (Piccolomini); vol. VIII, t. 2, p. 8-16 et p. 24-32 (della Valle, Capranica), p. 74-104 (Madame); vol. VIII, t. 3, p. 94-96 (Stati-Cenci); vol. IX, t. 1, p. 26-30 (Ginnasi); vol. IX, t. 2, p. 104-110 (Maffei); vol. IX, t. 3, p. 16 (Salviati), p. 56-92 (Doria Pamfili, Santorio), p. 96-103 (Venise); vol. XI, p. 16-17 (Savelli); vol. XIII, t. 1, p. 18-22 (Salviati), p. 70-88 (Riario-Corsini); vol. XIII, t. 2, p. 126-130 (S. Callisto). Nous avons également utilisé P. Portoghesi, *Roma nel Rinascimento*, Rome, 1970. Vol. II, p. 424-425 (Castellesi), p. 429 (S. Pietro in Vincoli), p. 429-430 (SS. Apostoli), p. 439 (Soderini), p. 462-463 (villa Pia), de même que I. Insolera, *op. cit.*, p. 164-172 et *passim* (villa Montalto), p. 39, 43 (note), 46 et 88 (della Rovere-Penitenzieri).
10. Un exemple, parmi d'autres : le palais Salviati de via Lungara dans le Transtevere fut loué pendant de nombreuses années par le cardinal Fulvio della Corgna († 1583). Au milieu du XVIIe siècle, dans sa

Descrittione di Roma Antica e Moderna (1643), Domenico Franzini, reflétant sans doute une tradition déjà établie, n'hésitait pas à appeler le palais en question (qui, de fait, n'avait jamais cessé durant tout ce temps d'être propriété Salviati) « palazzo detto della Corgna » (p. 717).

11. Nous n'entendons pas nous limiter ici aux seuls cardinaux obligés de par leur office de vivre sous le toit pontifical (sens que prendra à partir du XVIe siècle l'expression : cardinal palatin), mais à tous ces cardinaux parents ou clients que certains papes (un Paul III par exemple) tiendront à loger au palais pontifical.
12. Sur ces nombreux chantiers, voir J. Delumeau, *Vie économique et sociale de Rome dans la seconde moitié du XVIe siècle*, Paris, 1957, vol. I, p. 223 et suivantes; I. Insolera, *op. cit.*, p. 26 et suivantes.
13. J. Delumeau, *op. cit.*, p. 359.
14. *Ibid.*, p. 256.
15. *Ibid.*, p. 230-240.
16. « Entráne in Roma con tanta pompa, che se fusse uno papa ovvero uno re ». S. Tedallini, « Diario romano del 3 maggio 1485 al 6 giugno 1524 », p.p. P. Piccolomini, *Rerum Italicarum Scriptores*, t. XXIII, 3e partie, Città di Castello, 1906-1911, p. 307.
17. Sur Raffaele Riario, voir en particulier A. Ferrajoli, *La congiura dei Cardinali contro Leone X*, Rome, 1919, p. 53-55, 91-92 et *passim*.
18. Sur Alexandre Farnèse, voir F. De Navenne, *Rome, le palais Farnèse et les Farnèse*, Paris, 1914, p. 615-704. Il nous manque toujours une bonne biographie de ce personnage-clé de la Rome du XVIe siècle.
19. I. Insolera, *op. cit.*, p. 143-144 et notes.
20. J. Delumeau, *op. cit.*, p. 255-263, 279-280 et *passim*. On trouve de bonnes indications de la part d'un contemporain dans G. Martin, *Roma Sancta (1581)*, G. B. Parks (éd.), Rome, 1969. Sur la volonté pontificale de faire de Rome une ville « édifiante », voir l'ouvrage suggestif de G. Labrot, *L'image de Rome. Une arme pour la Contre-Réforme, 1534-1677*, Seyssel, 1987.
21. Un exemple entre plusieurs : la notice nécrologique du cardinal Alexandre Farnèse dans les *Avvisi* : Biblioteca Apostolica Vaticana, Cod. Urb. lat. 1057, fos 120-121v (Rome, 4 mars 1589).
22. W. Reinhard, *Sozialgeschichte der Kurie in Wappenbrauch und Siegelbild. Ein Versuch über Devotionswappen frühneuzeitlicher Kardinäle*, dans *Römische Kurie. Kirchliche Finanzen. Vatikanisches Archiv Studien zu Ehren von Hermann Hoberg*, vol. II, Rome, 1979 (Miscellanea Historiae Pontificiae, 46), p. 741-772.
23. M. A. Ginanni, *L'arte del blasone dichiarata per alfabeto*, Venise, 1756, p. 34.
24. W. Reinhard, *op. cit.*, p. 741-742.

25. A. Ciaconius, *Vitae et res gestae Pontificum Romanorum et S. R. E. Cardinalium*, vol. III, Rome, 1677, col. 257, 259 et 291.
26. W. Reinhard, *op. cit.*, p. 766.
27. *Ibid.*, p. 743.
28. F. Bluche, *Louis XIV*, Paris, 1986, p. 526.
29. D'une vingtaine de membres au xve siècle, le Sacré Collège passe à plus de 40 membres à la mort d'Alexandre VI en 1503. Au temps de Paul III, ce nombre atteint la cinquantaine pour progressivement s'élever jusqu'à 70 au début du règne de Sixte Quint. Ce dernier en fera un maximum qui, on le sait, sera respecté jusqu'au pontificat récent de Jean XXIII. Nos chiffres sont fondés sur les données de C. Eubel *et al.*, *Hierarchia Catholica Medii et Recentioris Aevi*, vol. II-III, Münster, 1914-1923, *passim*.
30. Une étude systématique des carrières de cardinaux promus entre 1492 et 1608 nous a permis d'établir que pour la période 1492-1534, la proportion des élus ayant exercé des fonctions curiales avant leur promotion est de 47,5 p. cent, alors que pour les périodes 1534-1565 et 1565-1608, elle est respectivement de 67,5 p. cent et de 64 p. cent.
31. B. McLung Hallman, *Italian Cardinals, Reform and the Church as Property*, Berkeley, 1985, p. 158-163.

VII

Familiarité et fidélité à Rome au XVIe siècle : les « familles » des cardinaux Giovanni, Bernardo et Antonio Maria Salviati*

u XVIe siècle, Rome est l'une des villes les plus courues et les plus cosmopolites d'Europe. Vers 1547, le Romain Marcello Alberini n'hésite pas à la qualifier de « refuge de toutes les nations » et de « domicile commun au monde entier[1] ».

Ville musée, ville sainte, ville de cour par excellence, elle attire une foule bigarrée de grands et petits personnages en quête de culture, d'indulgences, de gloire ou, tout simplement, d'emploi. Certains ne font qu'y passer, mais d'autres, de plus en plus nombreux, s'y installent en permanence avec le secret espoir d'y faire leur fortune et celle de leur famille. Ils savent que Rome est une ville « où l'on peut aspirer à tous les honneurs, quand on a de l'esprit et du mérite », et que rien ne s'oppose à ce que « les étrangers et les plus inconnûs » puissent prétendre y faire carrière, pourvu qu'ils sachent se gagner au bon moment les faveurs de puissants patrons — princes ou cardinaux — susceptibles de leur ouvrir ou, du moins, de leur faciliter l'accès aux charges et aux dignités de la cour romaine[2].

---

* Ce texte est d'abord paru dans *Hommage à Roland Mousnier. Clientèles et fidélités en Europe à l'époque moderne*, Yves Durand (dir.), Paris, 1981, p. 335-350.

De ce point de vue, le jeu des parentèles et des clientèles est particulièrement important à Rome, d'autant plus que la première dignité y est élective. L'élu, qu'il le veuille ou non, se doit de récompenser ses partisans et de favoriser ceux qui, pour le meilleur et pour le pire, l'ont « accompagné » jusque-là. Jeu subtil dont les règles ne dépendent pas du seul pontife et de son entourage, mais également des intérêts politiques, religieux et familiaux de ceux qui aspirent, sinon à lui succéder, du moins à déterminer qui sera ce successeur. Comme le notait déjà à l'époque Gratiani, premier biographe et ancien secrétaire du cardinal Commendone :

> L'État ecclésiastique est gouverné par un seul Prince : mais parce que ce Prince est élû par les suffrages de plusieurs ; qu'il n'arrive ordinairement à cette dignité suprême, que dans un âge fort avancé ; qu'il n'a nul droit pour le choix de son successeur ; et que d'ailleurs chacun y peut espérer des honneurs ; il se trouve dans cette monarchie plusieurs espèces de Républiques. Enfin, quoi que tout le pouvoir appartienne à un seul, chaque Prince ne laisse pas d'y avoir sa petite cour, et son autorité particulière ; et la faveur même du peuple y peut être considérable[3].

À cette époque, la cour de Rome n'est donc pas le monolithe qu'on imagine habituellement, mais un réseau complexe de cours, grandes et petites, gravitant autour d'un noyau central : le Vatican, qui leur sert tout à la fois de modèle et de norme, mais sur lequel elles exercent en retour — et pas seulement au moment des conclaves — une influence loin d'être négligeable. L'étude de ces cours s'impose, d'autant plus qu'au XVIe siècle, Rome est en train de devenir une ville de rentiers — ce qu'elle restera d'ailleurs pratiquement jusqu'en 1870[4] — et que ces cours ou « républiques », pour employer le vocabulaire de Gratiani, représentent avec la cour pontificale les seuls véritables pôles autour desquels, faute d'industrie, a pu s'organiser à Rome une vie économique et sociale digne de ce nom.

Il y a quelques années, des recherches entreprises sur un certain nombre de familles florentines « montées » à Rome au temps des papes Médicis nous ont permis de prendre connaissance d'une très ample et très riche documentation relative aux trois cours cardinalices de l'époque, celles de Giovanni et Bernardo Salviati, fils de Jacopo Salviati, beau-frère de Léon X, et celle de leur neveu Antonio Maria, petit-fils du même Jacopo[5]. Cette documentation formée de livres de comptes, de quittances, de testaments, d'inventaires après décès, de registres et de correspondances de toutes sortes[6] permet de suivre presque pas à pas, pendant près de un siècle — soit de 1517, année de la promotion de Giovanni Salviati au Sacré Collège, à 1602, année où mourut son neveu Antonio Maria —, la vie parfois mouvementée, parfois beaucoup plus routinière, de ces trois hommes et de ce qu'il est convenu d'appeler à l'époque leur « famille ». C'est à ces « familles » que nous allons plus particulièrement nous intéresser ici.

1. La composition des « familles »

Pour une bonne part, nous en connaissons la composition[7]. Dans toutes les trois, l'élément italien est évidemment prédominant, à savoir 73 p. cent des effectifs chez le cardinal Giovanni, 74 p. cent chez son frère Bernardo, 96 p. cent chez leur neveu Antonio Maria à la toute fin du siècle. Cependant, cet apport autochtone apparaît extrêmement varié : il s'étend d'un bout à l'autre de la péninsule et couvre à peu près toutes les régions, sans vraiment privilégier l'une d'elles, à l'exception peut-être de l'Émilie et de la Toscane[8].

La proportion de Toscans ne varie pas tellement d'une cour à l'autre : 13,8 p. cent, 8 p. cent et 10 p. cent respectivement. Par contre, elle ne laisse pas de surprendre, compte tenu du fait que les Salviati étaient originaires de Florence et, de plus, intimement liés aux Médicis. Peut-être ont-ils dû comme d'autres sacrifier au caractère cosmopolite de Rome et s'entourer d'un personnel à l'avenant. Peut-être encore ont-ils jugé plus prudent de ne pas trop afficher leurs couleurs, surtout après la mort des papes Médicis auxquels ils devaient tant, puis à l'entrée en scène du duc Cosme avec lequel, au contraire, ils n'arrivaient pas à s'entendre[9]. Mais il n'est pas impossible que ce choix ait été dicté par des considérations beaucoup plus terre à terre.

Nous constatons en effet que bon nombre des membres des « familles » de nos cardinaux sont originaires de régions où l'un ou l'autre des prélats avait, à un moment quelconque, possédé un bénéfice ou une charge administrative : Ferrare, Volterra, Fermo, Parme et Plaisance dans le cas du cardinal Giovanni ; Rome, Milan et la Romagne dans celui des cardinaux Bernardo et Antonio Maria[10]. Ne fallait-il pas tenir compte des clientèles qu'on s'était attachées en chacun de ces lieux lorsque venait le moment de recruter ou de renouveler le personnel ? Tout porte à croire que cet argument fut peut-être le plus décisif dans bon nombre de cas, sur lesquels nous aurons d'ailleurs à revenir un peu plus loin.

Du contingent étranger, en constante diminution jusqu'à la fin du siècle, un seul groupe mérite d'être mentionné : celui des Français, qui représente tout de même 15 p. cent des effectifs chez le cardinal Giovanni et 20 p. cent chez son frère Bernardo. Le fait mérite d'être signalé, ces pourcentages sont supérieurs à ceux des Toscans. Toutefois, ne l'oublions pas, nos deux prélats étaient l'un et l'autre très liés à la cour de France, en particulier le second, qui exercera à partir de 1555 les fonctions de grand aumônier de sa cousine Catherine de Médicis[11]. À première vue, l'absence à peu près totale de Français à la cour du cardinal Antonio Maria peut paraître surprenante, car il était aussi très francophile. Il faut toutefois se rappeler que sa « famille » était beaucoup plus restreinte que celle de ses oncles et que surtout, il lui avait fallu la recruter dans une ville devenue à la fin du XVIe siècle non seulement plus italienne, mais également beaucoup plus romaine[12].

Qui dit « famille » ou « domesticité » à l'époque dit tout à la fois parents et serviteurs, au sens le plus large de ce terme.

Le cardinal Giovanni, qui sera jusqu'à sa mort le chef incontesté de sa maison, se montrera toujours très accueillant à l'endroit des siens. En 1522, nous constatons que son frère Piero, alors prieur de Rome, habite chez lui avec tout son personnel, soit en tout près d'une vingtaine de personnes[13]. Trois années plus tard, c'est son cadet Bernardo qui l'accompagne à l'étranger à l'occasion d'une légation qui les retiendra tous deux en Espagne, puis en France pendant plus de quatre ans[14]. Il semble que la mère de Giovanni ait également élu domicile chez lui à diverses reprises, du moins après 1540[15]. Deux neveux au moins séjourneront assez longuement à sa cour, soit Leone et Benedetto Nerli, l'un et l'autre fils du célèbre Filippo Nerli et de Caterina Salviati, sœur du cardinal[16]. Le second, comblé de bénéfices par son oncle, lui succédera d'ailleurs en 1545 à l'évêché de Volterra[17].

Bernardo Salviati aura les mêmes égards pour ses proches. Sans compter les visiteurs, il hébergera à titre de familiers au moins trois de ses neveux : tout d'abord Giulio, bâtard de son frère Giovanni[18], puis Antonio Maria, le futur cardinal, enfin un petit-neveu, Paolo Ettore Scotto (ou Scotti)[19], tous trois destinés à la carrière ecclésiastique et tous trois pourvus de bénéfices en conséquence[20].

Le neveu Antonio Maria, ennemi du népotisme et fort jaloux de son indépendance, adoptera une attitude complètement différente. Aucun parent n'habitera chez lui, à l'exception peut-être d'un certain Alessandro Conti[21], qui pourrait être un cousin par sa mère. Il faut toutefois reconnaître qu'il s'agit là d'une façon de faire assez peu commune à l'époque et qui, d'ailleurs, étonnera et choquera[22].

2. « Familiers », officiers, serviteurs

À l'époque, on entend par « personnel » trois groupes relativement distincts : les « familiers », c'est le titre qu'on leur donne dans nos registres, les officiers, dont certains ont également droit au titre de « familiers », et les subalternes.

Les familiers de nos prélats sont en général des clercs : c'est là une règle de plus en plus observée dans les cours cardinalices au XVIe siècle[23]. Ceux-ci font l'objet d'une considération toute spéciale, soit en raison des fonctions qu'ils exercent, soit en raison de l'estime dont ils jouissent auprès de leurs maîtres et patrons. Les quelques laïques que nous rencontrons à ce niveau (hommes de lettres, hommes de loi, médecins, artistes, mais surtout gentilshommes) ne résident pas à la cour — le médecin, les solliciteurs par exemple — ou, s'ils y résident, n'y sont titulaires d'aucune fonction précise. C'est le cas notamment des humanistes, des érudits et des artistes auxquels nos cardinaux, Giovanni en particulier, ouvriront leurs portes à diverses reprises[24]. Font exception à cette dernière règle les gentilshommes ou, pour être plus exact, les gentilshommes-servants, qui eux sont considérés et traités comme des officiers de la cour, au même titre que les camériers, chapelains ou secrétaires[25].

À noter que bon nombre de clercs, à l'instar des laïques dont il a déjà été question, ne sont rattachés à aucune fonction précise et n'ont par conséquent, comme ces derniers, d'autre titre que celui de « familiers ». Leurs noms ne figurent d'ailleurs pas dans les listes de paye des prélats : tout au plus les voit-on apparaître au hasard d'une correspondance, d'un livre de comptes, d'un registre de collation de bénéfices, avec parfois la mention de missions spéciales accomplies au service de leur maître. Certains même ne sont là qu'à titre d'hôtes, tels ces jeunes gens de qualité que Jacopo Salviati trouvera en 1562 à la cour de son oncle Bernardo en compagnie des tuteurs que ce dernier avait recrutés à leur intention[26].

Quant aux serviteurs — nous dirions aujourd'hui « domestiques » —, ils remplissent tous des tâches bien précises, tâches évidemment plus humbles que celles des familiers ou des officiers. Ils sont tous, à divers degrés, en position inférieure par rapport à ces derniers, en particulier ceux qui exercent un office : les valets de chambre ou laquais par rapport au chambellan ou maître de la chambre; les palefreniers, cochers et garçons d'écurie par rapport au maître d'écurie.

Le dépouillement des livres de comptes de nos trois cardinaux nous a permis d'établir une liste relativement complète des offices, des tâches et des fonctions qu'étaient appelés à remplir les divers membres de leur personnel servant. Nous inspirant des divisions par « *estat* » que nous trouvons habituellement dans les listes des grandes maisons de l'époque, nous avons dressé le tableau qui se trouve en annexe et qui regroupe en catégories aussi homogènes que possible, avec un certain ordre de préséance suggéré par les documents eux-mêmes, l'éventail des fonctions exercées par les serviteurs en question.

Ce tableau reste probablement incomplet, mais il permet tout de même de nous faire une assez juste idée de ce que pouvait être l'organigramme d'une cour cardinalice à l'époque. La hiérarchie de fonctions que nous suggérons ne peut être qu'approximative. Il est donc sans doute difficile de s'en servir pour tracer la frontière séparant les « familiers » — en particulier ceux qui exercent un office — des autres membres du personnel. D'autres critères doivent être évoqués.

Un premier nous est suggéré par les livres de comptes eux-mêmes. En effet, dans les listes de paye de nos cardinaux, on distingue toujours soigneusement ceux des membres du personnel qui sont rémunérés régulièrement, habituellement par mois, de ceux qui reçoivent à divers moments de l'année ce qu'on appelle pudiquement dans ces listes une « provision » (*provisione*). Dans les faits, les premiers reçoivent une rémunération inférieure, parfois de beaucoup, à celle des seconds[27]. Fait significatif, ils représentent également l'élément le moins stable des « familles » de nos trois prélats et sont les principaux responsables de l'indice de mobilité élevé qui affecte ces dernières[28]. En effet, rares sont les palefreniers, garçons d'écurie, aide-cuisiniers ou autres serviteurs de ce rang qui persévèrent au-delà d'une année chez les cardinaux Salviati.

Tel n'est pas le cas des autres qui, nous le verrons dans ce qui suit, restent beaucoup plus longtemps, quand ils ne font pas carrière à la cour de nos prélats. Il faut dire qu'ils y remplissent des offices beaucoup plus importants ou, du moins, qui les mettent plus directement et plus fréquemment en contact avec leur patron. Les liens qu'ils entretiennent avec ces derniers sont de ce fait beaucoup plus forts, et on pourrait se demander si cela ne serait justement pas un des éléments nous permettant de leur donner, au sens le plus vrai, le titre de « familiers ».

3. Quelques exemples de « familiers »

Cesare Valdambrino, originaire d'Arezzo en Toscane, entre au service de Giovanni Salviati à l'automne de 1524, probablement à l'occasion de la nomination du prélat à la légation de Parme et de Plaisance[29]. Il fait alors partie du secrétariat du cardinal[30]. En 1544, Salviati, à titre d'évêque de Volterra, lui confère deux bénéfices dans ce diocèse. Valdambrino porte alors le titre de maître de la chambre, titre qu'il conservera jusqu'à la mort de son maître en 1553[31].

Jacquet du Pont (Iachetto del Ponte), organiste de Giovanni Salviati, a été recruté à Paris, probablement au cours des premiers mois de la légation du cardinal en France de 1526 à 1529[32]. Il passera au moins 20 années au service du prélat, toujours en qualité de musicien[33]. Fait à noter, il est le seul familier faisant l'objet d'une mention spéciale dans le testament du cardinal. En effet, ce dernier lui laissera une pension viagère de 60 écus par an ou son entretien et celui d'un serviteur sa vie durant, si jamais il décidait de s'installer à Florence, comme le souhaitait son maître[34].

En 1541, Attilio Baschi est maître de la chambre de Bernardo Salviati[35]. Originaire des Marches, il a peut-être été embauché à Ferrare, où le prélat était venu s'installer pour quelques mois en 1540[36]. En 1553, il est toujours au service, mais cette fois à titre de majordome, du prieur de Rome, devenu quatre années plus tôt évêque de Saint-Papoul[37]. Il conservera cet office au moins jusqu'en 1561, année où son maître quittera la France pour rentrer en Italie à l'occasion de sa promotion au cardinalat[38]. Il avait reçu de lui, deux années plus tôt, le bénéfice de Ricourt, dans le diocèse de Saint-Papoul[39].

Giorgio Abdala, plus communément appelé Moro ou Nero, est, comme son nom l'indique, d'origine barbaresque, probablement un ancien esclave. En 1540, il est estafier ou, si l'on préfère, valet de pied du prieur de Rome[40]. A-t-il été, lui aussi, recruté à Ferrare ? La chose est fort possible. En 1553, il est devenu camérier de Bernardo Salviati[41] et une année plus tard, il accède au poste d'écuyer tranchant[42]. C'est la fonction qu'il occupera jusqu'à sa mort en 1564. Ses longues années de service lui vaudront d'honorables funérailles aux frais de son maître et patron[43]. À noter que ce dernier lui avait obtenu des lettres de naturalité française en 1558, puis, l'année suivante, un indult l'autorisant à recevoir la tonsure[44], le tout, sans doute, en vue de lui permettre d'accéder à des bénéfices ecclésiastiques.

Antonio Maria Salviati est nommé nonce apostolique en France à l'été de 1572[45]. Un certain Isidoro Roberti, homonyme et sans doute parent d'un ancien secrétaire de Giovanni Salviati[46], l'accompagne à titre d'auditeur[47]. A-t-il été recruté à ce moment ou faisait-il déjà partie du personnel du jeune prélat ? Nous ne saurions le dire. Chose certaine, ces deux hommes ne se quitteront pratiquement plus jusqu'à la mort du premier en 1602[48]. Pendant tout ce temps, Roberti conservera fidèlement son poste d'auditeur. Aucun autre serviteur des Salviati n'aura un tel record de persévérance dans la même charge au service de la même personne.

Sans doute s'agit-il là d'exemples choisis à dessein, mais celui de Giorgio Abdala mis à part, ils n'ont rien de tellement exceptionnel et nous aurions pu en citer une bonne quarantaine d'autres du même type et d'égal intérêt. Les liens que ces familiers de 10, 15, voire 30 ans de service entretiennent avec leurs maîtres les situent bien évidemment dans une catégorie fort différente de celle des simples « domestiques », au sens contemporain. Certains d'entre eux semblent d'ailleurs avoir été pratiquement adoptés, non seulement par nos cardinaux, mais par la famille Salviati comme telle. Le Florentin Lorenzo Bonciani, par exemple, que nous trouvons dès 1539 au service du cardinal Giovanni, probablement déjà à titre de comptable, poste qu'il occupera d'ailleurs presque toute sa vie, et qui, en 1553, passe au service du futur cardinal Bernardo[49]. Lorsque ce dernier mourra en 1568, ses héritiers, qui n'étaient pas sans connaître les mérites de Bonciani, s'empresseront d'en faire leur agent à Rome[50].

Et que dire du peintre maniériste Francesco de' Rossi, client et protégé des cardinaux Giovanni et Bernardo, qui leur devra non seulement l'hospitalité et un certain nombre de commandes, mais le privilège, fort prisé à l'époque, d'ajouter à son patronyme celui de la famille Salviati[51] ?

Alessandro Petronio ou da Cività — de Cività Castellana, son lieu d'origine —, médecin depuis au moins 1546 de Giovanni Salviati, qui l'avait peut-être connu, voire patronné, du temps où il était gouverneur de cette ville[52], exercera la même fonction auprès du cardinal Bernardo, sur lequel il nous laissera d'ailleurs des rapports médicaux du plus haut intérêt[53].

Honorato Bianchi, clerc et diacre de Parme, entre vers 1543 au service du cardinal Giovanni[54]. Il obtient bientôt le titre de chapelain en même temps que la charge de confesseur de Lucrezia Salviati, mère du prélat[55]. À la mort de ces derniers en 1553, il passe à la cour du futur cardinal Bernardo, toujours à titre de chapelain, et sert fidèlement ce dernier jusqu'à sa mort en 1568[56].

Robert Nourry, clerc de Rouen, est en 1562 sous-camérier de Bernardo Salviati[57]. Il a peut-être été recruté en France vers la fin du séjour de près de quatre années du prieur dans ce pays. Il accède par la suite au poste de maître de la garde-robe du cardinal[58]. À la mort de ce dernier, il passe au service de son neveu Antonio Maria, probablement à titre de maître de la chambre. En 1589, il est toujours à ce poste, objet de l'estime générale, comme en témoigne Jacopo Salviati, cousin du cardinal, qui n'hésite pas à qualifier Nourry de « vieux serviteur de la famille ». Détail intéressant, ce même Jacopo Salviati signale la présence à la cour de son cousin d'un autre « intime » de la famille, Giovanni Buondelmonte, qui avait autrefois servi son père Alamanno, frère cadet des cardinaux Giovanni et Bernardo[59].

Autant d'indices de continuité qui permettent de soupçonner à quel point les liens sont tenaces entre ces grandes maisons de l'époque et les serviteurs que, de génération en génération, elles s'attachent pour former avec eux ce qu'il est convenu d'appeler, non sans raison, des « familles », qui ont parfois toutes les apparences sinon toute la force de celles du sang.

Nombreux d'ailleurs sont les serviteurs qui semblent non seulement venir des mêmes régions — régions où, nous l'avons vu, les Salviati avaient été amenés à se créer des clientèles —, mais avoir des racines familiales communes. Ainsi les Baschi, les Benno, les Benvenuti, les Bianchi, les Braschi, les del Caccia, les da Cantiano, les Cordella, les Ferrari, les Guadagni, les Lombardi, les Petronio, les Roberti, dont les noms apparaissent plusieurs fois dans les listes de nos prélats.

4. Familiarité et fidélité

Peut-on parler dans tous ces cas de liens de fidélité, c'est-à-dire impliquant de part et d'autre une confiance totale, fondée, dans le cas du maître, sur le dévouement de son serviteur, dans celui du serviteur, sur les grâces et l'affection de son maître? Sans aucun doute, pourvu qu'on ne donne pas au mot « fidélité » un sens trop restrictif et qu'on accepte une certaine marge d'application pouvant aller de la relation, quasi féodale, de maître-fidèle, à celle, beaucoup plus moderne et, sans doute, plus intéressée, de protecteur-créature[60].

La sollicitude de nos trois cardinaux pour leur « famille » respective se manifeste de mille et une façons au gré des besoins et des occasions qui se présentent. Ne parlons pas de la nourriture, du logement, du vêtement qui sont assurés à tous et chacun selon le rang et la fonction qu'ils occupent[61]. Attardons-nous plutôt aux signes plus exceptionnels, aux marques plus circonstanciées, d'estime et d'affection.

Le groupe le plus favorisé de ce point de vue est certainement celui des clercs qui profite, surtout dans le cas des cardinaux Giovanni et Bernardo, du fait que leurs maîtres ont de nombreux bénéfices à leur disposition et qu'ils n'hésitent pas à en gratifier leurs serviteurs les plus méritants. Sur 48 bénéfices concédés de 1544 à 1553, Giovanni Salviati en réservera 17 à ses familiers, 5 seulement à sa parentèle, les autres allant, pour la plupart, à des clientèles locales. Quant à Bernardo, sur 11 bénéfices dont il disposera entre 1563 et 1567, 8 iront à ses serviteurs, un seulement à un membre de la famille Salviati[62].

La gratitude des patrons se manifeste également au moment de tester. Aucun document, de fait, n'est plus en mesure de nous renseigner sur leurs secrètes préférences. Dans le cas du cardinal Giovanni, nous l'avons vu, le nom qui ressort d'abord et avant tout est celui de son organiste, Jacquet du Pont. Dans celui de son frère Bernardo, deux noms dominent : ceux de Pierre Nourry, son maître de la garde-robe, et de Settimio de Amatis, un ancien page devenu par la suite son camérier[63]. Ils recevront tous deux des rentes viagères importantes, la plus substantielle allant toutefois à Pierre Nourry qui, en plus, héritera de trois maisons, voisines du palais Salviati, lui rapportant 70 écus l'an[64]. Le neveu Antonio Maria sera moins sélectif et cherchera plutôt à avantager ses serviteurs selon le rang qu'ils occupaient dans sa maison. Il leur laissera à sa mort une somme globale de 8 000 écus à partager équitablement entre eux[65].

Mais la générosité de nos prélats n'est pas que posthume. Ils ont, par exemple, tous trois l'habitude, fort répandue à l'époque, de faire des « étrennes » à certains de leurs serviteurs au temps de

Noël. Giovanni et Bernardo privilégient surtout, à cette occasion, leurs officiers de bouche[66]. Antonio Maria, fidèle à lui-même, préfère se montrer libéral envers le plus grand nombre possible. Ainsi, au début de 1599, fait-il distribuer aux quelque 60 membres de sa « famille » plus de 5 000 écus, dont 800 à chacun de ses trois principaux officiers, soit le secrétaire, le majordome et l'auditeur[67].

Nos trois prélats ont également à cœur de répondre, au fur et à mesure qu'ils se présentent, aux besoins, aux nécessités ou aux requêtes de leurs serviteurs, en particulier de ceux qui leur sont plus « proches » et plus chers. En mai 1539, Giovanni Salviati n'hésitera pas à doter la fille de son fauconnier, Pietro Martir[68], tout comme, cinq ans plus tard, il défrayera le coût de ses funérailles[69]. En 1557, son frère Bernardo acceptera d'aider un de ses familiers, don Simone, à marier un de ses neveux[70], et, l'année suivante, il fera verser 20 écus à un frère de Domenico Stella, son maître de chambre, en vue des noces d'une de leurs sœurs[71].

On pourrait multiplier les exemples de ce genre. Mais ce qu'il importe, pour le moment, de retenir, c'est que toutes ces attentions sont commandées par le souci, très répandu chez les grands personnages de l'époque[72], de traiter leurs familiers comme s'ils étaient une extension d'eux-mêmes, un prolongement de leur propre famille selon le sang. Lors d'un séjour à Venise en 1554, apprenant qu'un de ses pages du nom de Castelladino est malade, Bernardo Salviati fera appeler à son chevet un des meilleurs médecins de la ville, et cela, plusieurs jours durant, jusqu'à ce que le jeune homme soit hors de danger[73], tout comme il l'aurait fait pour son propre fils.

Était-ce réciproque ? Ici les témoignages sont plus rares, car il nous reste bien peu de lettres de familiers ou d'anciens familiers ayant eu l'occasion d'exprimer les sentiments qu'ils éprouvaient à l'endroit de leur maître. Ceux que nous possédons n'en sont pas moins éloquents.

Le 9 mai 1525, l'ambassadeur portugais à Rome, le comte Miguel da Sylva, écrit au cardinal Giovanni Salviati pour se féliciter avec lui de l'honneur que le pape lui a fait de le créer légat auprès de l'empereur. Il profite de l'occasion pour lui rappeler à quel point il se considère comme son serviteur et sa créature, « ayant depuis sa tendre enfance partagé le pain » (traduction libre) que, généreusement, il n'a cessé de lui offrir. Aussi le cardinal peut-il compter sur son amour et sa fidélité et, n'étaient les fonctions qui le retiennent à Rome, pourrait-il espérer le voir partir avec lui pour l'Espagne[74].

Quelques semaines plus tard, c'est au tour de Leandro del Duomo d'exprimer sa reconnaissance au prélat dont il vient de recevoir un bénéfice ecclésiastique :

> Ni cette faveur, ni celles, plus considérables, qui pourraient suivre, ne sauraient servir à accroître, ne fût-ce que d'une drachme, l'amour, la dévotion et la fidélité que je voue et vouerai toujours tant que je vivrai à Votre Éminence, car je me suis fait votre esclave dès le moment où j'ai commencé à vous servir[75]. [traduction libre]

Même lorsque, forcés par les circonstances, certains serviteurs doivent quitter leurs maîtres Salviati pour aller servir ailleurs, à la cour pontificale par exemple, ils ne se croient pas pour autant libérés de la dette de reconnaissance qu'ils ont contractée envers eux. En écrivant le 1er mars 1561 à son bon ami Giorgio Abdala, écuyer tranchant de Bernardo Salviati, pour lui dire toute sa joie à l'occasion de la promotion du grand prieur au cardinalat, Domenico Verreschi (ou Guerreschi), ancien camérier du nouvel élu et de son frère Giovanni, n'hésite pas à employer l'expression « notre patron » en parlant du cardinal Bernardo et à s'engager par l'intermédiaire de Giorgio à lui rendre tous les services possibles à la secrétairerie pontificale où, depuis quelque temps, il travaille[76].

Nous avons relevé un seul exemple de ce que l'on pourrait appeler, au sens biblique, un « mauvais serviteur » : c'est celui de Prospero Crivelli, trésorier de Giovanni Salviati, qui refusera de livrer aux héritiers de ce dernier certains bilans très importants qu'il avait en sa possession, sous prétexte qu'ils pourraient nuire à sa réputation et à celle du cardinal. La famille, persuadée que la seule réputation réellement en cause était celle du serviteur et non du maître, engagera contre le premier un long procès qui en 1592 n'était pas encore terminé[77].

Cette exception mise à part, nous avons toutes raisons de croire que les liens existant entre les cardinaux et leurs familiers étaient, en général, sincères, durables et confiants. On peut donc, dans leur cas, parler, au sens où nous l'avons indiqué précédemment, de liens de fidélité. Il serait beaucoup plus hasardeux de le faire dans celui des simples serviteurs, les rapports de ces derniers avec leurs employeurs étant, par la force des choses, beaucoup plus distants et surtout, nous l'avons vu, plus éphémères.

Le mot « créature » revient assez souvent dans les formules utilisées par les familiers pour se définir face à leurs maîtres. Faudrait-il donner à ce terme le sens péjoratif qu'il avait parfois dans la langue de l'époque ? Nous ne le croyons pas. *Creatura* peut, à l'occasion, être employé dans un sens dérogatoire, pour épingler des réussites un peu trop rapides et faciles — bien évidemment celles des autres, ennemis ou compétiteurs —, mais le mot a généralement un sens positif, du moins à Rome, et chez ceux qui l'utilisent pour décrire leurs propres rapports avec leur maître, il devient pratiquement synonyme de « fidèle ».

Nombreux, nous dit-on, étaient les ambitieux qui venaient chercher gloire et fortune à Rome au XVIe siècle et qui, pour ce faire, se mettaient, provisoirement du moins, sous la protection de tel ou tel grand personnage. Les cours des cardinaux Salviati devaient compter quelques personnes de cette espèce, mais ce qui frappe dans toutes trois, c'est le grand nombre de celles qui n'avaient, semble-t-il, d'autre ambition que de servir fidèlement et le plus longtemps possible ces maîtres qui leur avaient fait l'honneur de leur maison.

Le 30 mars 1568, Racco Racchi, vieux serviteur de la famille et vicaire depuis près de huit ans de l'évêché de Saint-Papoul, annonce à Giulio Salviati, bâtard du défunt cardinal Giovanni, sa rentrée prochaine en Italie, où il espère retrouver son patron, le cardinal Bernardo, et lui rendre compte de son administration. Il signale qu'il n'a pas reçu de lettres de ce dernier depuis au moins 14 mois, qu'il n'a pas été payé depuis 9 mois et qu'en plus, il est continuellement ennuyé et humilié par les débauches du fils du cardinal, Piero, dont il a la garde. Néanmoins, cette triste litanie, contrairement à ce que l'on pourrait croire, n'a pas pour objectif de démontrer qu'il a été lésé ou injustement traité par son maître, mais plutôt de rappeler à quel point il lui est entièrement dévoué, l'ayant ainsi servi, comme il le dit lui-même, depuis bientôt 15 ans, et à quel point il entend continuer à le servir de la sorte, quoi qu'il arrive[78].

C'est là un aspect de la dynamique sociale que nous avons peut-être un peu trop souvent tendance à oublier pour l'époque, tant la notion même de fidélité nous est devenue aujourd'hui peu familière. Mais, nous l'avons vu, elle existe et l'ignorer serait pratiquement se condamner à ne rien comprendre au fonctionnement de la plupart des sociétés — grandes, moyennes ou petites — que nous trouvons en Europe aux XVIe et XVIIe siècles.

NOTES

1. *I Ricordi di M. Alberini*, p. 279. Cité par J. Delumeau, *Vie économique et sociale de Rome dans la seconde moitié du XVIe siècle*, vol. I, Paris, 1957, p. 189.
2. A. M. Gratiani, *La vie du cardinal Jean-François Commendon*, Paris, 1671, p. 24.
3. *Ibid.*, p. 25.
4. J. Delumeau, *op. cit.*, vol. I, p. 365 et suivantes.
5. Giovanni Salviati (1490-1553), cardinal en 1517. Voir à son sujet A. Ciaconius, *Vitae et gestae Pontificum Romanorum et S. R. E. Cardinalium*, vol. III, Rome, 1677, col. 406-408. Bernardo Salviati (1508-1568), d'abord grand prieur de Rome (1523), puis évêque de Saint-Papoul (1549), enfin cardinal en 1561, *cf. ibid.*, col. 907. Voir également

A. Guglielmotti, *Storia della Marina Pontificia*, vol. III, Rome, 1886, p. 319-369. Antonio Maria Salviati (1537-1602), cardinal en 1583. À son sujet, voir l'Introduction de notre édition de la *Correspondance du nonce en France Antonio Maria Salviati*, vol. I, Rome, 1975, p. 1 et suivantes.

6. Cette documentation se trouve dispersée dans les fonds suivants : Pise, Archives Salviati (AS), deuxième série des Filze et troisième série des Libri di commercio; Florence, Archivio di Stato (ASF), première série des Carte Strozziane (Stroz.); Rome, Archives secrètes du Vatican (ASV), Nunziature di Francia, Fondo Borghese, Fondo Salviati; Rome, Bibliothèque apostolique du Vatican (BAV), Archivio Barberini, Fondo Salviati (Barb. Salviati). Dans ce dernier cas, comme il s'agit d'un fonds nouveau, que nous avons découvert il y a un certain nombre d'années en cours d'inventaire, nous ne pourrons très souvent que donner le titre du registre ou du carton, la pagination faisant dans bien des cas défaut.

7. Pour Giovanni Salviati, les sources sont les suivantes : Nota della famiglia del cardinale, 1522; ASF Stroz. I, 334, f° 88r; Giornale A, 1517-1531; Libro d'entrata e uscita, 1539-1542; Libro di salariati, 1538-1542; Libro d'entrata e uscita, 1543-1546; Libro d'entrata e uscita, 1546-1547; Libro di salariati, 1548-1550; Libro di salariati, 1551-1552; Libro d'entrata e uscita, 1551-1553; Libro di ricordi e conti, 1553-1556; Libro di promotione a benefitij, 1544-1567; BAV, Barb. Salviati. Pour Bernardo Salviati, les sources sont les suivantes : Giornale e ricordi A, 1530-1569; Libro di debitori e creditori, 1533-1535; Libro di debitori e creditori, 1540-1542; Quadernuccio di ricordi, 1554-1555; Libro d'entrata e uscita, 1557-1565; Libro d'entrata e uscita, 1568-1570. Pour Antonio Maria Salviati, les sources sont les suivantes : Libro di debitori e creditori, 1588; AS Commercio III, 69; Inventario de beni, 1602; AS Filz. II, 61, fasc. 27. Ces diverses sources nous ont fourni en tout 802 noms de personnes ayant servi les cardinaux Salviati : 366 pour le cardinal Giovanni, 351 pour son frère Bernardo, 85 pour leur neveu Antonio Maria. Nous avons pu établir l'origine géographique de 420 d'entre eux, soit 234 dans le cas du cardinal Giovanni, 137 dans celui du cardinal Bernardo et 49 dans celui du cardinal Antonio Maria.

8. 10 p. cent d'Émiliens et 13 p. cent de Toscans chez le cardinal Giovanni; 6 p. cent d'Émiliens et 8 p. cent de Toscans chez le cardinal Bernardo.

9. Voir à ce propos P. Hurtubise, *op. cit.*, p. 17-19.

10. On trouve une liste relativement complète de ces bénéfices et de ces charges dans un inventaire de bulles, brefs, privilèges et suppliques des cardinaux Giovanni et Bernardo Salviati qui existe aux AS Filz. II, 6, fasc. 11.

11. La patente de sa nomination est du 25 mai 1555, BAV Barb. Salviati, Autografi III, fasc. I A (orig.).

12. J. Delumeau, *op. cit.*, vol. I, p. 219-220. À partir des diverses sources à notre disposition, nous avons pu établir que la « famille » d'Antonio Maria Salviati ne dépassa probablement jamais 60 personnes, alors que celles de ses oncles oscillaient entre 100 et 120 membres.
13. Nota della famiglia del cardinale (1522), ASF Stroz. I, 334, f° 88r.
14. « Istorie di G. Cambi », *Delizie degli eruditi Toscani*, t. XXII, Florence, 1770-1789, p. 272. Voir également la lettre de Giovanni Salviati à son père Jacopo, Paris, 14 juillet 1528, ASV, Nunz. Fr. I, f° 137v.
15. Voir son testament du 27 novembre 1543, BAV Barb. Salviati, Autografi I/1, fasc. 6c, n° 4.
16. Giovanni Salviati à son beau-frère Filippo Nerli, Rome, 14 novembre 1534, ASF. Stroz. I, 37, f° 18r; 8 octobre 1535, ASF. Stroz. I, 37, f° 19r; Rome, 30 octobre 1535, ASF. Stroz. I, 37, f° 20r.
17. C. Eubel, *Hierarchia Catholica Medii et recentioris Aevi*, vol. III, Ratisbonne, 1923, p. 337.
18. BAV Barb. Salviati, Quadernuccio di ricordi, 1554-1555, f°s 2r, 3r et 4r.
19. A. M. Salviati à son cousin Jacopo Salviati, Rome, 5 juillet 1561, AS Filz. II, 7/2, fasc. 3 (orig.). BAV Barb, Salviati, Libro d'entrata e uscita, 1557-1565, f°s 20r, 241r.
20. Antonio Maria Salviati recevra l'abbaye de Saint-Denys de Milan et l'évêché de Saint-Papoul en France. Voir P. Hurtubise, *op. cit.*, vol. I, p. 9. Giulio Salviati héritera de l'abbaye Sainte-Croix de Bordeaux : ASV Reg. Vat., 1943, f° 42. Quant à Paolo Ettore Scotto, il obtiendra l'abbaye de Redon en Bretagne, *ibid.*, Reg. Vat. 1966, f° 13 et 1974, f° 103.
21. Libro di debitori e creditori, 1588; AS Commercio III, 69, f° 42.
22. Voir notamment la relation de Maretti d'octobre 1590, citée par L. von Pastor, *Geschichte der Päpste*, vol. X, Fribourg, 1958, p. 523, n° 3. En août 1596, on se scandalisera à Rome du fait qu'Antonio Maria Salviati n'ait pas cherché à sauver un parent, Oratio Conti, condamné et exécuté pour cause de banditisme, BAV, Urb.Lat. 1064/2, f°s 508-509.
23. Il existait de nombreuses prescriptions canoniques en ce sens. Elles furent renforcées par le Concile de Trente. *Cf.* Hepele-Leclercq, *Histoire des conciles*, vol. X, Paris, 1938, p. 610-611 et 621-622.
24. Pour Giovanni Salviati, voir en particulier *Elogi degli Uomini Illustri Toscani*, vol. IV, Lucques, 1774, p. 474-484.
25. *Cf.* BAV. Barb. Salviati, Libro di Debitori e creditori, 1540-1542, *passim.*
26. Jacopo Salviati à son père Alamanno, Rome, 24 octobre 1562, AS Filz. II, fasc. 4.
27. La rémunération des *provisionati* oscille entre 24 et 100 écus par an; celle des *salariati*, entre 0,50 et 1,50 écu par mois, soit un maximum de 18 écus par année.

28. La « famille » du cardinal Giovanni Salviati a un taux de renouvellement de 27 p. cent; celle de son frère Bernardo, de 18 p. cent par année.
29. BAV Barb. Salviati, Giornale A, 1517-1531, f° 145r.
30. Gherardo Spatafora à Cesare Valdambrino, Larderago, 3 février 1525, ASF Stroz. I, 154, f° 35r.
31. BAV Barb. Salviati, Libro di promotione, f°s 1v-2.
32. *Ibid.*, Giornale A, f° 241v.
33. *Ibid.*, Autografi III, fasc. I/i, n° 5.
34. Testament du 6 mars 1544, AS Filz. II, 61, fasc. 9.
35. BAV Barb. Salviati, Libro di debitori e creditori, 1540-1542, *passim.*
36. *Ibid.*, f°s 4v et suivants.
37. BAV Barb. Salviati, Libro di ricordi et conti, 1553-1556, f°s 1, 29 et 47.
38. *Ibid.*, Libro d'entrata e uscita, 1557-1565, f° 81v.
39. *Ibid.*, f° 48v.
40. *Ibid.*, Libro di ricordi e creditori, 1540-1542, *passim.*
41. *Ibid.*, Libro di ricordi e conti, 1533-1556, f° 29.
42. *Ibid.*, Quadernuccio di ricordi, 1554-1555, f° 2v.
43. *Ibid.*, Libro d'entrata e uscita, 1557-1565, f° 145v.
44. *Ibid.*, f°s 46v et 48v.
45. Voir P. Hurtubise, *op. cit.*, vol. I, p. 48 et suivantes.
46. J. Fraikin, *Nonciatures de Clément VIII*, vol. I, Paris, 1906, p. vii-viii.
47. P. Hurtubise, *op. cit.*, vol. I, p. 544.
48. Inventario de' beni, 1602; AS Filz. II, 61, fasc. 27.
49. BAV Barb. Salviati, Libro d'entrata e uscita, 1539-1542, *passim. Ibid.*, Libro di ricordi e conti, 1553-1556, f° 1.
50. AS Filz. II, 12, fasc. 4.
51. A. Félibien, *Entretiens sur la vie et les ouvrages des plus excellents peintres anciens et modernes*, vol. IV, Trévoux, 1725, p. 233. Voir également les trois lettres de Francesco de Rossi à Jacopo Salviati, neveu des cardinaux Giovanni et Bernardo, Rome, 6 juillet 1555, 2 juin 1558, 6 mars 1563, AS Filz. II, 7/2, fasc. 3, liasse 3. Dans la dernière de ces lettres, l'artiste signale qu'il est en train de terminer le portrait de son ancien patron, feu le cardinal Giovanni Salviati.
52. Giovanni Salviati obtient le gouvernement de Cività Castellana le 10 juillet 1517, AS Filz. II, 6, fasc. 2.
53. Voir en particulier celui d'avril 1568, ASF Stroz. I, 334, f°s 10-15r.
54. Testament de Lucrezia Salviati, 27 novembre 1543, BAV Barb. Salviati, Autografi I/i, fasc. 6c, n° 4.
55. Codicille au testament de Lucrezia Salviati, 1er novembre 1553, *ibid.*, n° 8.
56. BAV Barb. Salviati, Libro d'entrata e uscita, 1568-1570, f° 17r.
57. *Ibid.*, Libro d'entrata e uscita, 1557-1565, f° 139r.

58. AS Commercio III, 63. Il s'agit d'un inventaire de la garde-robe du cardinal dressé par Nourry en 1565.
59. « Ricordo... per il viaggio di M. Francesco », Florence, 25 mars 1589, AS Commercio III, 72, f° 162.
60. Voir à ce propos R. Mousnier, *Les institutions de la France sous la Monarchie absolue*, vol. I, Paris, 1974, p. 85 et suivantes.
61. Les livres de comptes de nos cardinaux regorgent de détails à ce sujet. Sont particulièrement riches de ce point de vue le Giornale A (1517-1531) de Giovanni Salviati et le Libro d'entrata e uscita (1557-1565) de son frère Bernardo.
62. D'après BAV Barb. Salviati, Libro di promotione a benefitij, 1544-1567.
63. AS Filz. II, 61, fasc. 15 (testament de Bernardo Salviati, Paris, 15 juin 1559) ; BAV Barb. Salviati, Libro d'entrata e uscita, 1557-1565, f° 106.
64. AS Commercio III, 316, f° 88r.
65. AS Filz. II, 61, fasc. 27, f° 19.
66. Voir, par exemple, BAV Barb. Salviati, Quadernuccio di ricordi, 1554-1555, f° 36 (Noël 1554) ; *ibid.*, Libro d'entrata e uscita, 1557-1565, f° 47v (Noël 1557).
67. BAV, Urb. Lat. 1067, f°s 89v-9r (Rome, 10 février 1599).
68. BAV Barb. Salviati, Libro d'entrata e uscita, 1539-1542, f° 42v.
69. *Ibid.*, Libro d'entrata e uscita, 1543-1546, f° 72r.
70. *Ibid.*, Libro d'entrata e uscita, 1557-1565, f° 29v.
71. *Ibid.*, Libro di debitori e creditori, 1557-1563, f° 52r.
72. *Cf.* R. Mousnier, *op. cit.*, vol. I, p. 86 et suivantes.
73. BAV Barb. Salviati, Quadernuccio di ricordi, 1554-1555, f° 22v.
74. Miguel da Sylva à Giovanni Salviati, Rome, 9 mai 1525, ASF Stroz. I, 157, f° 79.
75. Leandro del Duomo, au même, Rome, 11 juin 1525, *ibid.*, I, 158, f° 176.
76. Domenico Verreschi à Giorgio Abdala, Rome, 1er mars 1961, BAV Barb. Salviati, Autografi II/1, fasc. P.
77. AS Commercio III, 92, f° 201.
78. Racco Racchi à Giulio Salviati, Saint-Papoul, 30 mars 1568, AS Filz. II, 6, fasc. 30, n° 10.

Annexe

Gouvernement général de la maison des cardinaux Salviati : auditeur, majordome, maître de la chambre

Offices « intimes »	Offices d'intendance	Offices de bouche	Offices d'écurie
Premier gentilhomme Maître de la garde-robe Premier secrétaire Confesseur Caudataire Chapelains Théologien (Médecin) Fauconnier Barbier	Trésorier Économes Comptable (Solliciteurs)	Écuyer tranchant Crédencier Dépensier Bouteiller Sommelier Cuisinier (chef) Pâtissier Boulanger(s)	Maître de l'écurie Maître de l'écurie adjoint
Gentilshommes-servants Camériers Secrétaires adjoints		Bouteiller des gentilshommes Maître-d'hôtel du personnel Cuisinier du personnel	Palefreniers
Sous-camériers Aides-fauconnier	Vignerons Jardiniers	Sous-crédencier	Cochers Âniers et muletiers Charretiers
Valets de chambre Laquais	Balayeurs Lavandiers Journaliers	Garçons de crédence Garçon de cuisine Marmiton Aides-boulanger	Garçons d'écurie

VIII

La « famille » du cardinal Giovanni Salviati (1517-1553)*

Giovanni Salviati figure dans le célèbre recensement de Rome de 1526-1527 à titre d'habitant du Borgo. Sa « famille », s'il faut en croire ce document, ne dépassait pas à l'époque les 16 personnes. Mais — et Gnoli, éditeur de ce recensement, avait déjà en 1894 pris soin de le souligner —, le cardinal était à ce moment en mission à l'étranger et le personnel laissé sur place ne représentait en réalité qu'une fraction des effectifs qu'aurait normalement dû compter une maison comme la sienne[1]. À titre de comparaison, signalons que les palais des cardinaux Cibo et Ridolfi, tous deux proches parents de Salviati, abritaient à la même époque 192 et 180 personnes respectivement[2], chiffres qui paraissent beaucoup plus conformes à la réalité sociale de la Rome cardinalice d'alors.

Paolo Cortesi, dans son *De Cardinalatu*, recommande aux *porporati* de son temps de se doter de « familles » d'environ 120 personnes[3]. On n'a qu'à parcourir le recensement de 1526-1527 pour voir à quel point cette norme n'avait rien d'excessif, la majorité des « familles » de cardinaux romains de l'époque se situant au-dessus et, dans certains cas, largement au-dessus de cette dernière[4]. Qu'en était-il de Giovanni Salviati ?

---

* Une première version de ce texte est parue en italien dans « *Famiglia* » *del Principe e Famiglia aristocratica*, vol. II, Rome, 1988, p. 589-609.

1. Quelques données statistiques

Les diverses sources auxquelles nous avons eu accès[5] nous autorisent à affirmer que, bon an mal an, sa cour totalisait au moins 120 personnes, ce qui la situerait très près de la norme suggérée par Cortesi. Cependant, comme les rôles dont nous disposons concernent presque exclusivement le personnel servant de la maison, nos chiffres restent approximatifs et sans doute en-deçà de la réalité. Une indication en ce sens nous est donnée dans une liste dressée en 1536 de cardinaux romains auxquels les héritiers de Sebastiano Sauli devaient fournir gratuitement le sel destiné à l'usage de ces mêmes prélats et de leur « famille », où Giovanni Salviati apparaît au deuxième rang avec quelque 147 *rubbia* de cette précieuse denrée[6]. Peut-être recevait-il en l'occurrence plus que sa quote-part, mais quand on sait que les principales cours cardinalices comptaient à l'époque entre 200 et 300 personnes[7], on a peine à croire que sa « famille » ait été de beaucoup inférieure à ces dernières. Chose certaine, ses effectifs réels ne correspondaient en rien à ceux qu'indiquait le recensement de 1526-1527.

Il faudrait sans doute aussi tenir compte du fait qu'en 1536 Giovanni Salviati avait gagné considérablement en stature et en notoriété à Rome et qu'il avait désormais les moyens de se payer une « domesticité » beaucoup plus importante. Alors que son personnel d'écurie n'était vers 1520 que de 10 personnes, en 1540 nous constatons qu'il dépasse déjà la vingtaine et en 1550, la trentaine de personnes[8]. Il serait surprenant que le reste des effectifs n'ait pas connu sinon la même, du moins une semblable progression.

Le tout premier rôle de cour de Giovanni Salviati dont nous disposons est de 1522[9]. À ce moment, le cardinal habite chez son frère Piero, prieur de Rome, dans le palais San Martinello (plus tard Cibo), propriété des Chevaliers de Saint-Jean de Jérusalem, mieux connus à l'époque sous le nom de Chevaliers de Rhodes.

Néanmoins, le locataire agit en propriétaire, s'imposant à toute cette maisonnée, la « famille » de son frère y compris, à tel point d'ailleurs que ce dernier, tout prieur de Rome qu'il soit, reçoit du cardinal une « provision » mensuelle de 50 ducats pour ses dépenses personnelles et l'entretien de sa « domesticité[10] ». Ajoutons que d'autres membres de la famille bénéficient, à l'occasion du moins, de l'hospitalité du prélat, notamment sa mère Lucrezia, qui d'ailleurs à certains moments apparaît comme la véritable maîtresse des lieux[11], mais également ses frères Battista et Alamanno[12].

Le rôle de 1522 est, en fait, un instantané qui ne représente probablement qu'une partie de la réalité. Il se limite en effet à comptabiliser les personnes (sans toujours les nommer d'ailleurs) « nourries » et entretenues par le cardinal, et cela, pour le seul mois de mai de cette même année 1522. Cela dit, il n'en est pas moins très utile en ce sens qu'il nous fournit un premier ordre de grandeur — 101 personnes y sont recensées, dont 78 au service du cardinal lui-même, 17 au service de son frère le prieur et 4 au service de sa mère, pourtant à l'époque absente de Rome — et une première liste (malheureusement elle aussi lacunaire) d'offices ou de fonctions exercés à cette même cour. Nous aurons l'occasion de revenir sur l'une et l'autre de ces données.

Nos autres rôles ne sont pas sans présenter eux aussi un certain nombre de difficultés. Tirés pour la plupart de registres de salaires tenus entre les années 1538 et 1553 par la comptabilité du palais, ils comportent le double désavantage de ne couvrir qu'une partie de la période étudiée et surtout d'ignorer les principaux personnages de la cour qui, en raison même de leur rang, n'étaient pas, pour la plupart, des salariés. Heureusement, nous pouvons, en partie du moins, compenser cette lacune grâce à la correspondance du cardinal, grâce également à certains livres de comptes et surtout à un précieux registre de chancellerie contenant la liste et le détail des bénéfices conférés par Giovanni Salviati entre 1544 et sa mort[13].

Autre difficulté : où fixer les limites de ce que nous avons choisi d'appeler la « maison » ou la « famille » du cardinal ? À l'automne de 1524, le prélat a quitté le palais San Martinello pour aller s'installer, de nouveau comme locataire, dans le palais della Rovere. Mais à peine a-t-il intégré son nouveau domicile que le voilà parti pour Parme et Plaisance, où le sollicitent ses nouvelles fonctions de légat. À l'été 1525, il est dépêché en Espagne, cette fois à titre de légat *a latere*, mission qui se double bientôt d'une légation en France, où il séjourne de 1526 à 1529. Il ne réapparaît à Rome qu'à la fin de 1530, après des séjours plus ou moins prolongés à Parme, à Bologne et à Venise[14]. En 1537, fidèle à son passé « républicain », il part rejoindre en Toscane l'armée des *fuorusciti*. L'échec cuisant de cette dernière l'oblige à se réfugier à Ferrare, dont il fait son principal port d'attache pratiquement jusqu'en 1542. À noter qu'il est depuis 1520 évêque de cette ville et que surtout il est en très bons termes avec la famille d'Este, dont il partage et les goûts fastueux et le profond attachement à la France[15]. Il séjournera d'ailleurs de nouveau à Ferrare au cours des années 1543-1544 et 1547-1549[16].

Il est évident qu'une partie de son personnel « régulier » le suivait dans ses nombreux déplacements à l'intérieur comme à l'extérieur de l'Italie, mais il est tout aussi évident qu'une autre partie du personnel était recrutée sur place, quitte à se voir remerciée lorsque prenait fin la mission ou le séjour du prélat dans telle région ou telle ville. Que dire des effectifs que le cardinal maintenait en permanence à Ferrare, à Rome et à Parme — dans ce dernier cas au moins jusqu'en 1537[17] —, qu'il fût ou non présent dans ces villes ? Et puis il y avait l'important réseau d'agents, de commissaires, de vicaires ou encore de simples « clients » que Giovanni Salviati entretenait partout où il possédait des bénéfices — et il en avait toute une collection[18] — ou encore, comme à Gualdo ou à Cività Castellana, où il était chargé de gouvernement[19].

Faudrait-il considérer tous ces personnages, grands et petits, comme faisant partie de sa « maison » ou de sa « famille » ? À la limite, on pourrait trouver des justifications pour le faire[20], mais cela nous mènerait très loin et surtout ajouterait considérablement aux difficultés déjà signalées. Aussi nous a-t-il semblé tout à la fois plus logique et plus rentable de nous limiter au principal pied-à-terre du cardinal, celui du moins où il séjourna le plus souvent et de façon la plus continue. Or ce pied-à-terre, c'est Rome, plus précisément, à partir de 1517, le palais San Martinello, à partir de 1524, le palais della Rovere, où Giovanni Salviati passa en tout et partout 22 années de sa vie. Ajoutons que le prélat et sa mère firent en 1533 l'acquisition pour une moitié du palais della Rovere et que neuf années plus tôt ils avaient acheté une « vigne » près de Sant' Onofrio dans le Transtevere, propriété que de toute évidence le cardinal considérait comme une sorte d'extension de son palais, qu'il augmenta d'ailleurs considérablement en 1552 et où il entretenait un certain nombre de jardiniers, de vignerons, voire une ou deux *gallinare*[21].

C'est principalement aux habitants et aux « habitués » de ces deux palais (y compris leurs dépendances immédiates) que nous nous intéresserons ici, et c'est à eux que nous demanderons de nous dire ce que pouvait être la « maison », la « domesticité » d'un cardinal tel que Giovanni Salviati, cardinal qui, ne l'oublions pas, en 1550, allait passer à deux doigts de la papauté[22]. Nous avons réussi à retrouver 418 personnes ayant à un moment ou l'autre fait partie de la « famille » ou de la « domesticité » de Giovanni Salviati à Rome. Il s'agit bien évidemment là d'un bilan incomplet — avec un taux annuel de renouvellement d'environ 27 p. cent[23], la cour du cardinal a dû en 22 ans voir figurer sur ses rôles au moins 800 noms différents —, mais, si imparfaites soient-elles, nos données n'en permettent pas moins de répondre à un certain nombre de questions concernant la composition, le recrutement et le fonctionnement de cette même cour.

2. La composition de la cour

Nous nous sommes déjà expliqué sur la distinction entre « familiers », officiers et serviteurs, qui semble bien avoir été caractéristique des cours cardinalices de l'époque[24], comme de la cour pontificale d'ailleurs, où la frontière entre « familiers intimes », d'une part, et officiers et serviteurs, de l'autre, était depuis longtemps clairement établie[25].

La première de ces catégories est, chez Giovanni Salviati, la plus difficile à reconstituer avec exactitude. C'est que, comme nous l'avons vu, nos sources, pour la plupart d'ordre comptable, ne s'intéressent qu'épisodiquement à ces personnages. Nous pouvons tout de même arriver à en repérer un certain nombre. En tête de liste, il faut bien évidemment mettre les parents du cardinal, entre autres, sa mère Lucrezia qui résida probablement à plusieurs reprises chez lui au cours des années 1517-1524 et que nous voyons s'y installer, cette fois pour de bon, au plus tard à partir de 1543[26]; de même, du temps où le prélat habitait le palais San Martinello, ses frères Piero, Battista et Alamanno déjà mentionnés; puis, à partir de 1534-1535, ses neveux Leone et Benedetto Nerli, ce dernier appelé à lui succéder comme évêque de Volterra en 1545[27]; plus tard enfin, Jacopo della Luna, fils de sa sœur Luisa, et ses cousins Filippo Gondi et Asdrubale de' Medici[28].

Après les parents, viennent les prélats domestiques, cortège obligé de tout cardinal digne de ce nom — Raffaele Riario, au temps de Léon X, en avait, paraît-il, une vingtaine[29] —, mais malheureusement nous sommes ici mal servi par notre documentation et les seuls de ces prélats que nous pouvons nommer avec certitude sont, d'une part, Giovanni Rosa, évêque de Skradin (ou Scardona) en Dalmatie, qui mourra chez Giovanni Salviati en 1520[30], et Benedetto Nerli, déjà mentionné.

Il faut également tenir compte des « familiers », et au sens le plus fort de ce terme, des nombreux clercs et laïques, mais clercs surtout, qui font l'objet d'une considération toute spéciale de la part du cardinal, soit en raison des fonctions qu'ils exercent, soit en raison de l'estime (voire de l'affection) qu'ils lui inspirent. Ainsi en est-il des copistes et des humanistes grecs que, très tôt, le cardinal prendra à son service : un Messer Demetrio, un Messer Giorgio, un Messer Hermodoro qui, tour à tour, s'emploieront à enrichir sa bibliothèque[31]. Ainsi également de l'érudit Ottavio Pantagato da Brescia, venu à Rome au temps de Léon X, professeur durant plusieurs années à la Sapience et que nous trouvons à partir de 1545 à la cour du cardinal[32]. Comment ne pas signaler, par ailleurs, la présence à cette même cour d'un Jacquet du Pont (Iachetto del Ponte), recruté à Paris vers 1526 et qui passera au moins 20 ans au service du prélat en qualité de musicien résidant. À noter qu'il sera le seul « familier » à faire l'objet d'une mention spéciale dans le testament de son maître[33].

Un autre « familier », le peintre maniériste Francesco de' Rossi que, dès 1531, Giovanni Salviati accueillera chez lui, puis emploiera à la décoration de son palais, assurant par le fait même la réputation du jeune artiste florentin, au point où celui-ci, reconnaissant, adoptera le patronyme et restera toute sa vie intimement lié à la famille de son patron[34].

Peuvent également être considérés comme faisant partie du groupe des « familiers » les quelques gentilshommes (y compris un certain nombre de pages) figurant très tôt dans le groupe des « intimes » du prélat, comme Miguel da Sylva, futur cardinal, Giuliano Fabi ou le comte Giovanni Manfredi[35], tous et chacun attirés sans doute par la réputation de cet homme et de sa cour, une cour où il leur serait loisible d'apprendre ou de perfectionner les arts recommandés par nul autre que Baldassarre Castiglione[36], ami et protégé du cardinal.

Le cercle restreint des principaux officiers de « bouche » et de certains officiers « intimes » de la maison constitue une catégorie limite, mais elle est probablement à intégrer elle aussi dans ce monde privilégié des proches, des « familiers ». Pensons, par exemple, à un « maître » Pierre, barbier venu de France, qui servira pendant au moins 15 ans le cardinal[37] ; à un « maestro » Biagio qui sera, de 1543 à 1553, son chef cuisinier (*cuoco segreto*) après avoir été pendant 5 ans cuisinier du personnel (*cuoco commune*)[38]; à un Messer Giuliano, entré à son service en 1538 et qui sera successivement son sommelier et son bouteiller, dans ce dernier cas de 1540 à 1553[39]; enfin à un Georges Quiel, originaire de Flandre et qui, pendant 11 ans, exercera auprès de lui l'importante fonction d'écuyer tranchant[40]. Des officiers liés d'aussi près et pour aussi longtemps à la personne du cardinal méritent de toute évidence d'être considérés comme des proches, des « intimes », et sans doute l'étaient-ils à l'époque.

Mais parler des « familiers » de Giovanni Salviati, c'est parler surtout des clercs auxquels le prélat se devait, aux termes mêmes des prescriptions canoniques de l'époque, d'accorder une place de choix. Figurent dans ce groupe, de fait, les titulaires des principaux offices « intimes » : auditeur, majordome, camériers secrets, « garde-robe », chapelains, théologien, secrétaires, mais également un certain nombre de personnages sans fonction précise qui ne nous sont d'ailleurs connus que parce que leurs noms apparaissent tout à coup au hasard d'une correspondance, d'un livre de comptes, d'un registre de collation de bénéfices, avec parfois mention d'une mission accomplie au service de leur maître. C'est le cas, entre autres, de Piero Bagarotti, de Julien Bayssan et de Francesco Benno, présents à la cour du cardinal entre les années 1546 et 1553 et qui ne semblent avoir eu d'autres affectations que celles que voulait bien à l'occasion leur confier Giovanni Salviati[41].

Sur les 418 personnes que nous avons reconnues comme ayant fait partie de la cour du cardinal à Rome, nous sommes en mesure d'affirmer qu'au moins 70 étaient des clercs. Si nous ajoutons à ce nombre les parents, les érudits et artistes, les prélats domestiques, les gentilshommes, les quelques officiers laïques déjà mentionnés, c'est sans aucun doute à une bonne centaine de personnes qu'il faut évaluer le contingent des « familiers » au sens strict, soit au total environ 25 p. cent des effectifs que nous avons recensés.

La preuve que ces personnes forment vraiment un groupe à part, c'est qu'ils ne figurent habituellement pas dans les listes de paye de la maison et, d'ailleurs, leur arrive-t-il d'y figurer, c'est ordinairement à titre de « provisionnés » (*provisionati*) et non de « salariés » (*salariati*). Nuance importante, car si, d'une part, la rémunération des *provisionati* est toujours (et, dans certains cas, de loin) supérieure à celle des *salariati*, celle des premiers oscillant habituellement entre 24 et 100 écus par année, alors que celle des autres ne dépasse jamais les 18 écus par an, d'autre part, face à ces mêmes *provisionati*, les « salariés » représentent, et de loin, l'élément le moins stable de la maison et sont d'ailleurs les principaux responsables du haut indice de mobilité qu'on y trouve. Rares, en effet, sont les palefreniers, garçons d'écurie, aides-cuisiniers ou autres serviteurs de ce rang qui persévèrent au-delà d'une année chez le cardinal. Tel n'est pas le cas des « familiers », qui ont en général un indice beaucoup plus élevé de persévérance, quand ils ne vont pas jusqu'à faire carrière à la cour de leur maître[42].

Le champion en la matière est sans aucun doute Francesco Benvenuti, chanoine de San Gimignano, que nous voyons apparaître en 1522 à la cour de Giovanni Salviati, probablement déjà à titre de camérier, et qui remplit fidèlement cet office jusqu'au décès du cardinal en 1553[43]. Autre bel exemple de persévérance : Cesare Valdambrino, originaire d'Arezzo en Toscane, entré au service du prélat à l'automne 1524, probablement à l'occasion de la nomination de Giovanni Salviati à la légation de Parme et de Plaisance. Il fait alors partie du secrétariat du cardinal. Vingt ans plus tard, il est devenu à son tour camérier et se voit maintenu dans cette fonction, lui aussi jusqu'à la mort de son maître[44]. Que dire enfin de Marco Cordella, originaire de Lucques, recruté vers 1529, sans doute au retour de la légation du cardinal en France et que nous voyons occuper de 1546 à 1553 l'importante fonction de « garde-robe »[45] ?

Aucune commune mesure entre ces « fidèles » de 10, 15, voire 30 années de service et le menu fretin de une ou deux années de peine, qui d'ailleurs ne vit pas ou si peu que point dans l'intimité du maître. Les faveurs réservées aux premiers — et nos sources, sur ce point, sont fort éloquentes, — ne permettent pas de douter de la haute estime dont ils font l'objet de la part du cardinal. Les clercs en particulier. Dans une lettre à son père en 1528, Giovanni Salviati se plaignait du trop petit nombre de bénéfices à sa disposition et, partant, des difficultés qu'il avait à retenir les meilleurs éléments de son personnel. Cette gêne ne fut sans doute que passagère, car à partir de son retour à Rome en 1531, nous le voyons entouré d'un solide noyau de « fidèles », pour la plupart d'ailleurs clercs et titulaires de bénéfices[48].

3. Le recrutement de la cour

Mais, « familiers » ou non, d'où venaient et comment étaient recrutées les personnes appelées à faire partie de la maison, de la « domesticité » de Giovanni Salviati ? Nous connaissons le lieu d'origine de 302 des 418 personnes que nous avons recensées (soit 72 p. cent). Parfois, seul le pays ou la région nous est connu, mais dans le cas des Italiens en particulier, il arrive que nous ayons également des indications sur la ville ou le diocèse d'origine.

Comme on peut le constater par le tableau E, la majeure partie du contingent est italien, ce qui n'a rien de très surprenant, mais des 229 personnes formant ce groupe (soit 76 p. cent de celles pour lesquelles nous avons une « localisation »), 63 seulement (21 p. cent) sont d'origine toscane, ce qui, pour un cardinal florentin, est un peu inattendu, alors que l'État pontifical, Milan et Ferrare sont représentés respectivement par 48 personnes (16 p. cent), 26 (9 p. cent) et 22 (7 p. cent). Les grands absents sont les Italiens des Îles (Corses, Sardes) et, jusqu'à un certain point, les Italiens du Sud (Napolitains, Siciliens), mais nous avions déjà constaté ce phénomène à la cour pontificale pour la même

Tableau E
Effectifs italiens et non italiens de la cour
de Giovanni Salviati (1517-1553)[49]

Italiens

Toscans	Sujets pontificaux	Milanais	Ferrarais	Vénitiens	Mantouans	Napolitains	Savoyards Piémontais	Autres	Non spécifiés	***Total***
64	48	26	22	13	8	5	5	8	30	229
21 %	16 %	9 %	7 %	2,5 %	1,5 %	2,5 %	2 %	2,5 %	10 %	76 %

Non-Italiens

Français	Espagnols	Impériaux	Autres	***Total***
40	14	11	8	73
13 %	4,5 %	3,5 %	2,5 %	24 %

époque[50] et sans doute le cardinal ne faisait-il en cela que suivre la pratique courante à Rome dans les milieux de cour.

Pour ce qui est du groupe des ultramontains, l'élément français y est largement majoritaire avec 40 personnes (13 p. cent), suivi d'assez loin des Espagnols et des Impériaux avec respectivement 14 (4,5 p. cent) et 11 représentants (3,5 p. cent). La domination des premiers n'a rien pour surprendre compte tenu du fait que le cardinal était très lié à la cour de France, qu'il avait séjourné longuement dans ce pays et qu'il y détenait d'importants et plantureux bénéfices.

Cette intime liaison entre régions de recrutement et régions d'intérêts n'est d'ailleurs pas exclusive à la France. On pourrait en dire autant du Milanais, où le cardinal était depuis 1524 titulaire d'une riche abbaye[51], de Ferrare, son principal évêché, où il s'était au cours des années constitué une importante clientèle, mais également du Parmesan, de la Romagne, de villes comme Fermo ou encore Cività Castellana, où il exerçait (ou avait exercé) des fonctions soit administratives, soit pastorales. Rien de surprenant, par conséquent, à ce que la ville même de Ferrare, la région milanaise, les villes de Parme et Plaisance, pour ne mentionner que celles-là, soient représentées respectivement par 18, 15 et 13 personnes. Le cas de la Toscane ne mérite même pas qu'on s'y arrête, si ce n'est pour souligner le score tout de même remarquable de la ville de Volterra, avec sept courtisans, soit le groupe le plus important après celui de Florence. Mais, là encore, il faut se rappeler que Giovanni Salviati avait été pendant de nombreuses années évêque de cette ville[52]. La seule présence difficile à expliquer est celle d'une douzaine de serviteurs originaires de Brescia, ville et région avec lesquelles le cardinal ne semble avoir eu aucun lien particulier. Mais peut-être était-ce là une communauté mieux implantée que d'autres à Rome et dans les milieux de cour et donc susceptible d'apparaître, pour cette seule raison, sur les rôles d'une maison de l'envergure de celle de Giovanni Salviati[53]. Ce cas mis à part, il ne fait pas de doute que le recrutement de la « domesticité » du cardinal était d'abord et avant tout affaire de parentèle, de clientèle, mais également — nous pensons ici aux artistes et aux humanistes, de même qu'aux oiseleurs, aux fauconniers, aux *strozzieri* dont aimait s'entourer Giovanni Salviati — d'affinités liées aux goûts, au tempérament et au style de vie particuliers du maître.

Autre élément qui a certainement influé sur le choix de ces mêmes personnes : le type d'emplois ou de services qu'ils étaient appelés à remplir à la cour du prélat. Il ne suffisait pas d'être recommandé par un parent ou un ami, ou encore de faire partie de la clientèle du cardinal ; il fallait en plus avoir les compétences voulues, du moins pour ce qui était de fonctions ou d'offices exigeant des connaissances ou des habiletés particulières. Que plusieurs des officiers de bouche aient été Français ne tenait sans doute pas exclusivement au fait que le cardinal avait de multiples intérêts en France, mais également et peut-être surtout à ce qu'il avait pu trouver dans ce pays des éléments correspondant aux normes et aux attentes qu'il s'était fixées en ce domaine. Et l'on sait quelle place la cuisine occupait dans ses grandes maisons de l'époque[54]. Que, d'autre part, les solliciteurs du cardinal aient été pour la plupart Espagnols s'explique sans doute beaucoup plus par le fait que cette profession à Rome était largement aux mains des sujets du roi d'Espagne[55] que par les affinités que Giovanni Salviati avait avec ce pays; de fait, il en avait assez peu.

Autre facteur qui, lui aussi, a très certainement joué dans le mode de recrutement de la cour du cardinal : les liens étroits que ce dernier entretenait avec la cour pontificale de même qu'avec les autres cours de Rome[56]. Nous connaissons encore assez mal, du moins pour la période qui nous intéresse ici, ce vaste réseau à l'intérieur duquel la « maison » de Giovanni Salviati était venue dès 1517 s'insérer et il reste par conséquent difficile de savoir jusqu'à quel point le cardinal chercha à profiter dudit réseau pour le recrutement de son personnel.

Juan Hortigosa, originaire de Calahorra en Espagne, fut, sinon le premier, du moins un des premiers majordomes embauchés par le prélat. Il continuera à remplir fidèlement cet office jusqu'en 1528[57]. Or il venait de la cour de Léon X, où il avait servi à titre de « familier » de Luigi de' Rossi, neveu du pape et futur cardinal[58]. Il n'est pas impossible qu'il ait « émigré » chez Giovanni Salviati à la suite de la mort inopinée du cardinal de' Rossi en 1519 ou peut-être même dès 1517, au moment de la promotion de l'un et l'autre de ces hommes au Sacré Collège. Tout donne à penser qu'il était un vieil habitué des milieux de cour et qu'il avait donc probablement servi dans d'autres « maisons » à Rome avant de se retrouver chez Luigi de' Rossi, puis chez Giovanni Salviati.

Son cas n'est vraisemblablement pas unique à la cour du cardinal Salviati. Malheureusement, ne disposant pas de rôles bien complets des cours papales et cardinalices de l'époque, il est pratiquement impossible d'arriver à établir la proportion de ceux que le prélat recruta de cette façon, bien qu'un certain nombre d'indices nous permettent de croire que cette proportion n'était pas minime. D'ailleurs — et là nous sommes mieux à même de le démontrer —, le phénomène inverse existe, probablement tout aussi important.

Chapelain du cardinal Giovanni en 1522, un certain « don Paris », prêtre sicilien, passe huit ans plus tard au service du frère du cardinal, Bernardo, prieur de Rome[59]. Zanobi Brizzi, secrétaire du prélat de 1529 à 1533, refait surface en 1545 à la cour du pape Paul III[60]. Que de serviteurs devaient ainsi chaque année passer d'une cour à une autre, au hasard des circonstances et des humeurs changeantes de leurs maîtres ou de ceux à qui leurs maîtres avaient confié la direction de leur « maison ». La mort d'un pape ou d'un cardinal de curie devait être l'occasion de va-et-vient particulièrement intenses, même si les meilleurs éléments de la cour du défunt — ce sera le cas pour Giovanni Salviati en 1553[61] — tendaient à être récupérés par la parentèle ou la clientèle de ce dernier. Chose certaine, il existait à Rome un vaste réservoir de main-d'œuvre courtisane et il serait surprenant que le cardinal Salviati n'ait pas cherché à y recruter au moins une partie de son personnel, en particulier le petit personnel qui, nous l'avons vu, était particulièrement porté au « nomadisme ».

Autre élément dont le cardinal eut à tenir compte, surtout à partir du règne de Paul III : les fortes pressions réformistes qui se faisaient sentir à Rome en rapport avec le concile que le pape avait convoqué dès 1537, puis avait finalement réussi à faire démarrer huit années plus tard à Trente. Or c'est précisément en 1544, une année avant que ne s'ouvre le concile, que nous voyons apparaître dans l'entourage immédiat du cardinal un personnage nouveau, titulaire d'une fonction jusque-là inexistante à sa cour. Il s'agit de Francisco Torres, « docteur » espagnol vivant à Rome et dont le prélat décide de faire son théologien[62]. Cette fonction n'est pas mentionnée explicitement dans les coutumiers de cours de l'époque[63]. Elle l'est toutefois dans le *Dialogo del Maestro di Casa* de Cesare Evitascandalo, publié dans le dernier quart du XVIe siècle[64]. Sans doute Giovanni Salviati ne fait-il pas là figure d'innovateur;

d'ailleurs, certaines cours cardinalices comptaient déjà depuis plusieurs années un ou des théologiens, et dans son traité sur la cour publié à Rome en 1543, Francesco Priscianese recommandait explicitement l'embauche d'un *litterato* versé dans les « choses de Dieu et les lettres sacrées » (*cose di Dio e lettere sacre*)[65]. Toutefois, la présence d'un Francesco Torres à ses côtés n'en trahit pas moins une préoccupation nouvelle qui, le mouvement de réforme tridentin aidant, va finir par s'imposer à Rome. Cardinal très en vue dans la Ville éternelle, que certains d'ailleurs voyaient déjà succédant à Paul III, on comprend que Giovanni Salviati ait choisi de se compromettre dans le sens de l'avenir, d'un avenir avec lequel il n'était pas nécessairement d'accord, mais dont il devait essayer de tirer le meilleur parti possible. Chose certaine, l'arrivée d'un Francisco Torres à sa cour en dit long sur la Rome d'après 1540, une Rome qui vit désormais à l'heure de Trente.

Dernier élément qui a certainement joué et qui est sans doute le fait de toutes les cours de l'époque : le phénomène de recrutement par cooptation, cooptation fondée sur les liens soit de parentèle, soit de clientèle, soit tout simplement de proximité ethnique ou géographique existant entre courtisans déjà en place et recrues postulant un emploi à la cour du cardinal. Cela explique sans doute les nombreux cas d'homonymie que nous trouvons à cette même cour[66], et peut-être également le succès de certains groupes, tel, par exemple, celui de Brescia, déjà mentionné.

4. Le fonctionnement de la cour

Autant de facteurs qui expliquent le type de recrutement, mais également, la physionomie particulière que finira par avoir la cour de Giovanni Salviati. Cela dit, sommes-nous en mesure de dresser un organigramme de cette même cour, en d'autres mots, une liste complète des offices qui y étaient exercés, et, par ordre d'importance, les catégories à l'intérieur desquelles ils l'étaient ?

Organigramme de la cour du cardinal Salviati

Gouvernement général de la maison : auditeur, majordome, maître de la chambre

Offices « intimes »	**Offices d'intendance**	**Offices de bouche**	**Offices d'écurie**
Premier secrétaire	Sous-majordome	Écuyer tranchant	Maître de l'écurie
Camériers Garde-robe Barbier Chapelains Caudataire Théologien Confesseur Médecin Maître des pages	Trésoriers Procureurs *(Spenditori)* Comptables Solliciteur	Crédencier Dépensier Bouteiller Sommelier Cuisinier « secret » Pâtissier Boulanger	
Pages Oiseleur Fauconnier *(Strozziere)* Secrétaires adjoints Sous-camériers Tailleur	Surintendant de la vigne	Maître d'hôtel Cuisinier du personnel	Palefreniers du personnel Surintendant du fourrage
Aides-secrétaires	Vignerons Jardiniers	Sous-crédencier Sous-cuisinier	Muletiers Charretiers
	Balayeurs Garcons des vignerons Lavandiers *Gallinare*	Garçon de crédence Garçon de cuisine Garçon de salle *(tinello)* Garçon du boulanger Marmitons	Garçons d'écurie

Un coutumier en usage au début du XVIe siècle énumère 16 offices considérés à l'époque comme essentiels à la bonne marche d'une cour cardinalice[67]. Dans le traité de Cesare Evitascandalo, il est question de 51 offices distincts, mais dont 25 seulement seraient jugés absolument indispensables à la gouverne d'une telle maison[68]. Or un dépouillement systématique de nos sources nous permet de conclure qu'il y avait au moins 54 offices distincts à la cour de Giovanni Salviati. Et cela, malgré que nous n'y trouvions ni les *cantores* ni les *scutiferi* mentionnés dans le coutumier du XVe siècle[69], ou encore l'échanson, le doyen des palefreniers, l'infirmier, le portier et le cocher figurant dans la liste de Cesare Evitascandalo[70]. Par contre, ces deux dernières sources ignorent ou ne considèrent pas devoir être inclus dans leurs listes les offices ou charges d'oiseleur, de fauconnier, de *strozziere*, de tailleur, de vigneron, de jardinier, de lavandier, de *gallinara* et de boulanger, que nous trouvons mentionnés dans les livres de comptes ou de paye du cardinal Salviati.

Il faut reconnaître que plusieurs de ces fonctions tenaient aux particularités de la cour de Giovanni Salviati — l'existence notamment d'une « vigne » rattachée directement au palais —, aux particularités également du maître lui-même, par exemple la passion qu'il nourrissait et nourrira toute sa vie pour la chasse[71].

Ces distinctions faites, il n'en reste pas moins que l'organigramme de la cour du cardinal se rapproche beaucoup plus de celui mis en avant par Cesare Evitascandalo que de celui que nous propose l'auteur du coutumier du XVe siècle. En ce sens, il présente un degré de complexité et de raffinement qui le situe probablement à l'avant-garde de ce qui se faisait alors à Rome en ce domaine. On n'a pour s'en convaincre qu'à comparer ledit organigramme avec celui que propose Francesco Priscianese, qui énumère en tout et partout 36 offices ou fonctions essentiels selon lui à la bonne marche d'une grande maison romaine[72]. À noter d'ailleurs qu'il inclut dans son organigramme des personnages tels que prélats domestiques, gentilshommes, humanistes et érudits (*litterati*), que nous avons estimé plus logique de considérer comme faisant partie du groupe des « hôtes » de la maison et qui par conséquent ne figurent pas dans notre tableau. Pas plus d'ailleurs que les musiciens et artistes dont, nous l'avons vu, Giovanni Salviati aimait tout particulièrement s'entourer.

Notre organigramme reste probablement incomplet tout comme sont sujets à révision et l'ordre et les catégories dans lesquels nous avons choisi de présenter les différents offices ou fonctions que nous avons établis, mais nous croyons néanmoins qu'ils correspondent d'assez près à la réalité de ce que pouvait être vers 1540-1550, au moment où elle avait atteint sa pleine stature, la cour d'un Giovanni Salviati. Comment s'étonner après cela de la réputation, de l'ascendant dont cet homme jouissait à l'époque à la cour de Rome et dans les autres cours d'Europe ?

Entretenir à longueur d'année une cour de cette dimension et de ce prestige, cela avait bien évidemment un prix, un prix que le cardinal, comme la plupart de ses collègues, était prêt à payer tant il en allait de sa réputation et de celle de sa famille. Ce prix, est-on en mesure de l'estimer ? Même si les sources auxquelles nous avons eu jusqu'ici recours, en particulier livres de comptes et registres de salaires, ne sont pas toujours en mesure de nous fournir des renseignements aussi complets et aussi précis que nous le souhaiterions, ils n'en permettent pas moins de nous faire une assez bonne idée de ce qu'il en coûtait bon an mal an à Giovanni Salviati pour entretenir une « famille » telle que la sienne.

Notons tout d'abord que ces coûts varient, parfois considérablement, d'une année à l'autre selon les circonstances de temps et de lieu, voire des humeurs du principal intéressé, le cardinal lui-même. Ainsi, alors qu'en 1523 le budget d'opération du palais s'élève à 4 719 ducats, l'année suivante, ce même budget est de 6 309 ducats, soit un bond de quelque 25 p. cent[73]. C'est qu'en 1524, Giovanni Salviati et sa « famille » ont quitté le palais San Martinello pour celui, beaucoup plus prestigieux, della Rovere et qu'en plus le cardinal a été, en novembre de l'année précédente, nommé légat en Lombardie[74], facteurs qui ne pouvaient que grever, et grever lourdement, le budget de l'année en cours. Ainsi voit-on les dépenses de « bouche » passer cette même année de 2726 à 4293 ducats, les salaires, de 260 à 448 ducats et l'« extraordinaire », de 701 à 1259 ducats.

En 1540 et 1541, installé dans son palais épiscopal de Ferrare — il y sera de 1537 à 1542, et, de nouveau, de 1547 à 1549[75] —, le cardinal, avec un personnel sans doute moins nombreux et un train de vie moins coûteux qu'à Rome[76], réussit à ramener ses dépenses au niveau de 1523 avec des budgets d'opération totalisant 4443 et 4120 écus respectivement[77]. Un poste toutefois pèse beaucoup plus lourd qu'en 1523, soit celui des voyages, rançon sans doute du fait que le cardinal entendait rester en étroit rapport avec Rome, où il avait d'ailleurs laissé une partie de sa cour, mais aussi de l'attrait qu'exerçaient sur lui certaines destinations chères à son cœur, Venise notamment, où il aura plusieurs fois l'occasion de se rendre, parfois pour d'assez longs séjours[78].

Tout autre est la situation en 1549, alors que le cardinal, installé de nouveau à Ferrare, doit rentrer à Rome en novembre pour le conclave chargé de trouver un successeur à Paul III, décédé le 10 de ce même mois[79]. Témoin le gonflement subit des dépenses de « bouche », de celles également de l'« extraordinaire » et des dépenses personnelles du cardinal, qui atteignent alors des sommets inégalés avec des déboursés de l'ordre de 5954, 1927 et 1366 écus respectivement, pour un budget total de 10874 écus[80]. Du jamais vu. C'est que le cardinal Salviati est devenu en 1549 un grand personnage et ne craint pas de montrer qu'il l'est; il faut dire qu'il en a les moyens[81]. Mais c'est surtout que le conclave auquel il va participer vers la fin 1549 et le début 1550 est pour lui d'une particulière importance vu les ambitions que depuis au moins 1548 il nourrit et qu'on nourrit pour lui — il passera d'ailleurs à deux doigts de la papauté — et qu'à cet effet, il a décidé de mettre toutes les chances de son côté[82]. Le budget de 1549 est manifestement le reflet de cette double conjoncture. Au lendemain du conclave, conclave dont finalement il est sorti bredouille, le cardinal a sans doute compris ou peut-être ses comptables lui ont-ils fait comprendre qu'il était temps de revenir à la « normale ». Le budget de 1551 en est la meilleure preuve, ne dépassant guère les 5 000 écus — 5 407 pour être exact —, les dépenses de « bouche », l'« extraordinaire » et les dépenses personnelles du cardinal n'y étant plus que de 2 952, 477 et 326 écus respectivement[83].

On aura remarqué que d'un budget à l'autre le poste de loin le plus onéreux était celui des dépenses de « bouche ». En effet, il représente à lui seul en moyenne quelque 58 p. cent des dépenses totales de la maison, alors que les salaires, par exemple, n'en représentent habituellement qu'environ 6 ou 7 p. cent. Mais cela n'a rien de surprenant. Francesco Priscianese, s'inspirant de l'exemple du cardinal Niccoló Ridolfi, estimait vers 1540 à 6 500 écus l'an le coût d'entretien d'une « famille » cardinalice de bon niveau, dont 4 000, soit 61,5 p. cent, pour la seule « table[84] ». Chez Bernardo Salviati, frère cadet de Giovanni, promu à son tour au cardinalat en 1561, ce poste représente 65 p. cent du budget total de la maison — un budget s'élevant entre 1561 et 1564 à quelque 4 000 écus l'an[85] —, alors que, vers la même époque, chez le cardinal Alexandre Farnèse, probablement le plus riche et certainement le plus fastueux membre du Sacré Collège, cette moyenne est de 63 p. cent pour un budget total, il faut le préciser, de quelque 28 000 écus[86].

En termes de parts de budgets consacrées à la « table », Giovanni Salviati se situe quelque peu en deçà de la norme suggérée par Priscianese, mais en termes de budget global, il suffirait d'établir le coût d'entretien moyen de son palais pour les années ici considérées pour constater que la norme est cette fois parfaitement respectée, peut-être même dépassée[87]. Sans doute y avait-il à Rome à l'époque des cours beaucoup plus modestes comme il y en avait certainement de plus éblouissantes, celle d'un Alexandre Farnèse ou encore celle d'un Hippolyte d'Este, par exemple[88]. Néanmoins, celle de Giovanni Salviati pourrait bien constituer un des meilleurs exemples que nous ayons de ce que Priscianese appelait en 1543 une cour « honnête » (*onesta*), c'est-à-dire « *qual possa essere onorevole ad ogni tal Signore*[89] ». Et c'est précisément en cela qu'aujourd'hui encore elle nous intéresse.

Notes

1. D. Gnoli, « Descriptio Urbis: Censimento della popolazione di Roma avanti il Sacco Borbonico », *ASRSP*, vol. XVII, 1894, p. 452.
2. *Ibid.*, p. 442.
3. P. Cortesi, *De Cardinalatu*, Castro Cortesio, 1510, f° LVIv.
4. *Cf.* D. Gnoli, *op. cit.*, p. 387-388.
5. Nota della famiglia del cardinale, 1522, ASF Stroz. I, 334, f° 88r; Giornale A, 1517-1531; Libro d'entrata e uscita, 1539-1542; Libro di Salariati, 1538-1542; Libro d'entrata e uscita 1543-1546; Libro d'entrata e uscita, 1546-1547; Giornale G, 1546-1547; Giornale H, 1548-1550; Libro di Salariati, 1548-1550; Libro di Salariati, 1551-1552; Libro d'entrata e uscita, 1551-1553; Libro di ricordi e conti, 1553-1556; Libro di promotione a benefitij, 1544-1567, BAV, Barb. Salv. Nous avons également utilisé largement la correspondance du cardinal.
6. ASV, Arm. XXXIX, 96, f° 154v (*Motu proprio* du 4 septembre 1536).
7. D. Gnoli, *op. cit.*, p. 387.
8. ASF Stroz. I, 334, f° 88r; BAV Barb. Salv., Libro di Salariati, 1538-1542, Libro di Salariati, 1548-1550, *passim*.
9. ASF Stroz. I, 334, f° 88r.
10. BAV, Barb. Salv., Giornale A, 1517-1531, f° 46v. Sur le palais San Martinello, voir A. Zippel, « Ricordi dei Cavalieri di Rodi », *ASRSP*, vol. XLIV, 1921, p. 193-203.
11. Juan Hortigosa à Giovanni Salviati, Rome, 6 nov. 1524, ASF Stroz. I, 151, f° 35v. Hortigosa était à l'époque le majordome du cardinal.
12. En 1521, Alamanno et Battista habitent chez leur frère le cardinal. *Cf.* BAV. Cod. Ferraioli 424, f° 319r. (Nomination d'Alonso Ruiz, « familier » du cardinal, comme procureur d'Alamanno Salviati pour un bénéfice que ce dernier détient en Espagne). En 1523, Bernardo succéda à son frère Piero comme prieur de Rome. Voir le neuvième chapitre.
13. *Cf.* note 5.
14. P. Hurtubise, *Une famille-témoin : les Salviati*, Cité du Vatican 1985, p. 67-188 et 269-270.

15. *Ibid.*, p. 202, n. 246. Sur l'installation à Ferrare, voir BAV, Barb. Salv.: Libro d'entrata e uscita 1539-1542, *passim.*
16. *Ibid.*, Libro d'entrata e uscita 1543-1546; Giornale G (1546-1547); Giornale H (1548-1550), *passim.*
17. P. Hurtubise, *op. cit.*, p. 241.
18. *Ibid.*, p. 154, 161-162, 330-347. Au temps de Clément VII, ses entrées ecclésiastiques se situaient aux environs de 16000 ou 17000 écus par an.
19. *Ibid.*, p. 153, 279.
20. À ce propos, voir G. Papagno, « Corti e cortigiani », *La Corte e il « Cortegiano »*, vol. II, Rome, 1980, p. 192-200.
21. P. Hurtubise, *op. cit.*, p. 269-270. Sur l'achat de la vigne de Sant' Onofrio en 1524 et sur les travaux que le cardinal y faisait faire, voir BAV, Barb. Salv, Giornale A, 1517-1531, f°s 121v, 133v, 136r, 137r, 220v et *passim.* La présence de jardiniers, de vignerons et de *gallinare* à la vigne est attestée par ce même livre de comptes et par ceux qui sont mentionnés à la note 5. En 1552, le cardinal acheta pour 1500 écus d'Orazio Farnèse une propriété voisine sur laquelle son frère Bernardo construira plus tard l'actuel palais Salviati de via Lungara. Deux copies du contrat d'achat de cette propriété se trouvent à la BAV, Barb. Salv., Autogr. I/2, 4.
22. P. Hurtubise, *op. cit.*, p. 201-204.
23. Voir à ce sujet le septième chapitre, p. 157 et note 28.
24. Voir à ce sujet le septième chapitre, p. 155-156.
25. P. Pecchiai, *Roma nel Cinquencento*, Bologne, 1948, p. 324-325.
26. Son nom, nous l'avons vu, ne figure pas dans le rôle de 1522 — elle était à ce moment absente de Rome —, mais on y trouve les noms d'un certain nombre de ses serviteurs, ce qui donne à penser que le palais lui servait au moins de pied-à-terre occasionnel. Deux années plus tard, nous la voyons installée au palais della Rovere, loué depuis peu par son fils. *Cf.* note 11. Au plus tard en 1543, elle est de nouveau chez Giovanni, comme nous pouvons le constater par un codicille apporté à son testament le 27 novembre de cette même année. Elle y était toujours en novembre 1553, à quelques jours de sa mort. BAV, Barb. Salv., Autogr. I/1, 6c. Dans l'intervalle, il semble qu'elle ait habité le palais Madame. *Cf.* A. De Reumont, *La jeunesse de Catherine de Médicis*, Paris, 1866, p. 122.
27. *Cf.* P. Hurtubise, *op. cit.*, p. 345.
28. Pour ce qui est du premier, voir BAV, Barb. Salv., Libro di ricordi e conti, 1553-1556, f° 126. Filippo Gondi est mentionné dans *ibid.*, Libro d'entrata e uscita, 1539-1542, f° 55r. Asdrubale de' Medici apparaît à diverses reprises dans des documents concernant le palais du cardinal entre 1546 et 1553. *Cf. ibid.*, Giornale G, f°s 12v, 59r. Voir également Autogr. I/1, 6c.
29. A. Ferrajoli, *La congiura dei Cardinali contro Leone X*, Rome, 1919, p. 53.

30. Juan Hortigosa à Giovanni Salviati, Rome 17 mai 1525, ASF Stroz. I, 157, f° 157.
31. En ce qui concerne le premier et le dernier, voir BAV, Barb. Salv., Giornale A, 1517-1531, f°s 76v et *passim*, de même que Libro d'entrata e uscita, 1543-1546, f°s 53v, 56v et 65r. Pour ce qui est de Giorgio, voir *Concilium Tridentinum. Diariorum, actorum, epistularum, tractatuum nova collectio*, Fribourg, 1901-1961, vol. X, Epist. 1, p. 938 et 949-950.
32. BAV, Barb. Salv., Autogr. I/1, 6c et Libro di ricordi e conti, 1553-1556, f°s 58 et 135. De son vrai nom Pacato, Ottavio Pantagato est né à Brescia en 1493, où il avait reçu sa première formation, complétée par des études à Paris. Entré chez les Servites, il s'y illustra assez tôt comme humaniste et érudit, d'où le poste de professeur qu'il obtint à la Sapience au temps de Léon X. C'est sans doute à ce moment qu'il connut le cardinal Salviati et éventuellement fut invité à faire partie de sa « famille ». Fort estimé de ce dernier, il reçut de lui de nombreuses faveurs, dont une abbaye en Sicile. Il mourut en 1567. À son sujet, voir A. F. M. Piermei, *Memorabilium Sacri ordinis Servorum B.M.V Breviarium*, vol. IV, Rome, 1934, p. 137-138 et notes.
33. Voir le septième chapitre, p. 158.
34. P. Hurtubise, *op. cit.*, p. 299-300.
35. Sur le premier, voir le septième chapitre, p. 163-164. On trouve mention des deux autres dans BAV, Barb. Salv., Libro di ricordi et conti, 1553-1556, f° 126 et Libro di promotione a benefitij, 1544-1567, f° 65.
36. La nature des liens entre le cardinal et Castiglione ressort très bien de leur correspondance durant les années où Giovanni Salviati était légat en France. À ce propos, voir ASV, Nunz. Fr. 1, *passim*.
37. BAV, Barb. Salv., Libro di Salariati, 1538-1542; Libro di Salariati, 1548-1550, *passim*; Libro d'entrata e uscita, 1539-1542, f° 81r; Libro di ricordi et conti, 1553-1556, f° 113.
38. *Ibid.*, Libro de Salariati, 1538-1542, *passim*; Libro d'entrata e uscita, 1539-1542, f° 45v; Libro d'entrata e uscita, 1551-1553, *passim*.
39. *Ibid.*, Libro di Salariati, 1538-1542, *passim*; Libro d'entrata e uscita, 1551-1553, *passim*.
40. AS Filz. II, 3, fasc. 1, n° 4; BAV, Barb. Salv., Libro d'entrata e uscita, 1543-1546, f° 57v; Autogr. I/2, 3d.
41. *Ibid.*, Libro di promotione a benefitij, 1544-1567) f°s 7v, 8r, 35, 45v-46r, 55v-56; Libro di ricordi et conti, 1553-1556, f° 113.
42. Voir le septième chapitre, p. 161-165.
43. ASF, Stroz. I, 334, f° 88v; BAV, Chig. R.V.6, f° 63r; Barb. Salv., Giornale A, 1517-1531, f° 85r; Libro d'entrata e uscita, 1539-1542, f° 55r; Libro di promotione a benefitij, 1544-1567, f°s 14, [94v]; Libro di ricordi e conti, 1553-1556, f° 113.

44. ASF, Stroz. I, 153, f° 491r; BAV, Barb. Salv., Giornale A, 1517-1531, f° 142v; Libro di promotione a benefitij, 1544-1567, f°s 1v-2, 28v-29r; Libro di ricordi e conti, 1553-1556, f°s 63 et 133.
45. *Ibid.*, Autogr. I/1, 6c et I/2, 3d; Autogr. III/1, I; Libro d'entrata e uscita, 1546-1547, f° 108r.
46. Ceci est particulièrement vrai des clercs. Voir à ce sujet *ibid.*, Libro di promotione a benefitij, 1544-1567, *passim.*
47. Giovanni Salviati à son père Jacopo, Paris, 26 septembre 1528, ASV, Nunz. Fr. 1, f° 163r.
48. Voir à ce propos BAV, Barb. Salv., Libro di promotione a benefitij, 1544-1567, *passim.*
49. Nos catégories respectent en gros les frontières politiques de l'époque, mais nous avons compté les Lorrains avec les Français et, pour l'Italie, fait abstraction de l'appartenance au bloc soit impérial, soit espagnol.
50. Voir le deuxième chapitre, p. 38.
51. Il s'agit de l'abbaye de San Dionisio. À ce sujet, voir P. Hurtubise, *op. cit.*, p. 333-336, 348 et 357.
52. *Ibid.*, p. 336-338.
53. Sur la présence des Brescians à Rome à l'époque, voir J. Delumeau, *Vie économique et sociale de Rome dans la deuxième moitié du XVIe siècle*, vol. I, Rome, 1957, p. 212-213.
54. À ce propos, voir le neuvième chapitre.
55. C'est une hypothèse que nous formulons à partir d'un certain nombre de pointages faits aux ASV dans la série Resignationes 14 et suivantes. Les agents et solliciteurs mentionnés dans les documents en question sont, en effet, très souvent Espagnols.
56. P. Hurtubise, *op. cit.*, p. 152 et suivantes, 245-248.
57. Son nom apparaît dans le rôle de 1522. ASF Stroz. I, 334, f° 88r. La dernière mention que nous trouvons de lui est de 1528. Giovanni Salviati à son père Jacopo, Paris, 7 janvier 1528, ASV. Nunz. Fr. 1, f°s 84v-86r.
58. *Cf.* A. Ferrajoli, « Il ruolo della Corte di Leone X (1514-1516) », *ASRSP*, vol. XXXIV, 1911, p. 370. Nous constatons qu'à la même époque, Hortigosa agissait assez souvent comme procureur ou solliciteur de compatriotes en matières bénéficiales. ASV, Resignationes 15, 1513-1514, *passim.*
59. ASF Stroz. I, 334, f° 88r; BAV, Barb. Salv., Giornale A, 1517-1531, f° 76v; Giornale e ricordi, 1530-1531, f° 41v.
60. BN, ms. fr. 3070, f° 57r; ASF, Stroz. I, 334, f° 241; BAV, Borg. 354, f° 19.
61. Voir le septième chapitre, p. 159-161.
62. *Concilium Tridentinum. Diariorum, actorum, epistularum, tractatuum nova collectio, op. cit.*, vol. X, Epist. 1, p. 953. BAV, Barb. Salv. Libro d'entrata e uscita, 1543-1546, f°s 56v et 65r; Libro di ricordi e conti,

1553-1556, f° 113. On retrouve Torres au plus tard en 1556 à la cour du pape Paul IV, probablement, là aussi, à titre de théologien. BAV, Ruoli 27, f° 36; Ruoli 32, f° 9r. Aurait également agi comme conseiller théologique du cardinal et peut-être même fait partie de sa cour, bien que son nom n'apparaisse dans aucune des listes que nous avons été à même de consulter, Girolamo Borri, originaire d'Arezzo, plus tard titulaire d'une chaire de philosophie à Pise, mais qui, de son propre aveu, aurait servi Giovanni Salviati pendant une quinzaine d'années, soit de 1536 à 1553 environ. Personnage controversé — il sera soupçonné d'hérésie et d'ailleurs examiné au moins à deux reprises par l'Inquisition —, sa présence dans l'entourage du cardinal semble indiquer pour le moins une certaine largeur de vue de la part du prélat. Mais il faudrait savoir quels reproches au juste l'Inquisition faisait à Borri. Grégoire XIII, qui le considérait comme « un grand homme », n'obligera-t-il pas cette même Inquisition à le relâcher en 1583? Sur Borri, voir G. Stabile, « Borri (ou Borro), Girolamo », *BDI*, 13, p. 13-17.

63. Nous nous référons ici en particulier au *De Officialibus singulorum cardinalium*, coutumier de la fin du Moyen Âge, mais encore en usage à Rome à la fin du XVe et au début du XVIe siècle. *Cf.* BAV, Vat. lat. 4731, f°s 84-88 (copie XVe siècle); Ottob. Lat. 1853, f°s 96-101 (copie XVIe siècle?).
64. C. Evitascandalo, *Dialogo del Maestro di Casa*, Rome, 1598, p. 5. L'auteur nous signale lui-même dans un avertissement placé au début du *Dialogo* que son ouvrage est l'amalgame de traités sur le *Trinciante*, le *Scalco* et le *Maestro di Casa* parus pour la première fois en 1576, 1577 et 1585 respectivement.
65. F. Priscianese, *Del governo della Corte d'un Signore di Roma*, Città di Castello, 1883, p. 70.
66. Ainsi les Acciaiuoli, Balestro, Benvenuti, Bianchi, Cordella, Cresci, Furlano, Lombardi, Manfredi, Mascalzoni, Orlandini, Quiel, Spina dont nous trouvons deux, trois, même quatre représentants à sa cour.
67. *Cf.* note 63.
68. *Cf.* note 64.
69. BAV, Vat. Lat. 4731, f° 87r.
70. C. Evitascandalo, *op. cit.*, p. 4.
71. P. Hurtubise, *op. cit.*, p. 277-278.
72. F. Priscianese, *op. cit.*, p. 4-5.
73. BAV, Barb. Salv., Giornale A (dépenses de l'année 1523 et 1524).
74. P. Hurtubise, *op. cit.*, p. 67-170.
75. Cette chronologie a pu être établie à partir des sources indiquées à la note 5.
76. Voir à ce sujet M. Hollingsworth, *The Cardinal's Hat*, Woodstock, New York, 2005, p. 247-250. L'auteure montre à partir des livres de comptes de

son héros, le cardinal Ippolito d'Este (1509-1572), à quel point le coût de la vie était élevé à Rome, comparativement à ce qu'il était ailleurs.

77. BAV, Barb. Salv., Entrate ed uscite, 1539-1542 (dépenses de l'année 1540 et 1541).
78. P. Hurtubise, *op. cit.*, p. 280, note 64.
79. Giovanni Salviati n'est pas à Rome le jour de la mort du pape. S. Merkle, *Concilii Tridentini Diariorum*, vol. II, Fribourg, 1911, p. 5-7. Il n'y arrive que le 21 novembre en compagnie de son ami et collègue le cardinal Gonzaga. *Ibid.*, p. 26. Tous ces renseignements sont tirés du diaire de Massarelli.
80. BAV, Barb. Salv., Giornale e Ricordi H (dépenses de l'année 1549).
81. Au seul titre de ses bénéfices ecclésiastiques, Giovanni Salviati disposait à la mort de Clément VII d'un revenu annuel d'environ 22000 ou 23000 ducats. P. Hurtubise, *op. cit.*, p. 332-333. Mais le cardinal, qui avait hérité des biens immobiliers de son père, tirait certainement de ces derniers des revenus additionnels importants. *Ibid.*, p. 253.
82. Giovanni Salviati était en 1549 un personnage d'une autorité et d'un prestige reconnus aussi bien à Rome qu'en dehors de Rome. *Ibid.*, p. 245-247. Il n'est pas impossible qu'il ait, à la mort de son cousin le pape Clément VII, envisagé la possibilité d'accéder à la papauté. Chose certaine, dès 1537, le bruit court qu'il s'y prépare activement. En 1546, ce bruit est devenu une certitude et, deux années plus tard, on s'agite autour de lui en vue de l'aider à réaliser sa plus chère ambition. *Ibid.*, p. 201-204. Le cardinal, pour sa part, aussi bien avant que durant le conclave, joue du mieux qu'il peut de son influence, mais aussi de ses deniers. Un indice parmi d'autres en ce sens : alors que la consommation de vin inscrite au budget de sa cour n'était que de 53 barils en octobre 1549, le mois suivant, elle bondit à 110, puis en décembre à 187 barils avant de se retrouver à 170, 154 et 180 barils en janvier, février et mars 1550. BAV, Barb. Salv., Giornale e Ricordi H (dépenses de l'année 1549 et 1550). Ne se pourrait-il pas que ces barils en plus aient servi à des « pourboires » destinés à certains électeurs, comme cela avait été le cas en 1534 lors du conclave qui avait suivi la mort de Clément VII? À ce sujet, voir P. Hurtubise, *op. cit.*, p. 201 et note 10.
83. BAV, Barb. Salv., Entrate ed uscite, 1551-1553 (dépenses de l'année 1551). Le cardinal Salviati avouera lui-même en 1550 s'être lourdement endetté à l'occasion du récent conclave dans l'espoir d'être élu pape et qu'il avait un pressant besoin d'argent. Giovanni Salviati à son frère Bernardo, Rome, 13 juin 1550, *ibid.*, Barb. Salv., Autogr. I/2, 5 f. Dès lors, on comprend qu'il ait dû en 1551 restreindre sérieusement le budget d'entretien de sa cour.
84. *Cf.* P. Partner, *Renaissance Rome, 1500-1559*, Berkeley, 1976, p. 138.

85. Voir le neuvième chapitre, p. 226.
86. Voir le dixième chapitre, p. 250.
87. En effet, tenant compte du fait que les sources sur lesquelles sont fondées nos estimations ne sont pas homogènes et qu'elles comportent en plus des lacunes, dont certaines relativement importantes — ainsi plusieurs années manquent, certains types de dépenses semblent parfois avoir été omis ou comptabilisés ailleurs —, on est en droit de penser que les données chiffrées que nous avons réussi à extraire des sources en question sont en deçà, peut-être même, dans certains cas, bien en deçà de la réalité.
88. Pour l'entretien d'une cour d'environ 100 personnes à Rome, il en coûtera au cardinal d'Este, de janvier à mars 1540, plus de 4 000 écus. Répercutée sur douze mois, il s'agit là d'une dépense d'environ 16 000 écus. À ce propos, voir M. Hollingsworth, *op. cit.*, p. 249. Ce cardinal de grande famille n'avait de toute évidence rien à envier au cardinal Farnèse.
89. F. Priscianese, *op. cit.*, p. 4.

IX

La « table » d'un cardinal de la Renaissance : aspects de la cuisine et de l'hospitalité à Rome au milieu du XVIe siècle*

C'est la découverte à Pise, il y a plus d'une trentaine d'années, dans les archives de la famille Salviati, d'un modeste livre de comptes du XVIe siècle intitulé *Quaderno della cantina*[1] qui est le point de départ de la présente étude. Ce mince registre, de forme oblongue, à la reliure défraîchie, seul survivant ou presque des archives de l'intendance du palais Salviati à Rome, nous a fourni des renseignements si précieux sur certains aspects de la cuisine et de l'hospitalité à l'époque que nous avons pensé l'utiliser comme amorce à une étude sur le rôle et l'importance de la « table » dans la vie de cour à Rome au XVIe siècle. Conscient des limites de ce document, nous nous sommes depuis efforcé de relever un peu partout, au hasard de nos recherches, à Pise aussi bien qu'à Rome et à Florence, au fil de nos lectures également, toutes les pièces, tous les documents susceptibles de nous apporter un supplément de lumière et d'information.

Le hasard nous a bien servi. Un article peu connu de Pio Pecchiai sur le palais de la via Lungara[2] et un dossier du début du XVIIIe siècle trouvé au cours de nouvelles recherches à Pise[3] nous ont en effet mis sur la piste d'une très importante série de registres, dont une trentaine de livres de comptes ayant appartenu à

* Une première version de ce texte est parue dans *MEFRM*, vol. 92, 1980, p. 249-282.

Bernardo Salviati, passés, par des détours qui ne sont pas encore tous clairement éclaircis, des archives de la famille aux collections de la Vaticane[4]. Nous avons pu consulter cette exceptionnelle documentation malgré le fait que, faute d'inventaire, elle ne figure pas encore au catalogue. C'est le fruit de cette enquête que nous livrons ici.

1. Bernardo Salviati : la carrière

Tout d'abord, quelques mots à propos du personnage dont il sera ici principalement question. Bernardo Salviati est né à Florence en 1508[5], cinquième fils et dixième enfant d'une famille qui en comptera au moins douze[6]. Il porte un nom prestigieux. Son père, Jacopo Salviati, homme de talent et d'argent, issu d'ailleurs d'une des plus éminentes maisons florentines, a épousé en 1487 Lucrezia de' Medici, fille de Laurent le Magnifique, chance inouïe qui va lui ouvrir, à partir de 1513, un incomparable champ d'action, d'influence et de profit, au service de son beau-frère Léon X, puis de son cousin Clément VII[7].

Installée à Rome dès le premier pontificat Médicis, la famille va chercher à exploiter à plein les avantages de sa nouvelle situation. Beaux mariages, belles promotions se succèdent presque sans interruption à partir de 1514. En 1523 — il n'a alors que 15 ans — le jeune Bernardo hérite de son frère Piero, récemment décédé, la charge de prieur de Rome, beau et plantureux bénéfice de l'Ordre des Chevaliers de Saint-Jean de Jérusalem, mieux connus à l'époque sous le nom de Chevaliers de Rhodes, dont sa famille a obtenu la survivance une année plus tôt[8].

En 1525, ayant atteint l'âge canonique requis, il peut se présenter à Viterbe, siège temporaire de l'Ordre, pour y prononcer les vœux et y revêtir l'illustre habit de la Religion[9]. Il remplit par la suite toute une série de fonctions au service de cette dernière : fonctions militaires, tout d'abord, qui vont lui permettre de s'illustrer à diverses reprises dans la guerre contre les Turcs, à Modon, en 1531, à Coron, deux années plus tard ; puis, fonctions administratives à partir du moment où, en 1534, il quitte son poste de capitaine général des galères pontificales pour assumer celui d'ambassadeur ordinaire de la Religion à Rome[10].

Vers 1549, sur le conseil de sa cousine Catherine de Médicis, avec laquelle il est en étroit rapport depuis de nombreuses années, il passe au clergé séculier[11], obtenant du coup l'évêché de Saint-Papoul en France, que son frère aîné Giovanni, cardinal depuis 1517, vient de résigner en sa faveur[12]. En 1555, il est nommé grand aumônier de la reine sa cousine[13], six ans avant que celle-ci ne lui obtienne, après de longues et insistantes démarches à Rome, le chapeau de cardinal[14]. Il renonce aussitôt à Saint-Papoul, qu'il laisse à un neveu, Antonio Maria, lui aussi destiné au cardinalat[15], et accepte en retour l'administration d'un diocèse beaucoup plus important, celui de Clermont en Auvergne[16]. Sommet d'une carrière qui le lie de plus en plus à la France — il y fait d'ailleurs de nombreux séjours, le dernier en date, de 1557 à 1561[17] — et qui le rend chaque jour plus dépendant de sa cousine et protectrice, Catherine de Médicis. Son rôle est désormais d'aller servir les intérêts de cette dernière à la cour pontificale. En avril 1561, il quitte Paris pour Rome, où il fait une entrée remarquée — « *molto pomposamente* » soulignent les *Avvisi*[18] — quelque cinq semaines plus tard, tout heureux de pouvoir enfin occuper le palais qu'il s'est fait construire via Lungara et dont il ne s'éloignera pratiquement plus jusqu'à sa mort en 1568.

2. Bernardo Salviati : l'homme

Bernardo Salviati n'a rien d'un lettré ou d'un humaniste, tels que se les représentait encore le XVIe siècle et tels que l'avaient été ses aînés, Giovanni, le cardinal († 1553), et Lorenzo, le diplomate († 1539), le premier, grand collectionneur de manuscrits anciens et protecteur des artistes[19], le second, membre de l'Académie florentine et hôte recherché de la brillante et séduisante cour de Ferrare[20]. Il est, comme son frère Piero, un homme d'action[21], un « sanguin » — c'est l'impression très nette qui se dégage de sa correspondance et des témoignages que nous possédons sur lui —, un « belliqueux » surtout, passionné de la mer, friand de batailles, doué des qualités physiques et morales qu'on associe habituellement au métier des armes[22].

Il représente, par le fait même, des valeurs qui, pour être moins « esthétiques », n'en sont pas moins chères à la Renaissance et tout aussi essentielles au prestige d'une famille telle que les Salviati : la *virtù*, propre des hommes « fortunés », et la *fama*, consécration de ceux qui ont réussi[23]. Ce qui ne l'empêche pas, par ailleurs, malgré le côté un peu frustre, malgré l'allure de *condottiere* qu'il se donne, de partager les goûts fastueux et les rêves altiers de l'aristocratie de son temps.

Il faut dire qu'il en a les moyens. Les bénéfices ecclésiastiques, pour la plupart consistoriaux, mis à sa disposition, lui rapportent, à eux seuls, plus de 20 000 écus par an[24]. Ses revenus « séculiers » représentent assez peu de choses en comparaison — ils ont été sérieusement touchés par le krach financier de Lyon en 1559 —, mais ils ne sont pas pour autant négligeables[25]. En 1561, il n'hésitera pas à débourser 10 000 écus pour doter sa bâtarde Lucrezia[26], promise à Latino Orsini, et 6 534 autres écus, la même année, pour lui offrir des noces dignes du nom de Salviati[27]. Quelques années plus tard, c'est la rondelette somme de 22 000 écus qu'il consacre à l'achat et à l'aménagement de la seigneurie de Grotta Marozza, destinée à son neveu Jacopo Salviati de Florence[28]. Toutes ces dépenses viennent s'ajouter à un « ordinaire » de 5 600 écus environ par an[29].

Bernardo Salviati mène un train de vie qu'on peut à juste titre qualifier de « princier ». Déjà, au temps où il commandait les galères de l'Ordre, non seulement ne se déplaçait-il qu'accompagné d'une soixantaine de gentilshommes, mais, s'il faut en croire les chroniqueurs de l'époque, il tenait en permanence maison ouverte à Malte et à Rome[30].

Il faut dire que les chevaliers possédaient dans cette dernière ville, en plus du siège prioral installé sur l'Aventin, trois prestigieux palais situés, l'un, à Saint-Basile, tout près du forum de Trajan, les deux autres dans le Borgo, à quelques pas de Saint-Pierre[31]. Tous édifices relevant de la juridiction du prieur et dont il pouvait par conséquent disposer à sa guise. Mais Bernardo Salviati pouvait en outre se prévaloir de l'hospitalité du palais della Rovere loué par son frère Giovanni en 1524, puis acheté, pour une moitié, par sa famille en 1533[32], et de celle du célèbre palais Médicis — mieux connu sous le nom de palais Madame — où sa mère habita durant tout le règne de Clément VII[33]. Il semble qu'il ait, lors de ses passages à Rome, élu tour à tour domicile dans l'un ou l'autre de ces « honorables » logis[34]. Mais aucun ne lui appartenant en propre — il n'en était que l'usufruitier —, dès 1553, à la mort de sa mère Lucrezia et de son frère Giovanni, survenues presque coup sur coup[35], il fit dresser les plans d'un vaste palais qui serait, cette fois, bien à lui, témoin éloquent de sa réussite et de celle de sa famille, et dont il pourrait disposer à sa guise. Il venait justement d'hériter de son frère, le cardinal, et de sa mère, conjointement avec ses neveux, fils d'Alamanno et de Lorenzo, de deux vastes propriétés situées via Lungara, à deux pas du Tibre et de Santo Spirito[36]. Ce site se prêtait admirablement bien à une construction d'envergure où il serait facile de réunir, à l'intérieur d'un même parti architectural, les avantages de la ville et de la campagne.

La décision de construire, s'il faut en croire certains témoignages anciens, aurait été provoquée par la rumeur d'une venue prochaine de Henri II à Rome et par l'espoir que Bernardo Salviati nourrissait de l'y recevoir[37]. Quoiqu'il en soit, mise à part une assez longue interruption de 1558 à 1561, le prieur se trouvant alors en France, les travaux inaugurés en août 1554 sous la direction de l'architecte florentin Giovanni Lippi, mieux connu sous le nom de Nanni di Baccio Bigio, se poursuivront de façon assez suivie jusqu'en 1568, bien que les deux dernières années aient été surtout consacrées à des travaux d'embellissement[38]. Divers registres, conservés les uns à la Vaticane, les autres aux archives Salviati, permettent de suivre pas à pas le détail de ces opérations[39]. Le coût total de ces dernières aurait atteint, selon certaines sources contemporaines, tout près de 40 000 écus[40]. Chiffre énorme, si on le compare aux salaires de l'époque, mais qui ne paraît plus du tout surprenant dès qu'on le compare aux données des *Avvisi* sur les dépenses somptuaires à Rome au XVIe siècle[41].

Déjà à la fin de 1557, la construction était suffisamment avancée pour que Bernardo Salviati pût y faire transporter ses effets depuis le palais de Saint-Basile où il s'était, semble-t-il, retiré après la mort de sa mère[42]. À son retour de France en 1561, le palais n'était pas encore terminé, mais il était en grande partie habitable et donc parfaitement capable de répondre aux besoins de sa cour[43].

Un des premiers soucis du prélat fut évidemment de veiller à l'aménagement et à la décoration intérieure de cet imposant édifice. Aux riches collections de tapisseries, de peintures et de sculptures héritées de son frère Giovanni[44], il avait pris soin d'apporter au fil des ans les compléments qui lui paraissaient nécessaires[45]. Aussi n'eut-il que l'embarras du choix lorsque vint le moment d'agrémenter les principales pièces du palais, en particulier celles dites d'apparat, où l'usage voulait qu'on entretînt les visiteurs de marque.

Nous possédons des listes énumératives de ces collections ; il suffira de mentionner ici, à titre d'exemples, les œuvres suivantes : le *Triomphe de Pétrarque* — un groupe de six tapisseries commandées à Anvers en 1531 par le cardinal Giovanni[46] ; un saint Jean, signé Cecchino Salviati[47] ; *l'Histoire d'Élie et d'Élisée* — trois tapisseries, faisant 288 aunes au total, achetées à Rome en 1564 par le cardinal Bernardo[48] ; enfin, une douzaine de toiles, dont nous ne connaissons malheureusement ni les sujets ni les auteurs, mais qui avaient servi à décorer la salle à manger du défunt cardinal

Giovanni[49] et qui remplissaient peut-être la même fonction au palais de la via Lungara.

Luxe que tout cela ? Il ne manquait sans doute pas de censeurs à Rome, surtout au lendemain du concile de Trente, pour fustiger les « abus » et la « mondanité » d'un haut clergé en mal de réforme, mais ceux-là même qui étaient les plus intransigeants en la matière ne pouvaient ignorer et finissaient, comme la plupart de leurs contemporains, par reconnaître les obligations qui incombaient à un homme tel que Bernardo Salviati et la nécessité dans laquelle il se trouvait de s'entourer, jusque dans les détails de sa vie quotidienne, d'objets correspondant à son rang et à sa dignité. Ainsi le voulaient, à l'époque, la réputation d'une famille telle que la sienne — le prieur n'était-il pas étroitement apparenté aux cours de France et de Toscane ? — et l'honneur du corps auquel il avait, depuis 1561, le privilège d'appartenir.

Mais cette mise en scène répond en même temps à un besoin. En effet, c'est dans ce décor princier que Bernardo Salviati va être amené à recevoir, six ans durant, entouré de sa « famille », de nombreux et distingués hôtes. Cette « famille », ces hôtes, quels sont-ils ?

3. La « famille » du cardinal

Grâce au *Quaderno della cantina*, nous savons que la « famille » comptait vers 1563-1565 environ 110 bouches[50]. Chiffre relativement élevé, surtout à une époque où un des hommes les mieux dotés du Sacré Collège, Charles Borromée, n'entretenait que 150 bouches à Rome et où les effectifs des cours cardinalices tendaient, en général, à diminuer par rapport à ceux du début du siècle[51].

Qui dit « famille » au XVIe siècle, dit tout à la fois parents, « familiers », officiers et serviteurs. Bernardo Salviati n'a plus, en 1563, qu'un frère, son cadet Alamanno, qui habite Florence où il perpétue la tradition « marchande » de la maison[52]. Ils entretiennent, l'un avec l'autre, une correspondance assez suivie, mais à aucun moment les voyons-nous se visiter, du moins après 1561. Des quelques neveux et nièces du cardinal, seuls le duc de Bivone, fils de sa sœur Luisa[53], et le fils d'Alamanno, Jacopo[54], feront des séjours plus ou moins prolongés via Lungara[55], et seuls le fils de Lorenzo, Antonio Maria, évêque de Saint-Papoul[56], et un petit-neveu, le jeune comte Paolo Ettore Scotto, fils de sa nièce Contessina, née Nerli[57], y habiteront en permanence à partir de 1561[58].

Le cardinal a bien deux bâtards ; une fille, Lucrezia, mariée, nous l'avons vu, à Latino Orsini, et un fils, Pietro, élevé à Florence par son frère Alamanno[59], mais ils n'habitent pas avec lui et seule la première a droit à l'hospitalité du palais[60]. Quant à Pietro, source continuelle d'ennuis, il a été expédié en France en 1561 avec un autre bâtard de la famille, Giulio, fils du défunt cardinal Giovanni[61].

Pour ce qui est du personnel de la maison, nous sommes relativement bien renseignés grâce, encore une fois, aux livres de comptes. Ce personnel est nombreux — tout près de 70 bouches au total — et il est appelé à remplir une grande variété de fonctions. Les fonctions spirituelles sont remplies par les chapelains et le confesseur ; les fonctions administratives relèvent de l'auditeur, des secrétaires, des procureurs et du comptable ; les fonctions domestiques sont remplies par le groupe de loin le plus important et comprenant tout à la fois majordome, maître de la chambre, maître de l'écurie, maître d'hôtel (*scalco*), écuyer tranchant, caudataire, garde-robe, gentilshommes servants, camériers, pages, crédencier, bouteiller, sommelier, cuisinier, aides-cuisiniers, cocher, muletier, ânier, palefreniers et garçons d'écurie[62].

Les officiers de bouche représentent, à eux seuls, le quart de ce contingent, soit 17 personnes. À leur tête, le maître d'hôtel, responsable des salles à manger (*tinelli*) de la maison et à qui il incombe de faire sonner l'heure des repas, de préparer et d'entretenir les salles à cet effet, de transporter, chaque fois qu'il en est besoin, avec l'aide des camériers et des palefreniers, l'argenterie destinée à la table du cardinal et de ses hôtes, mais également d'assigner à chacun sa place au moment des repas et de voir à faire servir avec tout le décorum voulu les « familles » des grands personnages reçus par le cardinal[63]. Mais il faut leur adjoindre un certain nombre de personnages qui, sans être habituellement compris dans cette catégorie, n'en remplissent pas moins des tâches qui, pour une part du moins, les y rattachent. Et, tout d'abord, le majordome qui, non seulement est chargé de recevoir les visiteurs et de leur faire préparer, selon le cas, le gîte ou le couvert, mais qui est également responsable de l'approvisionnement en vivres du palais, de la qualité de la cuisine, en particulier de celle destinée à son maître, et du service de la table de ce dernier. Un certain nombre de serviteurs l'assistent d'ailleurs dans cette dernière fonction[64].

Si l'on ajoute à ce groupe les « dépensiers » (*spenditori*) chargés de faire les achats ordonnés par le majordome[65], on rejoint environ 35 personnes, soit 50 p. cent du personnel total. D'ailleurs, on n'a qu'à consulter les coutumiers des cours cardinalices à l'époque pour constater à quel point la « table » et tout ce qui y a trait constituent dans ces grandes maisons une activité accaparante, sinon la plus accaparante[66]. Et pour cause. L'hospitalité n'est-elle pas la vertu par excellence de ces prestigieuses demeures et la « table », l'un des aspects les plus appréciés et, partant, les plus révélateurs de cette hospitalité ?

4. Les hôtes du cardinal

Bernardo Salviati accueille en moyenne une dizaine d'hôtes de marque par mois, la période la plus achalandée se situant aux environs de mai, de juin et de juillet[67]. Pour les 3 années couvertes par le *Quaderno della cantina*, soit 1563, 1564 et 1565, nous avons compté 41 noms différents, dont 12 laïques et 29 ecclésiastiques. Tous de grands noms : ducs, comtes, marquis, gouverneurs, ambassadeurs[68], membres du haut-clergé. Ainsi, des 29 ecclésiastiques mentionnés, 27 sont, comme Bernardo Salviati, membres du Sacré Collège. Certains noms ne reviennent qu'une ou deux fois et semblent faire, chaque fois, l'objet d'une politesse plutôt de circonstance. Tels ces 11 cardinaux qui sont reçus, par groupes de 3 ou 4, du 26 au 28 mars 1565, à la suite de leur promotion le 12 du même mois, au Sacré Collège[69]. Mais d'autres noms, par contre, reviennent très souvent. En premier lieu, ceux de certains membres de la famille immédiate du cardinal : sa bâtarde Lucrezia, mariée à Latino Orsini, son neveu Antonio Maria, évêque de Saint-Papoul ainsi qu'une certaine Costanza di Modone donnée comme ancienne servante de la famille, mais qui pourrait bien être la mère de Lucrezia[70].

On retrouve également des noms d'étrangers, mais avec lesquels le cardinal semble avoir entretenu des rapports très étroits : les cardinaux Federigo Cesi et Francesco de Gonzaga, le cardinal Jacques de la Bourdaisière, protecteur des affaires de France, puis, surtout, Henri Clutin de Villeparisis, ambassadeur de Charles IX à Rome (1563-1566)[71]. Ces deux derniers noms, qui dominent de loin tous les autres, n'ont rien pour nous surprendre, compte tenu des liens très étroits qui unissent le cardinal à la cour des Valois.

Ajoutons que le prélat reçoit également, de temps à autre, à titre de prieur de Rome, la visite de membres de son Ordre. Ainsi, en février 1567, 53 chevaliers se réunissent-ils chez lui pour une assemblée que leur a demandé de tenir le grand-maître La Valette[72]. Mais d'autres sont reçus individuellement, en pure amitié, tel le prieur de Barletta, Vincenzo de Gonzaga, dont le nom apparaît à diverses reprises dans les registres[73].

Comment Bernardo Salviati accueille-t-il, entretient-il tous ces distingués visiteurs ? Pour le savoir, nous avons interrogé une fois de plus le *Quaderno della cantina*, mais en l'éclairant et en le complétant par des renseignements tirés d'un certain nombre de livres de comptes et de diverses autres sources contemporaines.

La cuisine ne connaît pas encore à l'époque les raffinements du XVIIIe siècle français; elle reste, même en Italie, fort plantureuse, violemment contrastée par des excès d'épices et de sucreries, caractérisée par l'extraordinaire abondance des viandes — surtout volailles et gibiers — dont le palais du XVIe siècle semble avoir été particulièrement friand[74]. Le poisson, en Italie du moins, semble moins apprécié. Montaigne, de passage à Rome en 1580, note qu'on en consomme moins qu'en France :

> [...] notamment leurs brochets ne valent du tout rien, et les laisse t'on au peuple. Ils ont rarement des soles et des truites, des barbeaux fort bons et beaucoup plus grans qu'à Bourdeaus, mais chers. Les daurades y sont en grand pris, et les mulets plus grands que les nostres et un peu plus fermes ». Par contre, « l'huile y est si excellente, que cette picure qui m'en demure au gosier en France, quand j'en ai beaucoup mangé, je ne l'aï nullement ici. On y mange des resins frés tout le long de l'an, et jusques à cet'heure (17 mars) il s'en trouve de tres-bons pandus aux treilles. Leur mouton ne vaut rien, et est en peu d'estime[75].

Vers les années 1550-1560, il semble qu'on s'éloigne de plus en plus des extravagances du genre de celles que se payaient, 30 ans plus tôt, avec une sorte de désinvolture qui faisait le délice des chroniqueurs du temps, un Agostino Chigi, un Lorenzo Strozzi[76]. On reste somptueux, mais avec un peu plus de goût et de mesure. D'ailleurs la cuisine, surtout en Italie, a désormais ses maîtres qui font connaître un peu partout en Europe les règles de leur art. Pour Bartolomeo Scappi, qui a laissé des traités de cuisine, dont un, publié à Venise en 1570, le repas idéal devait comprendre quatre services : un premier, à base de fruits confits; deux autres, composés de viandes et de volailles alternant avec des plats sucrés; un dernier, le dessert, réunissant une variété de plats doux, parfumés d'œufs confits et de sirops[77]. Sans compter, bien évidemment, le vin, cet indispensable compagnon de la bonne chère, recommandé par les médecins, chanté par tous les poètes de l'époque, qui lui attribuent, les uns et les autres, des vertus et des qualités presque universelles. « Par-dessus tout, s'écrie un des héros du *Morgante* de Luigi Pulci, j'ai foi au bon vin et pense qu'est sauvé celui qui y croit[78] ». Qu'on y croie ou pas, les statistiques montrent qu'on en ingurgite, à l'époque, des quantités énormes, qui ne laissent pas de surprendre. Nous y reviendrons plus loin.

5. La « table » du cardinal

Pour le moment, cherchons à fixer les traits de ce que nous appellerions volontiers le portrait gastronomique du cardinal Salviati. Tout indique qu'il était, à l'image de ses compatriotes de l'aristocratie et en particulier de sa cousine Catherine de Médicis, une fort bonne fourchette, pour ne pas dire, un gourmand. Il en a le physique, comme permet de le constater un portrait, probablement de 1561, qui se trouve aujourd'hui dans la collection privée des ducs Salviati. Silhouette très empâtée, fortement marquée par la cellulite, on est, à n'en pas douter, devant un homme trop sédentaire et trop bien nourri, comme il en existait de plus en plus — les peintres sont là pour nous le rappeler — dans la haute société du temps[79]. Mais Bernardo Salviati n'a pas que le physique du gourmand : il en a aussi les maladies. Nous savons qu'il souffrait de la goutte[80]. Nous savons également qu'il était sujet à des troubles d'ordre cardio-vasculaire. Frappé une première fois par la maladie en 1559[81], il subira trois années plus tard une attaque d'apoplexie[82], dont il ne se relèvera qu'assez péniblement et c'est probablement une attaque du même type, mais beaucoup plus violente, qui l'emporta en 1568[83]. C'est donc un homme assez lourdement handicapé, incité à la prudence, malgré que la prudence ne semble pas avoir été le fort de cet impétueux, qui reçoit et entretient de grands personnages à sa table de 1561 à 1568.

L'art de la cuisine ne lui est pas indifférent. Lorsque, le 15 juin 1559, frappé par la maladie, il rédige à Paris son premier testament, les seuls noms de serviteurs qui y apparaissent sont ceux de son tailleur, de son cuisinier et de son pâtissier[84]. Une année plus tôt, toujours de Paris, il écrit à son agent florentin, Messer Alessandro Talani, de bien vouloir lui faire parvenir, par l'intermédiaire de son banquier lyonnais, Piero Mannelli, environ deux douzaines de petits oiseaux, appelés à Florence *serriccioli* ou *Re di macchie*, c'est-à-dire roitelets, et il prend soin d'indiquer en détail la façon de les préparer : les oiseaux devront être soigneusement plumés, et on prendra soin de n'enlever que les plumes ; ils seront ensuite déposés dans une albarelle contenant une bonne qualité de sel. Une fois qu'ils auront été bien salés, on fermera l'albarelle en question et on l'expédiera par les voies les plus rapides à Paris[85]. Caprice d'un moment, mais qui en dit long sur le côté gourmand de notre personnage.

Le ravitaillement d'un palais de la taille de celui de la via Lungara posait toutefois des problèmes d'intendance qui allaient bien au-delà de simples questions de caprice et, dès son installation à Rome en juin 1561, après plus de quatre années d'absence, le cardinal dut voir à la mise sur pied de véritables services de bouche, capables de répondre aux besoins d'une collectivité qui pouvait atteindre à certains moments 140 ou 150 personnes[86]. Nous possédons toute une série de registres, allant de 1557 à 1568, en plus d'un certain nombre de pièces en vrac nous permettant de reconstituer, pour une bonne part, le détail de ces services[87]. Étant donné qu'il s'agit de sources d'ordre à peu près exclusivement administratif, il ne faudra pas s'attendre à ce que ces dernières répondent à toutes nos questions. Certains éléments, surtout d'ordre qualitatif, continueront de nous échapper. Certaines données quantitatives également. Car les chiffres dont nous disposons portent en général sur les seuls achats de vivres, négligeant par le fait même, à peu près totalement, l'éventail des produits qui étaient, chaque année, livrés gratuitement au palais. Un éventail qui, nous le verrons plus loin, pourrait représenter jusqu'à 12 p. cent de la consommation totale. Mais, ces réserves faites, on ne saurait trop souligner l'importance des données fournies par nos registres concernant la quantité, la variété, la provenance et le prix des denrées consommées chaque jour, chaque mois, chaque année au palais Salviati. Qu'on en juge.

Dès juin 1561, l'intendance du palais s'adresse à un certain nombre de fournisseurs romains avec lesquels elle passe des accords, sinon de véritables contrats, en vue d'assurer l'approvisionnement régulier de la maison. Nous connaissons cinq de ces fournisseurs : M° Bondo, le boucher, M° Giovanni, le marchand de volailles, M° Agostino, le charcutier, M° Giovanni, le poissonnier, et M° Cristofano, le boulanger[88]. Il faudrait peut-être ajouter M° Giovanni Battista Nalli, épicier à l'enseigne dell'Ancora, pour lequel nous ne possédons malheureusement pas de comptes détaillés, mais dont nous savons qu'il entretenait des rapports au moins occasionnels avec l'intendance du palais[89]. Il semble qu'on soit resté fidèle à cette équipe pratiquement jusqu'à la mort du cardinal, exception faite de M° Giovanni, le poissonnier, qui, dès janvier 1562, sera remplacé par M° Giuliano Svitiati[90].

Le boulanger et le poissonnier font l'objet de contrats d'un type assez particulier. Dans le cas du premier, il s'agit d'un forfait d'un an portant sur une certaine quantité de pain à livrer quotidiennement au palais. M° Cristofano signera deux contrats de ce type, soit en 1561 et 1563, pour une somme totale de 460 écus, dans le premier cas, et de 400, dans le second[91]. Durant la dizaine de mois qui séparent les deux contrats, il semble que les cuisines du palais aient choisi de fabriquer leur propre pain[92]. Est-on revenu à ce régime en 1564 ? Nous ne le savons pas. Chose certaine, même durant les périodes de contrat, d'importantes commandes de froment continuent d'affluer via Lungara[93], destinées sans aucun doute à la confection de pâtes, de pâtes alimentaires surtout, dont on sait qu'elles formaient déjà, à l'époque, la base même de la cuisine italienne[94], mais peut-être également de pain.

Dans le cas du poissonnier, le forfait se limite à la seule période de carême, où la consommation de poisson est évidemment beaucoup plus élevée et plus régulière. Ce poste représente à lui seul une dépense annuelle variant entre 260 et 290 écus, dont 140 environ pour le seul carême[95].

Si la note du charcutier, soit 50 écus au maximum par an, paraît modeste en comparaison, il n'en va pas de même de celles du boucher et du marchand de volailles qui peuvent, elles, atteindre, dans le premier cas, 640, dans le second, 275 écus pour 12 mois[96].

Il faut ajouter à cela la dépense d'huile pour laquelle nous ne possédons malheureusement pas de comptes détaillés, mais que nous pouvons situer aux environs de 72 écus par an[97]. Il n'est pas impossible qu'une partie de l'huile consommée via Lungara ait été produite sur place, à partir des olives que l'on récoltait chaque année dans les jardins du palais[98], ce qui obligerait à admettre une consommation plus élevée que celle suggérée par les livres de comptes. De combien plus élevée ? Il est difficile de le dire. Nos registres n'indiquant en général que les sommes versées chaque mois aux fournisseurs, il s'avère, dans plusieurs cas, presque impossible de déterminer la quantité, la qualité et la nature exactes des denrées livrées au palais par ces mêmes fournisseurs, à moins que nous ne le sachions par ailleurs ou ne puissions le déduire à partir d'autres sources de renseignements.

C'est ce qui se produit heureusement dans un certain nombre de cas. Ainsi, nous savons par une note détachée du *Registro de mandati* que la consommation de pain au palais s'élevait à environ 15 *rubbia* par mois, soit 3255 kilogrammes[99]. Ce qui nous donnerait une consommation d'environ 900 grammes par jour par personne. Chiffre tout à fait normal pour la Rome de l'époque[100]. Mais il faudrait sans doute ajouter ici les gâteries dont le maître-pâtissier du palais ne devait pas manquer à l'occasion d'agrémenter la table du cardinal et de ses hôtes. Malheureusement, nous ne sommes pas en mesure de chiffrer cette production d'appoint, encore moins de dire de quelle qualité elle était.

Nous nous trouvons devant les mêmes difficultés ou presque concernant les arrivages de poisson. Chose certaine, ils étaient très abondants au temps du carême — cette période compte à elle seule, nous l'avons vu, pour plus de la moitié de la consommation annuelle —, mais il reste difficile de traduire cette abondance en quantités précises. Nous risquerons, à partir de quelques indices dont nous disposons, le chiffre de 6875 livres par 12 mois[101]. Cela équivaudrait à une consommation annuelle de 62,4 livres par personne, dont la moitié, soit 31,2 livres environ pour la seule période quadragésimale, c'est-à-dire, dans ce dernier cas, 0,78 livre ou 264,42 grammes par jour par personne[102]. Encore ici, un chiffre qui n'a rien pour nous surprendre, surtout si l'on tient compte du fait que l'obligation de faire maigre se doublait, en carême, de celle, tout aussi rigoureuse, de jeûner.

Nous possédons quelques rares mais fort intéressantes données sur ce que pouvait être la qualité de la cuisine quadragésimale au palais Salviati. Entre les 12 et 19 février 1564, donc au tout début du carême, on achète ce qui suit à Ripa : le 12 février, 700 huîtres marinées; le 14, un barillet de thon salé, 38 livres de seiche de Corse, 28 livres de céphales et de dorades salées et un barillet d'anchois; le 19, de nouveau, quelques centaines d'huîtres marinées[103]. Extravagance d'un moment? Il faudrait être naïf pour le croire. À la même époque, chez le cardinal Alexandre Farnèse, on sert tous les midis à la table principale plus de 50 livres de poisson de toute espèce : spicule, ombrine, rouget, daurade, rotange, mulet, corbeau de mer, en plus d'une variété impressionnante de plats spéciaux allant du brochet fumé à la soupe aux calmars, en passant — suprême raffinement — par les tellines au vin « grec ». Le soir, les quantités sont réduites et on se contente de poisson d'eau douce, mais on n'en retrouve pas moins encore une fois un choix étonnant de spécialités tels : escargots, homard, crabe géant, tortue et jeunes calmars, ces derniers destinés surtout au cardinal, qui semble en avoir été tout particulièrement friand[104]. De toute évidence, la « table » garde ses droits même en période quadragésimale dans les grandes maisons cardinalices de l'époque, et on s'ingénie à la rendre aussi « convenable » que possible, malgré les restrictions imposées par la saison.

Si le poisson est roi au temps du carême, il n'en va pas de même pour les autres périodes de l'année, où la viande occupe, et de loin, la première place. À partir des chiffres dont nous disposons, nous pouvons avancer sans crainte de trop nous tromper qu'il se consommait, bon an mal an, au moins 45 000 livres de viande au palais Salviati, c'est-à-dire 409 livres environ par personne[105]. Si nous enlevons les jours d'abstinence, soit à peu près 130, nous obtenons une moyenne de 1,69 livre, ou 573 grammes environ par jour par personne[106]. Comme il s'agit de viande, produit plus coûteux et beaucoup moins répandu que le pain ou le poisson à l'époque, on peut raisonnablement supposer que cette moyenne était beaucoup plus près des 700-750 grammes dans le cas du cardinal et de ses proches, et des 400-450 grammes dans celui de sa domesticité[107]. Cela dit, dans un cas comme dans l'autre, les chiffres restent impressionnants, surtout quand on sait ce que pouvait être la consommation de viande en Europe au XVIe siècle[108]. Mais nous sommes à Rome, ville où il se fait un énorme débit de viande et où abondent les bourses capables de s'offrir à volonté ce produit qui, ailleurs et à un autre niveau social, pourrait paraître un luxe[109].

Quel type de viande consomme-t-on de fait au palais Salviati ? Nos livres de comptes sont, sur ce point, relativement discrets. Il est bien difficile de savoir ce que fournissent effectivement M° Giovanni, le marchand de volaille, et M° Agostino, le charcutier, aux cuisines du palais. Quant à M° Bondo, qui assume à lui seul près des deux tiers des arrivages de viande, soit environ 30 000 livres par année[110], il est permis de croire que l'éventail de ses produits ne devait pas tellement différer de celui que Jean Delumeau a relevé pour l'ensemble de la ville dans les Archives capitolines de l'époque, soit, dans l'ordre : viande de mouton, d'agneau, de porc, de bœuf, de veau, de sanglier et de buffle[111]. Avec cette réserve toutefois que, s'agissant d'un palais cardinalice, on devait sans doute tenir, chaque fois, tout particulièrement compte de critères de qualité et de raffinement. À la table du cardinal Farnèse, contemporain de Bernardo Salviati, veau et mouton occupent, et de loin, la première place, mais on y trouve également chaque midi et chaque soir une infinie variété de chairs plus rares et plus délicates, tels chevreau, pigeonneau, oison, dindonneau, en plus de pâtés, de ris de veau, de saucissons et d'autres confections de cette nature[112]. Tout porte à croire que, *mutatis mutandis*, il devait en être à peu près de même au palais de la via Lungara.

Les quelques rares achats faits chez d'autres que M° Bondo portent à peu près exclusivement sur de la viande de porc. Ainsi, en janvier 1563, voit-on entrer au palais une demi-douzaine de porcs, probablement salés, pesant au total 1 118 livres, en même temps que 4 jambons, 3 têtes fromagées, 4 quartiers de lard, le tout représentant un débours de 29,64 écus[113]. De nouveau, en janvier 1565, on reçoit de Monte Leone une commande de 10 porcs salés, au coût de 25 écus[114]. En juillet, c'est un baril de pigeonneaux marinés et quatre quartiers de lard que nous voyons arriver de La Magione, propriété hiérosolymite du cardinal, située tout près de Pérouse[115]. Nous pouvons sans peine deviner à qui étaient réservés ces pigeonneaux, de même que les plus belles pièces de porc, mais ce lard salé qu'on achète en grande quantité, comment ne pas croire qu'il était plutôt destiné à la piétaille du palais ?

Nous n'avons encore rien dit de la venaison qui faisait très certainement partie du menu, sinon régulier, du moins occasionnel, de la table cardinalice. Il est possible qu'une partie de cette viande ait été tout simplement achetée chez M° Bondo ; mais nous avons de bonnes raisons de penser qu'elle parvenait surtout des chasses organisées par les « grands » de Rome qui — les exemples abondent — se faisaient un point d'honneur de partager leurs prises avec parents, amis et principaux dignitaires de la ville[116]. Le 24 décembre 1562, Latino Orsini, gendre du cardinal, fait porter à ce dernier, en vue très certainement du repas de Noël, un cerf qu'il vient d'abattre, probablement dans la forêt de La Mentana, propriété de sa famille, un exemple parmi d'autres[117].

L'état de santé de Bernardo Salviati ne lui permettait pas de se joindre aussi souvent qu'il l'aurait sans doute souhaité aux battues organisées par ses pairs — une seule fois, soit en mars 1563, le voyons-nous partir pour la chasse dans les environs de Rome[118] —, mais ses proches n'étaient pas soumis aux mêmes restrictions et l'on est en droit de penser qu'ils ne se privaient pas de participer, chaque fois qu'ils en avaient l'occasion et pour le plus grand bénéfice des habitants du palais, aux joyeuses équipées des seigneurs romains. Ne serait-ce pas justement à leur intention que le cardinal retint, en novembre 1561, les services du fauconnier Paolo di Cremona qui, signalons-le, continuera de figurer sur les listes de paye du prélat au moins jusqu'en 1565[119] ?

Mais une cuisine « seigneuriale », à l'époque, c'est beaucoup plus que tout cela. Nous avons déjà parlé d'huile, cette huile que Montaigne trouvait si délicate à Rome. Il faudrait également mentionner les nombreux condiments : sel, poivre, sucre, épices et herbes de toutes sortes, qui entraient obligatoirement dans la préparation des aliments[120] et qu'on achetait sans doute, herbes mises à part, chez M° Giovanni Battista. Il ne faudrait surtout pas oublier les légumes, les oignons et artichauts en particulier, qu'on plantait chaque année en grande quantité dans les jardins de la via Lungara[121], ni les fruits, presque totalement absents de nos registres, mais que l'on devait trouver en abondance au fil des saisons, et sur les places de marché, et dans les vergers de la capitale, sinon dans la « vigne » même du cardinal. Raisins, figues, mentionnés à une ou deux reprises dans nos livres de comptes[122], mais sans doute aussi, comme chez le cardinal Farnèse, poires, pommes, marrons, brugnons et cardons[123].

Il n'est pas impossible que le palais se soit également approvisionné par lui-même en œufs. Nous trouvons, en effet, dans les livres de comptes, mention de certaines quantités de grain achetées pour la basse-cour[124]. D'autres produits sont mentionnés au hasard de ces mêmes registres, fromage et riz par exemple, qu'on fait venir en quantité de diverses régions de la péninsule[125], mais ce n'est probablement là qu'une partie des richesses qui entraient chaque jour, chaque semaine, chaque mois dans les dépenses et réserves du palais.

L'une de ces richesses, dont justement nous n'avons pas parlé jusqu'ici, à cause de la place toute particulière qu'elle occupait via Lungara, c'est le vin. Nous sommes exceptionnellement bien renseignés à ce sujet, grâce encore une fois aux livres de comptes du palais, en particulier le *Quaderno della cantina*. Nous savons, par exemple, la quantité exacte de ce précieux liquide qui entrait chaque année dans la cave du cardinal[126], celle qui, chaque mois, était consommée par la « famille » du prélat — une « famille », nous l'avons vu, d'environ 110 bouches —, celle qui, chaque mois, était servie à la table de ce dernier.

Statistiques on ne peut plus éloquentes. En effet, il se consomme en moyenne au palais Salviati 53 barils de vin par mois, dont 40 (75,4 p. cent) vont à la « famille » et 13 (24,6 p. cent) à la seule table du cardinal[127], le tout représentant une dépense annuelle d'environ 830 écus[128]. Si l'on convertit ces 53 barils en litres et si l'on retient le chiffre 110 pour la « famille » et le chiffre 10 pour la table du cardinal — un maximum en réalité, car c'est une règle de politesse à l'époque de ne jamais recevoir à manger plus de 9 ou 10 personnes à la fois[129] —, cela donne une moyenne quotidienne de 0,36 litre par personne, dans le premier cas, et de 2,50 litres par personne, dans le second. Même en déduisant de ce dernier chiffre la moyenne de ce qui allait chaque jour à la cuisine pour les besoins de la table du cardinal[130] et de ce qui était donné en cadeaux ou, c'est le cas de le dire, en pots-de-vin — par exemple, ces nombreux envois au secrétaire du tout-puissant cardinal Borromée[131] —, on obtient quand même une moyenne d'environ 2 litres. Ce chiffre aurait de quoi nous faire sursauter, si nous ne savions par ailleurs avec quel abandon les Romains se livraient aux joies de Bacchus à l'époque[132].

Reste à savoir de quelle qualité étaient les vins en question. Ici encore, nous sommes bien renseignés. Des dix vins mentionnés dans nos registres, six proviennent de la région de Naples, deux sont des environs de Rome, un est calabrais — neuf sur dix, par conséquent, d'origine italienne — et le dernier est qualifié, tout simplement, de vin français. Ce dernier, qu'on achète, de fait, en grande quantité, semble avoir été destiné surtout au personnel — on le trouve très rarement, en effet, sur la table du cardinal —, ce qui est déjà un indice du peu d'estime dans lequel on le tenait. Un petit traité, écrit vers les années 1550 par un familier du pape Paul III sur la qualité des vins de son époque[133], signale justement ce fait que les vins français étaient fort peu appréciés en Italie : on les trouvait trop légers et on leur reprochait de sentir et de goûter le cuir. Ce même traité fait, par contre, l'éloge de bon nombre de vins italiens, dont certains que nous retrouvons couramment sur la table du cardinal Salviati.

Des vins napolitains, tout d'abord : le grec de Somma et le grec d'Ischia; le premier, s'il faut en croire le familier de Paul III, « vin de grande classe dont on peut boire à tout moment »; le second, « bonne boisson », mais de qualité quelque peu inférieure. Quant au *latino*, que Rome consomme de novembre à mars, il est qualifié, tout simplement, de « boisson honnête ». Autre vin de bonne qualité, mais de Calabre cette fois, le *chiarello* ou clairet, dont le seul défaut, d'après notre spécialiste, est de ne pas supporter le froid. Enfin un très grand cru romain, l'*anguilara* ou *monterano*, produit dans la région du lac Bracciano, vin « si délicat qu'il est impossible d'en dire toute la perfection », vin qui « sent » et goûte « la violette » et que l'on boit de préférence de novembre à mai. Les autres vins de la cave Salviati, le *centola* de Salerne, les différents *romanesco* sont, au contraire, considérés par notre œnologue comme de « petits vins » qui, sans être vraiment mauvais, ne sont certainement pas dignes de figurer aux menus des grandes occasions.

6. Décors champêtres

Si le cardinal reçoit habituellement ses invités au palais, il ne dédaigne pas à l'occasion, surtout l'été, leur offrir l'hospitalité du prieuré, magnifique belvédère dominant l'Aventin, ou celle tout aussi agréable des jardins de la via Lungara[134]. Il s'agit, chaque fois, de collations en plein air regroupant un certain nombre d'habitués du palais, parmi lesquels quelques dames de « qualité » (*certe gentildonne*) que le rédacteur du *Quaderno della cantina*, contrairement à son habitude, ne nomme pas. Simple oubli ou discrétion voulue ?

N'oublions pas qu'à l'époque — et cela, jusque sous le règne de Pie V — de grands et respectables personnages entretenaient des rapports, pas toujours coupables d'ailleurs, avec les plus célèbres courtisanes de Rome, qui avaient la réputation, très souvent fondée, d'être aussi cultivées que belles[135]. Bernardo Salviati n'était pas à l'abri de telles séductions — deux bâtards étaient là pour en témoigner —, mais peut-on croire que, devenu cardinal, dans une Rome qui se pliait de plus en plus aux impératifs de la contre-réforme, il eût osé s'afficher de la sorte en aussi douteuse compagnie ? La chose n'est pas impossible, mais elle paraît improbable, d'autant plus que, depuis 1562, Bernardo Salviati est un homme diminué, malade, préoccupé par la mort. Les femmes — du moins c'est l'impression que laisse le *Quaderno della cantina* — n'avaient pas droit à l'honneur de la table du cardinal. N'oublions pas les prescriptions tridentines relatives au mode de vie des clercs[136] et les nombreux interdits beaucoup plus anciens, mais souvent mal observés, concernant les relations avec les personnes de l'autre sexe. Les collations en plein air permettaient peut-être justement au prélat d'accueillir chez lui, avec tous les honneurs qu'elles méritaient, les nobles personnes, parentes ou amies, que la simple politesse lui prescrivait de recevoir, mais qu'il ne pouvait, en raison des normes canoniques existantes, inviter à sa table.

Quoiqu'il en soit, il est intéressant de noter ce côté « champêtre » de l'hospitalité à Rome, à une époque où, malgré les efforts d'urbanisme en cours, la ville restait envahie de toutes parts par la campagne[137]. Une campagne souvent sauvage, mais que les « grands » commençaient à domestiquer sous forme de jardins et de « vignes » sertissant les palais et villas qu'ils venaient ou étaient en train d'édifier.

7. Un bilan

Autant de précieux renseignements qui permettent d'imaginer ce que pouvait être l'hospitalité offerte via Lungara et surtout la qualité de la table à laquelle visiteurs et résidants se voyaient jour après jour conviés. Sans doute nous manque-t-il le détail de ce que pouvait être un grand repas, une brillante réception au palais Salviati — ces mises en scène et menus fastueux dont les chroniqueurs aimaient tant à l'époque épater leurs lecteurs —, mais c'est là une perte bien minime en regard de ce que nous avons pu tirer des livres de comptes du cardinal qui, eux, nous présentent une image beaucoup plus fidèle de la réalité quotidienne, plus fidèle, en tout cas, que ces instantanés éblouissants, mais rares, auxquels nous condamnent habituellement les sources disponibles en la matière.

Bernardo Salviati n'est ni un Alexandre Farnèse, ni un Hippolyte ou un Louis d'Este, ni même un Ferdinand de Médicis, ces incomparables seigneurs de la Rome de la deuxième moitié du XVIe siècle[138] ; il n'a ni leur fortune, ni leur sens de l'ostentation — on le dit même quelque peu avare[139] ; bien plus, la maladie qui l'a frappé en 1562 l'a probablement forcé à diminuer son train de vie de même que celui de son entourage, de sorte que fêtes et réceptions n'y étaient vraisemblablement ni aussi fréquentes, ni aussi magnifiques que chez ses richissimes collègues. Néanmoins, les détails fournis par nos registres correspondent probablement mieux à la réalité de ce qui se passait au jour le jour dans la plupart de ces cours, y compris les plus grandes, que ne le font les quelques modèles de fastes, alimentaires et autres, célébrés par les *novellanti* de l'époque.

Cette réalité, comment l'évaluer ? Il suffit de se reporter aux quelques études qui existent sur l'alimentation à l'époque[140] pour constater à quel point la qualité de la cuisine et de l'hospitalité offertes via Lungara s'éloigne de la monotonie et de l'indigence des régimes alimentaires qui étaient le lot presque inéluctable de la plupart des contemporains. Ne parlons pas des pauvres, condamnés à un régime presque exclusivement végétal et à forte dominante céréalière, soit pain noir, légumes, eau, d'ailleurs souvent irrégulier, presque toujours déficient, sinon à la limite de la subsistance[141], avec lesquels toute comparaison serait odieuse et, à vrai dire, sans objet. Cherchons plutôt du côté de milieux plus à l'aise, de régions mieux pourvues, où qualité et variété existent, où l'on dispose surtout des moyens de stocker, de saler, voire de confire et de sécher les nombreux produits disponibles. S'il faut croire les auteurs qui ont étudié la question, même à ce niveau, l'alimentation reste principalement céréalière — pain blanc, pain de riche, au lieu du fatidique croûton noir du pauvre, mais pain tout de même — et, hormis quelques ripailles et festins que nobles et bourgeois se paient à l'occasion, la frugalité, même dans ces milieux, semble avoir été la règle générale[142].

Nous possédons relativement peu de données sur ce que pouvait être le régime alimentaire quotidien dans ces bonnes maisons, de sorte qu'il reste difficile de le situer par rapport à celui d'une cour telle que celle du cardinal Salviati. Mais il suffit d'examiner le tableau comparatif F dressé, d'une part, à partir des statistiques que nous avons réunies et analysées, d'autre part, à partir de celles fournies par Andrzei Wyczanski pour la Pologne et Bartolomé Benassar pour l'Espagne de l'époque, pour constater à quel point la cuisine que l'on sert via Lungara se situe dans une catégorie à part, une catégorie que l'on pourrait à juste titre qualifier de « somptuaire ».

Tableau F
Consommation alimentaire quotidienne par personne[143]

	Palais Salviati		**Korczyn**	**Valladolid**
	moyenne brute	*moyenne par catégorie*		
Pain	900 gr (990)	—	620 gr	433 gr
Huile	6 cl (6,5)	—	(55 gr)	0,54 cl
Viande	573 gr (630,5)	700-750 gr (770-825) / 400-450 gr (440-495)	250 gr	75 gr
Poisson	264 gr (290,5)	—	—	33 gr
Vin	0,85 l	2 l / 0,35 l	(3 l)	0,25 l

On ne peut s'empêcher de remarquer, dès l'abord, la place très importante occupée par la viande et le vin dans le régime alimentaire de la via Lungara — à la table du cardinal, en particulier, où quantité et qualité, nous l'avons vu, vont de pair — et la place relativement moins importante accordée au poisson et au pain, même si, en chiffres absolus, la consommation qu'on en fait au palais Salviati dépasse, et de loin, celle des deux autres régimes mentionnés.

À noter que ces derniers sont considérés par Wyczanski et Benassar comme des régimes assez exceptionnels : le premier, parce que pratiqué par des paysans, artisans et moyens commerçants à l'aise[144]; le second, parce que lié aux conditions particulières d'une ancienne capitale, c'est-à-dire Valladolid[145]. Benassar insiste en particulier sur le très haut niveau de consommation de vin qu'on trouve dans cette dernière ville et signale que la consommation de viande y est supérieure à celle que connaîtra trois siècles plus tard l'Espagne. Rome serait, selon lui, une des rares villes où l'on pourrait trouver un indice comparable à l'époque[146].

Nous possédons justement le budget alimentaire annuel d'une des plus grandes hôtelleries pour pèlerins à Rome à la fin du XVIe siècle : la Trinité-des-Monts. Où se situe ce budget par rapport à celui de la via Lungara ? Quelles en sont les particularités ? En quoi ces dernières diffèrent-elles ou se rapprochent-elles de celles que nous avons relevées jusqu'ici concernant le palais Salviati ? Comparons, pour le savoir, les tableaux G et H.

Tableau G

Budget alimentaire annuel de la Trinité-des-Monts[147] (en écus)

Pain	Huile	Viande	Vin	Divers	Total
8954	1018	6922	8826	4180	29900
30 %	3,5 %	23 %	29,5 %	14 %	100 %

Tableau H

Budget alimentaire annuel du palais Salviati[148] (en écus)

Pain	Huile	Viande	Vin	Poisson	Divers	Total
400	72	950	830	275	80	2607
15 %	3 %	36,5 %	32 %	10,5 %	3 %	100 %

Encore ici, commençons par prendre acte du fait, souligné par les contemporains, que les pèlerins de la Trinité-des-Monts étaient particulièrement bien traités et que la pitance qu'on leur servait, comprenant habituellement pain, vin, soupe, viande et salade[149], était de qualité très certainement supérieure à ce que la plupart d'entre eux étaient en mesure de s'offrir chez eux. La comparaison des postes budgétaires exprimés en pourcentages — car nous ne nous intéressons ici qu'à l'importance relative des postes en question — n'en est que plus significative et il n'est pas besoin de longs calculs pour constater le quasi-renversement des rapports pain-viande d'un budget à l'autre. La consommation de pain est, en effet, toutes proportions gardées, deux fois plus faible, et celle de viande, d'au moins 50 p. cent plus forte dans le cas du palais Salviati. À noter que nous ne considérons ici que l'élément quantitatif, la qualité des denrées consommées ne nous étant pas suffisamment connue, du moins dans le cas de la Trinité des Monts, de sorte que l'écart existant entre ces deux régimes alimentaires pourrait bien être, en réalité, beaucoup plus grand que ne le laisseraient supposer les chiffres que nous avançons.

Robert Mandrou déplorait, il y a une quarantaine d'années, l'absence de renseignements suffisamment détaillés concernant les régimes alimentaires existant en Europe aux XVIe et XVIIe siècles et surtout le fait que les sources disponibles, les livres de raison en particulier, s'intéressaient beaucoup plus à l'« exceptionnel » qu'au « normal », privant par le fait même l'historien d'une vue suffisamment « équilibrée » de la réalité[150].

Les registres et livres de comptes que nous avons été à même d'exploiter ici échappent en grande partie à ce reproche. Les détails non seulement y abondent, mais y sont habituellement chiffrés et, contrairement à ce que nous trouvons dans la plupart des diaires et des chroniques de l'époque, décrivent une réalité quotidienne, routinière, par conséquent beaucoup plus près de la « normalité ». Bien sûr, ils ne répondent pas à toutes nos questions et il faudrait leur apporter de nombreux compléments, empruntés à des sources parallèles, avant d'arriver à en tirer des conclusions fermes sur le niveau de vie et, plus particulièrement, sur le niveau de consommation dans l'ensemble des cours cardinalices à Rome à l'époque, mais les données recueillies permettent de nous faire déjà une certaine idée de ce que pouvaient être les niveaux en question et d'émettre un certain nombre d'hypothèses concernant la qualité et l'originalité de la « table » dans les grandes maisons de l'époque.

Première constatation : l'importance des budgets et du personnel que l'on affecte à cette activité qui devient, par le fait même, une des grandes composantes de la vie de cour. Nous avons vu ce que cela pouvait signifier pour un palais comme celui de la via Lungara : près de la moitié du personnel lié d'une façon ou d'une autre aux activités de bouche ; une dépense annuelle totale s'élevant, salaires non compris, à plus de 2600 écus, soit plus de 65 p. cent du budget total de la maison et près de 47 p. cent de toutes les dépenses effectuées chaque année par le cardinal[151].

Autre constatation : la forte prédominance de la viande et du vin dans les régimes alimentaires de ces cours — avec cette réserve, bien entendu, que qualité et quantité en ce domaine varient avec le rang que l'on y occupe — et un éventail de produits que l'on trouverait difficilement ailleurs, à la même époque, servis avec pareille abondance et régularité. Encore ici, les données de nos registres permettent, chiffres à l'appui, de confirmer cette impression de régime « à part ». Vin et viande représentent, à eux seuls, près de 70 p. cent des dépenses de bouche au palais Salviati et ils sont, l'un et l'autre, tout particulièrement abondants à la table du cardinal. Le vin surtout, dont nous avons été à même de mesurer très exactement l'exceptionnel débit. Mais cette abondance n'est pas sans comporter quelque risque et il faut savoir un jour en payer le prix. Bernardo Salviati, comme tant d'autres seigneurs de son temps, finira par l'apprendre… à ses dépens. Car, victime d'un déséquilibre qui, nous l'avons vu, se situe à l'exact opposé de celui dont souffre l'alimentation du pauvre à l'époque, la riche cuisine de cour finit par miner la santé de ceux qui, jour après jour, en usent et en abusent. On ne meurt pas de faim via Lungara, on meurt, goutteux, apoplectique, d'avoir trop bien mangé.

Nous possédons aujourd'hui d'excellentes études sur les régimes alimentaires existant à l'époque. Or toutes ces études s'entendent pour dire que dans les grandes maisons du temps, ces régimes, pour la plupart trop riches en calories, en protéines, en lipides, en glucides et en alcool et, à l'inverse, habituellement pauvres en vitamines et en minéraux, étaient à la source de nombreuses maladies sévissant dans les milieux aristocratiques ou de la haute bourgeoisie de l'époque, notamment la goutte, divers types de rhumatismes, les lithiases rénales ou hépatiques en plus de troubles cardio-vasculaires de toutes sortes[152]. Mais, de toute évidence, ni le cardinal Salviati ni ses éminentissimes collègues n'étaient conscients des dangers auxquels les exposait la plantureuse cuisine qu'on leur servait, voire qu'ils réclamaient eux-mêmes. L'eussent-ils été, cela aurait-il changé quelque chose? Vraisemblablement pas, tant ce type de régime alimentaire était indissociable du rang qu'ils occupaient.

Dernière constatation : la « table », dans une grande maison comme celle du cardinal Salviati, est inséparable de tout un décor, de toute une mise en scène reflétant le prestige tout à la fois de celui qui reçoit et de ceux qui sont reçus. La magnificence et les dimensions mêmes du palais où l'on accueille les visiteurs, l'importance du personnel quc l'on met à leur disposition, les égards de toutes sortes dont on les entoure forment comme le cortège obligé de cette « gloire » de toute bonne maison à l'époque : l'hospitalité. Tout avaricieux qu'il soit, Bernardo Salviati ne peut oublier le fait qu'il est « prince de l'Église » et qu'il se doit de maintenir un train de vie à l'avenant. Nous avons vu ce que cela voulait dire dans le cas du palais de la via Lungara. Il y a certainement à Rome, à la même époque, des styles d'hospitalité plus somptueux, voire plus ostentatoires, mais celui de Bernardo Salviati n'en reste pas moins de fort bonne tenue, digne du rang que ce dernier occupe dans la société aussi bien civile qu'ecclésiastique du temps et sans commune mesure avec ceux que pouvaient se permettre ou se payer la plupart des contemporains.

Dans cette Europe, dans cette Église de plus en plus sensible aux valeurs d'ordre et de hiérarchie, cuisine et hospitalité deviennent de véritables indicateurs sociaux, au même titre que le costume, le langage et le baisemain. Sans doute, au lendemain du concile de Trente, se trouve-t-il des censeurs de plus en plus nombreux pour condamner l'excessive « mondanité » de certaines cours ecclésiastiques et pour prôner le retour à des styles de vie plus simples et plus dépouillés. Antonio Maria Salviati, neveu de

Bernardo, ne restera pas insensible à cet appel. Les témoignages de ses contemporains en font foi[153]. Homme de la Renaissance, témoin éloquent d'un monde qui, vers les années 1560, à Rome du moins, continuait à triompher, Bernardo Salviati était sans doute beaucoup moins ouvert et peut-être même quelque peu hostile à des « interpellations » de cette nature. Cela dit, son neveu se fera, tout autant que lui, le défenseur et l'« illustrateur » convaincu de la dignité dont ils étaient, l'un et l'autre, investis. Le fils de Lorenzo vivra probablement plus modestement et, s'il faut en croire les contemporains, de façon plus effacée que son oncle, mais cela ne l'empêchera pas de se doter, tout comme lui, d'un somptueux palais et de s'entourer, comme lui, d'objets dignes du corps auquel il avait, comme lui, l'honneur d'appartenir[154].

Représentants à Rome et au sein du Sacré Collège d'une des principales familles de Florence, Bernardo et Antonio Maria Salviati se devaient d'adopter un style de vie qui fût à la hauteur tout à la fois de leur rang, de leurs origines et de leurs allégeances. À la hauteur, mais également au service. Car ce « style », loin d'être pure convenance, avait aussi pour but de promouvoir les intérêts d'un nom, d'une dynastie, d'un lignage qui devaient, bien entendu, briller, mais qui devaient surtout briller longtemps, en d'autres mots, durer et, si possible, progresser.

Moins fastueuse que celle de l'oncle, la cour du neveu n'en sera pas pour autant moins « princière ». Un cardinal pouvait, voire même, aux yeux de certains, à l'époque, devait renoncer à la « mondanité », mais il ne pouvait, qu'il le voulût ou non, se soustraire aux exigences et aux obligations sociales de son rang. Bernardo et Antonio Maria Salviati, l'un par avarice, l'autre par esprit de renoncement, auraient peut-être souhaité réduire leur personnel et les coûts d'entretien de leurs cours respectives, mais ils étaient, l'un et l'autre, prisonniers d'une logique et de normes sociales qui les en empêchaient. On ne pouvait être « grand » à l'époque sans être, par le fait même, condamné à vivre et... à mourir en « grand ». Logique d'un autre temps? Il est permis d'en douter.

Notes

1. AS Com. III, 67.
2. P. Pecchiai, « Palazzo Salviati alla Lungara », *Osservatore Romano*, 25 mars 1949, p. 3.
3. AS Filz. II, 62, fasc. 74. Il s'agit d'une liste de registres et de cartons envoyés à Rome en 1704 à la demande de Maria Lucrezia Salviati, née Rospigliosi, en vue du règlement de la succession de son mari, le duc Anton Maria Salviati, dernier représentant de la branche romaine, décédé le 2 janvier de cette même année. Une note accompagnant la liste indique que ces documents — plusieurs centaines au total — ne sont jamais revenus à Florence.
4. Zefferina Salviati (1702-1756), fille unique d'Anton Maria, continuera la lutte entreprise par sa mère pour empêcher les cousins de Florence de prendre plus qu'il ne leur revenait d'une succession soumise pour une large part — laquelle exactement ? c'est ce qu'il importait de déterminer — aux droits de primogéniture et de fidéicommis indivis. Le litige ne prendra fin qu'en 1754, deux ans à peine avant la mort de la plaignante, par un jugement de la Rote florentine nettement défavorable à sa cause. Les documents relatifs à cette affaire se trouvent dans AS Filz. II, 62, 63 et 64. Zefferina Salviati avait épousé en 1718 le connétable Fabrizio Colonna, prince de Palliano. Les papiers de famille venus de Florence en 1704, de même que ceux qui se trouvaient déjà à Rome, passèrent donc selon toute vraisemblance aux Colonna de Naples. Comment expliquer leur présence par la suite dans les Archives Barberini ? Peut-être ces derniers les achetèrent-ils tout simplement de la succession Colonna, lorsque la famille s'éteignit à Naples à la fin du XVIIIe siècle, ou peut-être en devinrent-ils propriétaires par l'intermédiaire de liens matrimoniaux les unissant aux Colonna.
5. Très exactement le jeudi 17 février 1508. Il fut baptisé le même jour sous les prénoms de Bernardo, Bartolomeo, Romolo. Florence, Archivio dell'Opera del Duomo, Libro de Battezzati: Maschi, 1501-1511, f° 103v.
6. Les généalogies en comptent habituellement dix, mais dans une lettre à son cousin Alamanno en 1509, Jacopo Salviati annonce la mort d'une fille en nourrice, Giovannina, et le mariage d'une autre fille, Caterina. Jacopo à Alamanno Salviati, Fiesole, 15 septembre 1509, AS Filz. I, 5, fasc. 30. Or ni l'un ni l'autre de ces noms n'apparaissent dans les listes connues. Il faut donc compter au moins douze enfants.

7. Sur Jacopo Salviati, voir en particulier P. Gauthiez, *Jean des Bandes Noires*, Paris, 1901, *passim*. Il nous manque une étude sérieuse sur cet homme qui joua un rôle politique important à Florence et à Rome. Sur son épouse Lucrezia, on trouve d'utiles renseignements dans G. Pieraccini, *La stirpe de' Medici di Caffaggiolo*, t. I, Florence, 1947 (2e éd.), p. 258-268. Sur ces deux personnages, voir aussi P. Hurtubise, *Une famille-témoin : les Salviati*, Cité du Vatican, 1985, *Ad indicem*.
8. Piero Salviati mourut à Florence, le 19 août 1523, après plusieurs mois de maladie. « Istorie di C. Gambi », *Delizie degli eruditi Toscani*, t. XXII, Florence, 1770-1789, p. 242. Mais, dès 1522, la famille avait obtenu la résignation en faveur de Bernardo. Giovanni Salviati à Filippo Nerli, Rome, 4 octobre 1522, ASF Stroz. I, 37, nº 1.
9. Le chevalier Puccini au capitaine Paolo Vettori, Viterbe, 8 avril 1525, ASF Stroz. I, 369, fº 143.
10. Sur la carrière dans l'Ordre de Malte, voir A. Guglielmotti, *Storia della Marina Pontificia*, t. III, Rome, 1886, p. 319-369.
11. A. Ciaconius, *Vitae et gestae Pontificum Romanorum et S.R.E. Cardinalium*, t. III, Rome, 1677, col. 907. Bernardo Salviati avait une formation intellectuelle très limitée. En 1545, il ira s'installer à Padoue en vue d'y poursuivre des études. Cosme de Médicis à Bernardo Salviati, Poggio a Caiano, 2 septembre 1545, BAV Barb. Salv. Autogr. 1 fº 666r. Il avait alors 37 ans. Cette décision, à première vue surprenante, était peut-être liée au projet qu'il réalisera quatre années plus tard de passer au clergé séculier.
12. La cédule consistoriale est du 7 janvier 1549. AS Filz. II, 6, nº 2. Voir également C. Eubel *et al.*, *Hierarchia Catholica Medii et Recentioris Aevi*, t. III, Münster, 1914-1923, p. 270 et nº 7.
13. La patente de sa nomination est du 25 mai 1555. BAV Barb. Salv. Autogr. 3, fasc. I A.
14. C. Eubel, *op. cit.*, p. 38-39 et notes. La cour faisait des démarches à cet effet depuis au moins 1555. Voir à ce propos la lettre du cardinal de Lorraine au cardinal Carafa, Saint-Germain-en-Laye, 9 juillet 1555. BAV Barb. lat. 9920, fºs 20-21. En 1556 et 1557, c'est la reine-mère elle-même qui fera pression sur Carafa. *Cf. Lettres de Catherine de Médicis*, t. X, Paris, 1909, p. 15 et 17-18. En mai 1557, voyant le peu de cas qu'on faisait de toutes ces démarches, Henri II demandera à Bernardo Salviati de quitter Rome et de venir remplir ses fonctions de grand-aumônier en France. Henri II à son ambassadeur Odet de Selve, Villers-Cotteret, 6 mai 1557; le même à Bernardo Salviati, même lieu, même date, BAV Barb. Salv. Autogr. 1, fasc. 5, nº 4.
15. Antonio Maria Salviati (1537-1602), fils de Lorenzo et de Costanza Conti. Il sera nommé au siège de Saint-Papoul le 8 août 1561. ASV Fondo

Borghese V, 35 (bulle orig.). Sur ce personnage, voir l'Introduction de notre édition de la *Correspondance du nonce en France Antonio Maria Salviati*, vol. I, Rome, 1975. Voir également P. Hurtubise, *loc. cit.*

16. C. Eubel, *op. cit.*, p. 170.
17. Il a séjourné une première fois en France au cours des années 1526-1528 en compagnie de son frère le cardinal, alors légat à la cour du roi Très-Chrétien. Giovanni Salviati à son père Jacopo, (Paris), 14 juillet 1528, ASV Segreteria di Stato, Francia 1, f° 137v. Nous l'y retrouvons en 1533 à titre de commandant des galères chargées de transporter Clément VII et Catherine de Médicis à Marseille en vue du mariage de cette dernière avec le duc d'Orléans. A. Guglielmotti, *op. cit.*, p. 331-332. Il y est de nouveau en 1536-1537 sur l'invitation de la cour, qui voulait lui confier le commandement des galères royales. Carpi à Ricalcato, Paris, 6 janvier 1537, dans J. R. Lestocquoy, *Correspondance des nonces Carpi et Ferrerio*, Rome, 1961, p. 226. De même, en 1549, au moment où il vient d'être nommé évêque de Saint-Papoul. Bernardo Salviati à son frère Alamanno, Paris, 21 juin 1549, AS Filz. II, 2, n° 4. Gamurrini signale sa présence en France en 1557. P. D. Gamurrini, *Istoria genealogica delle famiglie nobili toscane et umbre*, t. IV, Florence, 1679, p. 176. Chose certaine, il est à Paris en novembre de cette même année. BAV Barb. Salv., Libro d'entrata et uscita, 1557-1565, f° 2v. Ce séjour va se prolonger au moins jusqu'en avril 1561. Bernardo Salviati à son frère Alamanno, Fontainebleau, 1er avril 1561, AS Filz. II, 3, liasse 1, n° 3.
18. BAV Urb. Lat. 1039, f° 286v (7 juin 1561).
19. Il n'existe aucune étude sérieuse sur ce cardinal, qui joua pourtant un rôle diplomatique important au temps de Clément VII et qui passera plus tard à deux doigts de la papauté. On trouve les renseignements biographiques essentiels dans A. Giaconius, *Vitae et gestae Pontificum Romanorum* [...], vol. IV, t. 406-408, et C. Eubel, *op. cit.*, p. 17 et n° 6. Sur son côté humaniste, on trouve quelques renseignements dans *Elogi deglie Uomini Illustri Toscani*, t. IV, Lucques, 1774, p. 474-484 et P. Paschini, *Tre Ricerche sulla Storia della Chiesa nel Cinquecento*, Rome, 1945, p. 174 et 191. Voir également P. Hurtubise, *Une famille-témoin : les Salviati, op. cit.*
20. Sur ce personnage, on trouve quelques renseignements épars dans AS Filz. II, 6 et Com. III, 13, 14, 15. Pour ce qui est de son appartenance à l'Académie Florentine, voir le ms 2520 de la Bibliothèque Riccardiana à Florence, f°s 5v et 12v. Sur sa réputation à Ferrare, voir la Dédicace de Remigio Fiorentino pour son livre *Orazioni civili, e militari*, Venise, 1561. Voir également P. Hurtubise, *Une famille-témoin : les Salviati, op. cit.*
21. P. Gauthiez, *op. cit.*, p. 48.
22. A. Guglielmotti, *op. cit.*, p. 293, 307 et 319-327.

23. J. Delumeau, *L'Italie de la Renaissance*, cours polycopié, Paris, 1972, p. 132-135.
24. À sa mort, on établit ses rentes ecclésiastiques à 18000 écus par an. BAV Urb. Lat. 1040, f° 548r (8 mai 1568). Mais en 1566, Bernardo Salviati avait cédé le tiers des revenus de l'abbaye de Redon à son petit-neveu, Paolo Ettore Scotto, et la moitié de ceux de l'abbaye Sainte-Croix de Bordeaux à son neveu Giulio Salviati. ASV Reg. Vat. 1966, f° 13; *ibid.*, 1974, f° 103; *ibid.*, 1943, f° 42. Nous croyons que vers 1565-1566, le total de ses revenus d'Église dépassait 20000 écus. Le seul prieuré de Rome rapportait entre 8000 et 10000 écus par an. ASV Reg. Vat. 1452, f°s 167v-168r. L'évêché de Clermont rendait au moins autant, sinon plus. C. Eubel, *op. cit.*, t. III, p. 169. Les monastères de Saint-Hilaire (Galeata) et de Santa Maria dell'Isola en Romagne, l'abbaye de Redon en Bretagne et l'abbaye Sainte-Croix de Bordeaux représentaient respectivement des revenus annuels de 500, 1200 et 2500 écus environ. AS Com. III, 34, f°s 23, 97, 128, 140 et 167; AS Filz. II, 6, fasc. 30, n° 32. Le prieuré Saint-Antoine à Paris rapportait entre 600 et 700 écus l'an. AS Filz. II, 6, fas. 13. Le cardinal s'était, en outre, réservé une pension d'environ 2000 écus sur le diocèse de Saint-Papoul, cédé à son neveu Antonio Maria en 1561 : ASV Reg. Vat. 1888, f° 156. Il faut ajouter à cela les revenus des prieurés de Saint-Antoine (Burgos) et de Saint-Sauveur (Plaisance) que, malheureusement, nous ne connaissons pas. AS Filz. II, 6, fasc. 2. Cela nous donne un total oscillant entre 22000 et 24000 écus. Mais il faut tenir compte du fait, d'une part, que la perception de ces revenus dispersés un peu partout en Italie, en France et en Espagne n'était pas toujours facile; d'autre part, que ces mêmes revenus étaient souvent, à l'époque, sous-évalués dans les documents officiels. Tout bien considéré, le chiffre de 20000 paraît donc vraisemblable. D'autant plus que, pour être bien complet, il faudrait ajouter à ce total la part de taxes revenant au cardinal à titre de membre du consistoire, cette part se situant à l'époque aux environs de 700 ou 800 florins par an. A. Clergeac, *La curie et les bénéfices consistoriaux*, Paris, 1911, p. 128-130.
25. En 1537, les fils de Jacopo Salviati investissent en faveur de leur frère Bernardo la somme d'environ 10000 écus dans la compagnie de Tommaso et Giovan Maria Giunti de Venise : AS Com. III, 22, f° 1r. Mais les affaires de ces derniers tournent mal. Bernardo Salviati doit passer plus d'une année à Venise (1552-1554) afin d'essayer de récupérer au moins une partie de cet investissement. Il semble qu'il n'ait réussi qu'à moitié. Bernardo Salviati à son frère Alamanno, Venise, 27 mai 1553, AS Filz. II, 2, fasc. 4. Il souscrit ensuite, de concert avec d'autres membres de la famille, à des emprunts royaux sur la place de Lyon. BAV Barb. Salv., Libro di ricordi e conti, 1553-1556, f°s 7-9, 12 et 23. En 1554, Bernardo Salviati a 20000 écus d'investis chez Piero Mannelli de Lyon, dont

13 200 écus en prêts au roi, le tout lui rapportant 3 200 écus par an d'intérêts. *Ibid.*, f°s 48 et 55. Cependant, en 1562, cet investissement n'est plus que de 10 000 ou 12 000 écus. AS Filz. II, 61, fasc. 17 (Testament du 20 novembre 1562). C'est que le krach de 1559 a sérieusement érodé la valeur des rentes royales. Voir à ce propos R. Gascon, *Grand commerce et vie urbaine au XVIe siècle : Lyon et ses marchands*, t. 1, Paris, 1971, p. 258.

26. Bernardo Salviati à son frère Alamanno, Rome, 1er nov. 1561, AS Filz. II: 3, fasc. 7, n° 13.
27. AS Filz. II, 6, fasc. 30, n° 32.
28. *Ibid.*, fasc. 10.
29. *Ibid.*, fasc. 30, n° 32.
30. A. Guglielmotti, *op. cit.*, t. III, p. 319.
31. *Cf.* A. Moroni, *Dizionario di erudizione storico-ecclesiastica*, t. XXIX, Venise, 1840-1861, p. 293-296. Le palais et l'église Saint-Basile appartenaient aux chevaliers depuis au moins le XIIIe siècle. Les palais de San Martinello — mieux connu au XVIe siècle sous le nom de Cibò — et dell'Aquila avaient été acquis, le premier au XIVe, le second au XVe siècle. Ils s'élevaient l'un et l'autre sur l'actuelle place Rusticucci et avaient fait l'objet de considérables restaurations à la fin du XVIe et au début du XVIe siècle. *Cf.* G. Zippel, « Ricordi romani dei Cavalieri di Rodi », *ASRSP*, vol. XLIV, 1921, p. 169-205.
32. P. Pecchiai, « Il palazzo che fu dei Penitenzieri », l'*Osservatore Romano*, 17 juillet 1949, p. 3.
33. A. De Reumont et A. Baschet, *La jeunesse de Catherine de Médicis*, Paris, 1866, p. 122.
34. P. Pecchiai, « Palazzo Salviati alla Lungara », *op. cit.*, p. 3.
35. *Ibid.* Voir à propos des problèmes de succession que cela soulevait la lettre de Bernardo Salviati à son frère Alamanno, Venise, 29 novembre 1553, BAV Barb. Salv., Autogr. I, fasc. 3, n° 4.
36. Le 25 juin 1552, Giovanni Salviati avait acheté du duc de Castro, pour la somme de 1 500 écus, un palais inachevé entouré d'un jardin et d'une « vigne » à proximité de Sant'Onofrio. AS Filz. II, 6, fasc. 29. Cette propriété jouxtait un vaste terrain acheté plusieurs années plus tôt par Lucrezia Salviati, mère de Giovanni et Bernardo : P. Pecchiai, « Il palazzo che fu dei Penitenzieri », *op. cit.*
37. *Ibid.*
38. *Ibid.*
39. À la BAV, dans le fonds Barb. Salv. : Libro di ricordi e conti, 1553-1556; Giornale, 1551-1555; Libro d'entrata e uscita, 1557-1565; Libro di debitori e creditori, 1557-1563; Giornale di spese, 1565-1566; Libro d'entrata e uscita, 1568-1570. Aux AS, Com. III, 67 (Quaderno della cantina, 1563-1565) et 387 (Libro per la fabrica, 1562-1563).

40. Un bilan incomplet dressé à la mort du cardinal établit ce coût à 34 549 écus. AS Filz. II, 6, fasc. 30, nº 32. Quelques années plus tard, à l'occasion d'un litige entre Antonio Maria Salviati et son oncle Alamanno au sujet de la propriété du palais de la via Lungara, on évaluera le tout à 40 000 écus. AS Filz. II, 5, fasc. 15.
41. Pour les années qui nous concernent, BAV Urb. lat. 1039-1041. Sur les constructions de palais cardinalices à Rome à l'époque, voir J. Delumeau, *Vie économique et sociale de Rome dans la deuxième moitié du XVIe siècle*, vol. I, Rome, 1957, p. 274 et suivantes.
42. P. Pecchiai, « Palazzo Salviati alla Lungara », *op. cit.* Pour une vue plus complète sur l'histoire de ce palais et sur ce qui en advint après la mort de Bernardo Salviati, voir P. Hurtubise, « Une famille et son palais : le palazzo Salviati alla Lungara », *Annali Accademici Canadesi*, vol. II, 1986, p. 21-41. Depuis est paru de G. Morolli *et al.*, *Palazzo Salviati alla Lungara*, Rome, 1991 qui, malgré quelques inexactitudes relativement à la présence de la famille Salviati dans ce palais au XVIIIe siècle, apporte beaucoup d'éléments nouveaux, en particulier sur la construction du palais au XVIe siècle et les nombreux réaménagements qu'il subit par la suite.
43. P. Pecchiai, « Il palazzo che fu dei Penitenzieri », *op. cit.*
44. AS Com. III, 64 (inventaire de 1552). BAV Barb. Salv., Autogr. I, fºs 313-314, 316c (inventaire de 1555) ; *ibid.*, fºs 418-432 (inventaire de 1554).
45. On trouve de nombreuses indications dans BAV Barb. Salv., Libro d'entrata e uscita, 1557-1565. Par exemple, en novembre 1558 (fº 47v), commande d'une tapisserie de 150 aunes aux ateliers de Beauvais.
46. AS Com. I, 300, fº 337.
47. AS Com. III, 64, fº 44r.
48. BAV Barb. Salv., Libro d'entrata e uscita, 1557-1565, fº 23r.
49. AS Com. III, 64, fº 44r.
50. AS Com. III, 67.
51. J. Delumeau, *Vie économique et sociale de Rome dans la deuxième moitié du XVIe siècle, op. cit.*, vol. I, p. 434-435.
52. Alamanno Salviati (1510-1571). On trouve de nombreux renseignements sur lui dans AS Filz. II, 2, 3, 4, 71[11] et *passim*, de même que dans Com. III, 22, 38 et *passim*.
53. Pedro de Luna, duc de Bivone (Sicile), fils de Sigismondo et de Luisa Salviati, sœur du cardinal. Sur la famille de Luna, voir l'*Enciclopedia Italiana*, vol. XXI, Rome, 1949, p. 654.
54. Jacopo Salviati (1537-1586), fils d'Alamanno et de Costanza Serristori. Il avait épousé en 1559 sa cousine Isabella Salviati, fille de Filippo et de Maria Gualterotti, sœur utérine de Léon XI. C'est lui qui sera l'héritier universel du cardinal. On trouve beaucoup de renseignements sur lui dans AS Filz. II, 7[1], 7[11], 8, 9, 10, 11, et *passim*, de même que dans Com. III,

62, 94 et *passim*. Voir également G. Pampaloni, *Il Palazzo Portinari-Salviati*, Florence, 1960, p. 39 et suivantes.

55. Jacopo Salviati séjournera au palais en 1562. Jacopo Salviati à son père Alamanno, Rome, 10 octobre 1562 ; le même au même, même lieu, 27 novembre 1562, AS Filz. II, 2, fasc. 2. Le duc de Bivone y sera reçu en 1565. Gian Paolo Civitella à Jacopo Salviati, Rome, 22 décembre 1565, AS Filz. II, 7[11], fasc. 3.
56. *Cf.* note 15.
57. Fille de Filippo et Caterina Nerli, elle avait épousé en 1532 le comte Oderigo Scotto de Plaisance. *Cf. Elogi degli uomini illustri toscani*, vol. II, Lucques, 1774, p. 321. Paolo Ettore est né de ce mariage.
58. Antonio Maria Salviati à son cousin Jacopo, Rome, 5 juillet 1561, AS Filz. II, 7 (II) fasc. 3. On trouve quelques mentions relatives au jeune comte Scotto dans BAV Barb. Salv., Libro d'entrata e uscita, 1557-1565, f°s 20r et 241r.
59. Bernardo Salviati à son frère Alamanno, Paris, 13 janvier 1559, AS Filz. II, 3 fasc. 1, n° 13.
60. AS Com. III, 67.
61. Giulio Salviati à son cousin Jacopo, Paris, 2 novembre 1561, AS Filz. II, 71, fasc. 3. Pietro Salviati avait très mauvaise réputation. Voir à ce sujet la correspondance de Racco Racchi, vicaire de Saint-Papoul, AS Filz. II, 6, fasc. 30.
62. D'après BAV Barb. Salv., Quadernuccio di ricordi, 1554-1555 ; Libro di promotione a benefitij, 1544-1567 ; Libro d'entrata e uscita, 1557-1565 ; Libro d'entrata e uscita, 1568-1570.
63. BAV Ottob. Lat. 1853, f° 98v. Il s'agit d'un coutumier à l'intention du personnel d'une cour cardinalice, très probablement du XVIe siècle, pour autant que nous puissions en juger par l'écriture.
64. *Ibid.*, f° 96v-98r, 99r.
65. *Ibid.*, f° 99r.
66. *Ibid.* Au moins 75 p. cent du texte est consacré à décrire les diverses activités liées à la « table ».
67. Voir tous les renseignements qui suivent dans le Quaderno della cantina, 1563-1565, AS Com. III, 67.
68. Ainsi le duc de Mantoue, le comte de Santa Fiore, le marquis de Marignan (frère du cardinal Borromée), le gouverneur de Sicile, les ambassadeurs de Venise, de France, d'Espagne, etc.
69. Simon Pasqua, Tolomeo Galli, Carlo Visconti, Benedetto Lomellino, Ugo Boncompagni, Annibale Bozzuto, Alessandro Crivelli, Angelo Niccolini.
70. Son nom (Costanza di Modone) revient très souvent dans le Quaderno della cantina. Jusqu'à la mort de Lucrezia Salviati, mère de Bernardo, elle habitait la maison de cette dernière à titre de gouvernante de la jeune

Lucrezia, fille du cardinal. Dans un codicille ajouté à son testament, le 1er novembre 1553, Lucrezia Salviati l'aînée crée en faveur de sa « servante » Costanza une rente viagère qui, à sa mort, passera à la fille de Bernardo, BAV Barb. Salv. Autogr. I, fasc. 1, nº 6. En 1555, soit deux ans après la mort de Lucrezia Salviati, ladite Costanza est toujours gouvernante de la jeune « Lucrezina » et Bernardo Salviati lui fait parvenir diverses allocations à cet effet. *Ibid.*, Libro di ricordi e conti, 1553-1556, fº 131. En 1557, on constate que le prieur lui verse une pension de quatre écus par mois. *Ibid.*, Libro d'entrata e uscita, 1557-1565, fº 25v. En 1574, elle est toujours vivante et habite une maison voisine du palais Salviati que le défunt cardinal avait mis à sa disposition sa vie durant. AS Com. II, 316, fº 87v. Autant d'indices qui donnent à penser que les liens unissant Costanza di Modone à la fille du cardinal étaient plus que de simples liens de service.

71. Les cardinaux Cesi et Gonzaga, 12 mentions chacun; le cardinal de la Bourdaisière, 13 mentions; l'ambassadeur de Villeparisis, 30 mentions. AS Com. III, 67.
72. BAV Barb. Salv., Libro di nominatione a benefitij, 1544-1567, fos 101-102r.
73. AS Com. III, 67.
74. J. Delumeau, *La civilisation de la Renaissance*, Paris, 1967, p. 334.
75. M. E. de Montaigne, *Journal de voyage*, p.p. C. Dédéyan, Paris, 1946, p. 230.
76. J. Delumeau, *Vie économique et sociale de Rome dans la deuxième moitié du XVIe siècle*, *op. cit.*, vol. I, p. 437. Sur les extravagances des Chigi et des Strozzi, voir L. von Pastor, *Geschichte der Päpste*, vol. IV, Fribourg, 1956, p. 380-384.
77. J. Delumeau, *La civilisation de la Renaissance*, *op. cit.*, p. 335.
78. Cité par J. Lucas-Dubreton, *La vie quotidienne à Florence au temps des Médicis*, Paris, 1958, p. 123.
79. J. Delumeau, *La civilisation de la Renaissance*, *op. cit.*, p. 333-334.
80. Jacopo Salviati à son père Alamanno, Rome, 7 novembre 1562, AS Filz. II, 2, fasc. 4.
81. Bernardo Salviati à son frère Alamanno, Paris, 9 juin 1559, AS Filz. II, 3, fasc. 7, nº 13. Il fut, de fait, si malade qu'il jugea prudent de rédiger un testament. AS Filz. II, 61, fasc. 15 (testament du 15 juin 1559, copie).
82. Jacopo Salviati à son père Alamanno, Rome, 20 novembre 1562, AS Filz. II, 2, fasc. 4.
83. BAV Urb. Lat. 1040, fº 548 (Rome, 8 mai 1568).
84. AS Filz. II, 61, fasc. 15.
85. Bernardo Salviati à Alessandro Talani, Paris, 28 avril 1558, AS Filz. II, 6, fasc. 3.
86. Les jours où le cardinal reçoit d'importants visiteurs. D'autre part, si nous ajoutons aux 110 personnes qui formaient la « famille » du cardinal les

quelque 10 hôtes de marque qu'il recevait chaque mois avec leurs suites — donc entre 200 et 250 personnes additionnelles — nous pouvons avancer le chiffre de 120 comme moyenne quotidienne de « présences » à table. C'est le chiffre que nous utiliserons ci-après chaque fois que nous aurons à évaluer la consommation par tête au palais. Nous ramènerons toutefois cette moyenne à 110 dans le cas de la viande et du poisson pour tenir compte des quelques serviteurs — une dizaine au maximum — qui recevaient un *companatico*, c'est-à-dire un supplément en argent tenant lieu de couvert, ce qui, dans la plupart des grandes maisons de l'époque, signifiait qu'ils n'avaient droit qu'au pain et au vin (« *a pane e vino* »). Tous ces calculs sont établis d'après AS Com. III, 67.

87. BAV Barb. Salv., Registro de mandati, 1561-1564; Libro de mandati, 1561-1562; Libro d'entrata e uscita, 1557-1565; Giornale di spese, 1565; Libro d'entrata e uscita, 1568-1570. Voir aussi AS Filz. II, 6, fasc. 6.
88. Registro de mandati, 1561-1564, f° 1 et suivants. Voir aussi Libro de mandati, 1561-1562, *passim*.
89. Quelques mentions occasionnelles dans le Registro d'entrata e uscita (1557-1565). En septembre 1561, on achète chez lui pour 20,20 écus. Il est appelé « *spetiare di casa* », c'est-à-dire épicier de la maison (f° 91r). En 1564, nouvelle mention : on lui doit 13,58 écus (f° 15v).
90. Registro de mandati, 1561-1564, f° 6r.
91. Le premier contrat dans Libro de mandati, 1561-1562, 18 août 1561. Voir également Registro de mandati, 1561-1564, f° 3r. Le second : *ibid.*, f° 14v, 30 juin 1563.
92. Le 4 décembre 1562, on achète un équipement de four à pain du cardinal Santi Quattro. *Ibid.*, f° 199r. Le cardinal en question était Henri du Portugal, fils du roi Emmanuel, qui cette même année avait assumé la charge de régent du royaume, charge qu'il remplira jusqu'en 1568. Il avait été fait cardinal en 1545. *Cf.* F. Bethencourt, « Henri, Cardinal de Portugal », *DHGE*, vol. 23, col. 1207-1213. Sans doute maintenait-il un palais à Rome.
93. Ainsi, le 25 juin 1562, alors que le contrat avec M° Cristofano est toujours en cours, on achète pour 260 écus de blé. *Ibid.*, f° 8r. De même, le 29 juillet, pour 50 écus. *Ibid.*, f° 9v.
94. I. Origo, *Le marchand de Prato*, Paris, 1959, p. 279.
95. D'après le Registro de mandati, 1561-1564, vol. 1v et suivants. Pour les contrats de carême, voir f°s 5v-6, 13r.
96. *Ibid.*
97. D'après une note détachée du même registre, la consommation mensuelle d'huile aurait été de 37,5 bocaux, ce qui donnerait pour une année 450 bocaux. À 16 *baiocchi* le bocal — prix calculé d'après la liste fournie par Jean Delumeau (*Vie économique et sociale de Rome dans la deuxième*

moitié du XVIe siècle, op. cit., vol. II, p. 697) — cela donne 72 écus par an. Cela n'est évidemment qu'une approximation.

98. Il est, à diverses reprises, question de travaux dans l'oliveraie de la « vigne » du cardinal. Voir, par exemple, Libro d'entrata e uscita, 1557-1565, f° 125.

99. Il s'agit du document déjà mentionné à la note 97. Selon Jean Delumeau, la rubbia de blé équivalait à Rome à environ 217 kilogrammes (J. Delumeau, *Vie économique et sociale de Rome dans la deuxième moitié du XVIe siècle, op. cit.*, vol. I, p. 122, note 3).

100. À 900 grammes par jour, cela donne, pour une année, une consommation de 328,50 kilogrammes par personne. Delumeau a pu établir que pour la fin du XVIe siècle, la consommation moyenne de blé à Rome par an par habitant était de 300 kilogrammes (J. Delumeau, *Vie économique et sociale de Rome dans la deuxième moitié du XVIe siècle, op. cit.*, vol. I, p. 123). Notre chiffre n'a donc rien de surprenant. En 1563, la consommation de pain au palais de la Chancellerie, résidence du cardinal Farnèse, était de 1 150 grammes par personne par jour. Entrata e uscita del card. Farnese, AS Filz. I, 81, fasc. 32 (copie contemp.).

101. D'après le Libro d'entrata e uscita (1557-1565), le prix de la livre de poisson se situait en 1564 aux environs de 0,04 écu (*cf.* f° 145r). La dépense moyenne annuelle pour cette même denrée s'élevant à 275 écus (d'après le Registro de mandati, 1561-1564, f°s 1v et suivants), on peut donc évaluer la consommation annuelle à 6 875 livres. Encore ici, il s'agit d'un chiffre très approximatif.

102. La livre romaine équivalant à environ 339 grammes. J. Delumeau, *Vie économique et sociale de Rome dans la deuxième moitié du XVIe siècle, op. cit.*, vol. II, p. 535, note.

103. Libro d'entrata e uscita, 1557-1565, f° 145.

104. AS Filz. I, fasc. 32.

105. La seule facture du boucher s'élève à environ 640 écus par an. Registro de mandati, 1561-1564, f°s 1v et suivants. D'après Jean Delumeau (*Vie économique et sociale de Rome dans la deuxième moitié du XVIe siècle, op. cit.*, vol. II, p. 702-707), le prix de la viande de mouton, de bœuf et d'agneau, à l'époque, oscillait entre deux et trois *baiocchi* la livre. Cela nous donnerait une consommation annuelle de près de 30 000 livres. Mais il faut ajouter à cela les arrivages de volaille et de charcuterie, représentant, à eux seuls, une dépense d'environ 325 écus par année. Registro de mandati, 1561-1564, f°s 1v et suivants. Malheureusement, nous ne connaissons pas le prix exact de ces produits. Toutefois, compte tenu du fait que cette deuxième facture est de moins de 50 p. cent inférieure à la première et que, d'autre part, la volaille était, à l'époque, un produit qui coûtait certainement moins cher que les autres mentionnés,

il nous semble vraisemblable de supposer que la consommation totale de viande au palais Salviati devait être d'au moins 45 000 livres. Ce qui nous donne une moyenne de 409 livres par personne par an.

106. Une moyenne brute donnerait évidemment 1,12 livre par personne par jour. Mais c'est une moyenne qui risque d'être un peu factice, compte tenu du fait que la consommation réelle ne se fait que certains jours de l'année, environ 235 en tout, et qu'il existe de longues périodes, le carême en particulier, où il ne se mange pratiquement aucune viande. Du point de vue qui nous intéresse plus particulièrement ici, la moyenne que nous proposons nous paraît plus significative. Elle est de fait complémentaire à celle que nous proposons pour le poisson.
107. Le coutumier mentionné précédemment (BAV Ottob. lat. 1853) fait explicitement mention des différences de traitement qui doivent exister en ce domaine, compte tenu du rang qu'occupent les personnes. *Cf.* f° 98v. Le majordome est spécialement chargé de voir à ce que les cuisines respectent cette hiérarchie, surtout en ce qui concerne les viandes. La même chose vaut pour le vin. *Ibid.*, f° 99v.
108. *Cf.* R. Mandrou, *Introduction à la France moderne*, Paris, 1961, p. 20-21.
109. J. Delumeau, *Vie économique et sociale de Rome dans la deuxième moitié du* XVIe *siècle*, *op. cit.*, vol. I, p. 123-125.
110. Voir note 105.
111. J. Delumeau, *Vie économique et sociale de Rome dans la deuxième moitié du* XVIe *siècle*, *op. cit.*, vol. I, p. 124.
112. AS Filz. I, 81, fasc. 32
113. Libro d'entrata e uscita, 1557-1565, f° 126v.
114. *Ibid.*, f° 238r.
115. Giornale di spese, 1565, f°s 11r, 14r.
116. On trouve de nombreux exemples dans les *Avvisi*. *Cf.* par exemple BAV Urb. Lat. 1045, f° 282v.
117. Libro d'entrata e uscita, 1557-1565, f° 91r. Cet envoi n'a été enregistré que parce qu'on a dû remettre une *mancia* au serviteur venu porter la bête en question. Il ne s'agissait certainement pas d'un cas isolé, compte tenu des habitudes des nobles du temps.
118. Cristofano Barlettano à Jacopo Salviati, Rome, 5 mars 1563, AS Filz. II, 7 (II), fasc. 3, n° 6.
119. Libro d'entrata e uscita, 1557-1565, f°s 91r, 194r.
120. *Cf.* I. Origo, *Le marchand de Prato*, *op. cit.*, p. 83-287.
121. Libro d'entrata e uscita, 1557-1565, f° 125 ; Giornale di Spese, 1565, f° 26r.
122. Par exemple, en février 1564, achat de 64 livres de figues en provenance de Calabre. Libro d'entrata e uscita, 1557-1565, f° 145v. En octobre, 2 080 livres de raisin « noir » et « blanc », *ibid.*, f° 221r.
123. AS Filz. I, 81, fasc. 32.

124. *Cf.* Libro d'entrata e uscita, 1557-1565, f° 118r. Il s'agit d'un achat de grain du 22 novembre 1562 dont une partie, nous dit-on, est destinée aux poules.
125. En février 1564, 224 livres de fromage arrivent de Bologne. *Ibid.*, f° 148r. En mars 1565, on achète 224 livres de riz. *Ibid.*, f° 241r.
126. D'après le Registro de mandati (1561-1564), on achèterait en moyenne 563 barils de vin par année au palais Salviati (*Cf.* f°s 1-17r). Toutefois, cela ne représente sans doute qu'une partie des entrées, car nous savons par le Quaderno della Cantina (AS Com. III, 67) qu'au moins une trentaine de barils additionnels étaient tirés des vignes du cardinal. Nous savons également que les fermiers du prieuré de Rome étaient tenus de fournir chaque année, à titre de rente, 114,5 barils de vin. Ricordi di conti, 1553-1556, f° 88. Si nous additionnons le tout, nous arrivons à un peu plus de 700 barils. Ajoutons que l'intendance du palais n'avait pas pour le vin, contrairement aux autres produits, de fournisseur attitré. Elle s'approvisionnait à de multiples sources, en France aussi bien qu'en Italie, comme permet de le constater la liste fournie par le Registro de mandati.
127. D'après le Quaderno della cantina (AS Com. III, 67).
128. Nous fondant sur les chiffres fournis par le Registro de mandati, nous avons pu établir le prix moyen du baril à 1,30 écu. À 53 barils par mois, cela représente une dépense annuelle de 826,30 écus.
129. J. Lucas-Debreton, *op. cit.*, p. 121. Dans le Quaderno della cantina, la liste d'invités ne dépasse jamais quatre noms.
130. On trouve de nombreuses mentions à cet effet dans le Quaderno della cantina.
131. Surtout en 1563. *Ibid.*
132. J. Delumeau, *Vie économique et sociale de Rome dans la deuxième moitié du XVIe siècle*, *op. cit.*, vol. I, p. 116-117. Chez le cardinal Farnèse, la consommation moyenne (brute) par personne est de 1,75 litre par jour. AS Filz. I, 81, fasc. 32.
133. *Instruttione ad uno che voglia sapere della qualità delli vini*, Rome, 1549, ASV Miscell. II, 24, f°s 484-499.
134. Ces derniers semblent avoir fait l'objet d'une attention toute particulière, si l'on en juge par les nombreux travaux d'aménagement et d'entretien entrepris à partir de 1552. Les documents mentionnent à plusieurs reprises la présence de rosiers, d'aubépines et de genêts et parlent également de construction et d'entretien de tonnelles. Libro d'entrata e uscita, 1557-1565, f° 125; Libro di debitori e creditori, 1557-1563, f° 60; Giornale di spese, 1565, f° 47r. Il est probable qu'un certain nombre de colonnes, statues et bas-reliefs hérités du cardinal Giovanni avaient trouvé place dans ces mêmes jardins. Signalons que ces derniers étaient

entièrement murés et protégés des regards indiscrets. Libro d'entrata e uscita, 1557-1565, f° 125.

135. J. Delumeau, *Vie économique et sociale de Rome dans la deuxième moitié du XVIe siècle*, *op. cit.*, vol. I, p. 116-117.

136. *Cf.* Hefele-Leclercq, *Histoire des conciles*, vol. X, Paris, 1938, p. 610-611 et 621-622.

137. J. Delumeau, *Vie économique et sociale de Rome dans la deuxième moitié du XVIe siècle*, *op. cit.*, vol. I, p. 226-227.

138. *Ibid.*, p. 447 et suivantes.

139. BAV Urb. Lat. 1040, f° 518r (28 février 1568).

140. On trouve une bonne mise au point dans R. Mandrou, *op. cit.*, p. 15-35. Mais il faut tenir compte de nombreuses études parues depuis, surtout dans les *Annales*. Certaines de ces dernières ont été regroupées et publiées sous le titre : *Pour une histoire de l'alimentation*, Paris, 1970. Parmi les études plus récentes, signalons en particulier M. Montanari, *La faim et l'abondance. Histoire de l'alimentation en Europe*, Paris, 1995 et A. J. Grieco, « Alimentation et classes sociales à la fin du Moyen Âge et à la Renaissance », *Histoire de l'alimentation*, J. L. Flandrin et M. Montanari (dirs.), Paris, 1996, p. 479-490. À lire aussi dans ce même ouvrage collectif les contributions de Michel Morineau (« Croître sans savoir pourquoi », p. 577-595) et de Jean-Louis Flandrin (« L'alimentation paysanne », p. 597-627). Un autre ouvrage collectif aborde, en partie du moins, ce même thème : *Le boire et le manger au XVIe siècle*, Saint-Étienne, 2004, dans lequel mérite d'être signalée la contribution de Martin de Framond (« À la table d'un marchand bourgeois du Puy », p. 103-150).

141. R. Mandrou, *op. cit.*, p. 18-19 et 30-31.

142. *Ibid.*, p. 28 et suivantes.

143. Les statistiques pour la Pologne concernent la starostie de Nowe Minsto Korczyn et sont tirées de l'article de A. Wyczanski (« La consommation alimentaire en Pologne au XVIe siècle ») paru dans le recueil *Pour une histoire de l'alimentation*, *op. cit.*, p. 43-47. Celles pour l'Espagne concernent Valladolid et proviennent de l'étude de B. Benassar (« L'alimentation d'une capitale espagnole au XVIe siècle : Valladolid ») publiée dans le même recueil, p. 49-59. À Korczyn, l'huile est remplacée par le lard et le beurre; le vin, par la bière : nous avons donc mis les statistiques concernant l'une et l'autre de ces denrées entre parenthèses. Dans le cas du palais Salviati, nous avons cherché à assortir les moyennes de consommation brutes de moyennes par catégorie, du moins dans les quelques cas où la chose était possible. Enfin nous proposons pour le pain, l'huile, la viande et le poisson des moyennes de consommation ajustées, plus près croyons-nous de la consommation réelle. Pour ce faire, nous avons majoré chacune de ces moyennes de 10 p. cent, compte tenu du fait que,

pour le vin, cette marge (entre produits achetés et produits consommés) est d'environ 12 p. cent (*cf.* note 126) et que nous possédons de nombreux indices (*cf.* pour la viande, notes 113-115) indiquant que de semblables marges existaient également pour les autres produits. Il s'agit bien entendu, encore ici, d'une simple approximation. Ces moyennes ajustées sont indiquées, elle aussi, entre parenthèses.

144. A. Wyczanski, *op. cit.*, p. 47.
145. B. Benassar, *op. cit.*, p. 49-50.
146. *Ibid.*
147. D'après M. Romani, *Pellegrini e viaggiatori nell'economia di Roma del XIV al XVII secolo*, Milan, 1948, p. 220-221, 331 et suivantes.
148. Ce budget-type a été établi à partir des renseignements fournis par les divers livres de comptes utilisés jusqu'ici, en particulier le Registro de mandati, 1561-1564. *Cf.* note 87.
149. M. Romani, *op. cit.*, p. 226.
150. R. Mandrou, *op. cit.*, p. 30.
151. Les dépenses du cardinal s'élèvent, nous l'avons vu, en moyenne à 5600 écus par an. AS Filz. II, 6, fasc. 30, n° 32. De ce total, environ 4000 écus sont consacrés à l'entretien du palais et de ses habitants. Registro de mandati, 1561-1564, *passim.* Francesco Priscianese évaluait vers 1540 à 6500 écus par an le coût d'entretien du palais du cardinal Niccolò Ridolfi, dont 4000 écus (61,5 p. cent) pour la seule « table ». *Cf.* P. Partner, *Renaissance Rome, 1500-1559*, Berkeley, 1976, p. 138. Chez le cardinal Farnèse, contemporain de Bernardo Salviati, le budget d'entretien du palais s'élève à quelque 28000 écus par an, dont environ 18000 écus (63 p. cent) pour la cuisine. AS Filz. I, 81, fasc. 32. Dans ces deux derniers cas, la dépense totale d'entretien est proportionnellement plus élevée que chez le cardinal Salviati, mais ce dernier n'en consacre pas moins une part plus importante de son budget aux besoins de la table.
152. À ce propos, voir l'excellente étude de L. Balletto, *Medici e farmaci, scongiure ed incantesimi, dieta gastronomia nel medioevo genovese*, Gênes, 1986, p. 179-246 et, plus particulièrement, p. 216-218.
153. Voir, entre autres, T. Ameyden, *Elogia Summorum Pontificium et S.R.E. Cardinalium suo aevo defunctorum* : BAV Vat. Lat. 10887 (ms XVIIe siècle), f°s 13-14 et G. Bentivogli, *Memorie overo Diario del Card. Bentivogli*, Amsterdam, 1648, p. 70.
154. Antonio Maria Salviati consacra de 1591 à 1600 près de 35000 écus à l'agrandissement et au réaménagement de son palais voisin du Collegio Romano. BAV Barb. Salviati, Libro della fabrica segnato A. Nous possédons un certain nombre d'inventaires du mobilier de ce palais. Le plus complet se trouve aux AS Filz. II, 61, fasc. 27, f°s 46-122.

X

Une vie de palais : la cour du cardinal Alexandre Farnèse vers 1563*

Le document qui est à l'origine de la présente étude est un budget dressé par les services d'intendance du cardinal Alexandre Farnèse pour l'année 1563[1]. Ce document nous a d'abord servi à préparer l'étude qui précède sur un collègue et contemporain d'Alexandre Farnèse, le cardinal Bernardo Salviati[2]. Comme nous l'écrivions dans le chapitre précédent, « Bernardo Salviati n'est ni un Alexandre Farnèse, ni un Hippolyte ou un Louis d'Este [...] ces incomparables seigneurs de la Rome de la deuxième moitié du XVIe siècle », et le train de vie de sa maison correspond sans doute « mieux à la réalité de ce qui se passait au jour le jour » dans la majorité des cours cardinalices de la Rome de l'époque que chez ces quelques fastueux personnages[3].

Mais ces derniers n'en méritent pas moins eux aussi de retenir notre attention, ne fût-ce que pour satisfaire notre curiosité, curiosité d'autant plus légitime d'ailleurs que le faste, voire les excès qu'on leur prête habituellement sont le plus souvent fondés sur des impressions ou encore des instantanés d'époque qui sont loin de représenter toute la réalité, en particulier la réalité quotidienne. Mais peut-être ces personnages méritent-ils surtout d'être connus en raison du rôle « emblématique » qu'ils ont joué en leur

---

* Version revue et corrigée du texte paru sous le même titre dans *Renaissance and Reformation/Renaissance et Réforme*, vol. XXVIII, n° 2, 1992, p. 37-54.

temps : c'est sur eux qu'on se modelait et, en définitive, par rapport à eux qu'on était jaugé, même si, en pratique, faute de moyens, on était très souvent obligé de se contenter de pâles ou de modestes imitations. Leurs performances, par rapport à celles de la grande majorité de leurs collègues, peuvent paraître exceptionnelles et, de fait, par bien des côtés, elles l'étaient, mais eux-mêmes n'en constituaient pas pour autant des exceptions à la règle, car, pour les contemporains, ils étaient, ou mieux, ils incarnaient en quelque sorte la règle, et c'est cette règle qui, de fait, souffrait de nombreuses exceptions en la personne de collègues moins bien nantis ou encore moins libéraux qu'eux.

De ce point de vue, il n'est pas sans intérêt de noter que notre document de départ, c'est-à-dire le budget d'Alexandre Farnèse pour 1563, provient des papiers du cardinal Bernardo Salviati et qu'il entra en possession de ce dernier au moment où il était lui-même à organiser sa cour à Rome à la suite de sa promotion au cardinalat en 1561[4]. Il est permis de penser que le document en question servit à cette organisation, même si le modèle qui y est proposé était destiné à n'être et ne sera de fait, pour des raisons que nous avons expliquées ailleurs[5], que très imparfaitement imité.

Si quelques grands cardinaux ont joué au XVIe siècle le rôle emblématique que nous venons de décrire, nul ne l'a fait plus volontiers, avec plus de panache et surtout de façon plus soutenue que le cardinal Alexandre Farnèse. D'où l'intérêt que présente le budget de 1563 pour l'étude de la vie de cour à Rome au milieu du XVIe siècle.

1. Quelques données essentielles

Petit-fils du pape Paul III (1534-1549), Alexandre Farnèse est fait cardinal dès l'élection de ce dernier au trône pontifical à l'automne de 1534, alors qu'il n'a que 14 ans. Népotisme oblige. Une année plus tard, il obtiendra le poste de vice-chancelier de l'Église, jusque-là détenu par le cardinal Ippolito de' Medici, poste de très grand prestige mais également fort rémunérateur qu'il conservera jusqu'à sa mort en 1589 et qui fera de lui un des personnages les plus importants et les plus influents de l'Église. D'autres dignités, d'autres bénéfices viendront s'ajouter par la suite, lui octroyant par le fait même un supplément de prestige et de pouvoir qui lui permettront de fait de jouer un rôle de tout premier plan par rapport à la politique pontificale, au moment des conclaves en particulier, mais également sous les règnes de certains des successeurs de son aïeul, Paul III. Il est, sans conteste, l'une des figures les plus en vue, sinon la plus en vue de Rome entre 1535 et 1589[6].

Au poste de vice-chancelier était rattachée une des plus belles résidences de Rome, soit l'ancien palais Riario devenu depuis 1517 palais de la Chancellerie[7]. C'est donc là que viendra s'installer le jeune Alexandre Farnèse en 1535, d'autant plus que le palais Farnèse où il avait habité jusque-là, sous l'œil vigilant de son aïeul le pape, était redevenu cette même année un immense chantier, à la suite de la décision de Paul III de donner à ce monument familial des dimensions et une apparence dignes du rang que les Farnèse, grâce à lui, occupaient désormais à Rome[8]. Alexandre Farnèse retournera habiter le palais familial, mais une trentaine d'années plus tard seulement, une fois complétés les principaux travaux de réaménagement entrepris à la demande de son aïeul. Entre-temps, le palais Farnèse sera à la disposition du reste de la famille, en particulier de son frère cadet, Ranuccio (1530-1565), fait cardinal en 1545[9].

Le budget de 1563 nous permet de connaître avec passablement d'exactitude le train de vie d'Alexandre Farnèse, de même que celui de l'imposante famille qu'il entretenait à ses frais au palais de la Chancellerie. Cette famille était composée à l'époque d'environ 270 personnes, dont une trentaine de gentilshommes et de prélats, une soixantaine d'officiers au moins et quelque 170 serviteurs[10]. C'était sans doute une des cours les plus imposantes à Rome, à l'époque, après celle du pape[11].

Tableau I
Budget annuel du cardinal Farnèse (en écus)

Entrées	*Brutes*	*Nettes*	*Pourcentage*
Italie	56 733	54 133	74,44
France	22 248	16 677	23,56
Total	**78 981**	**70 820**	**100,00**

Sorties	*Nettes*	*Pourcentage*
Charges diverses (pensions, cens, intérêts sur emprunts ou hypothèques)	8 666	19,03
Dépenses personnelles	4 300	9,44
Dépenses immobilières	4 230	9,29
Intendance du palais et de la « famille »	28 343	62,24
Total	**45 539**	**100,00**

Comme on peut le voir par le tableau I, Alexandre Farnèse disposait à l'époque d'un revenu brut de près de 80 000 écus par an[12]. Vingt ans plus tôt, ce revenu était d'environ 60 000 écus[13], vingt ans plus tard, il sera de près de 120 000 écus[14]. Bel exemple d'un prélat qui savait tirer avantage du rang qu'il occupait et de l'influence qu'il avait dans l'Église et la société du temps. De ce total de 80 000 écus, il lui fallait déduire un certain nombre de charges liées à l'administration des bénéfices dont il disposait en France et en Italie, soit, en 1563, plus de 8 000 écus par an, de même que près de 1 900 écus de pensions et environ 6 800 écus d'intérêts sur emprunts ou hypothèques. Il pouvait donc compter sur quelque 62 000 écus nets par an pour répondre à ses propres besoins de même qu'aux besoins de sa cour[15]. Quels étaient ces besoins? Commençons par ce qui le concernait de plus près. Le vêtement, tout d'abord. Le cardinal y consacrait près de 900 écus par an, dont 360 pour sa propre garde-robe, le reste pour celle de ses pages, valets de chambre et palefreniers. Ensuite, plus de 1 000 écus partaient en aumônes; quelque 300 servaient à financer les déplacements habituels du prélat, sans doute ses nombreuses « escapades » dans le Latium ou dans les environs immédiats de Rome. Mais il y avait aussi 1 200 écus prévus pour ses dépenses personnelles en plus de 1 440 écus de dépenses dites extraordinaires, dont la plus grande partie était sans nul doute destinée aux « menus plaisirs » dont le cardinal tenait à agrémenter ses journées de même que celles de ses hôtes ou encore aux « largesses » qu'il jugeait utiles, voire indispensables de se permettre, tels ces divertissements offerts à l'occasion dans son jardin du Transtevere[16] ou, mieux, à Caprarola[17], ces somptueux cadeaux présentés au moment opportun à des proches ou encore à des grands ou influents personnages[18] et ces beaux objets ou ces agréables passe-temps qu'il aimait de temps à autre s'offrir[19].

Mais il lui fallait aussi assumer les coûts d'aménagement et d'entretien des immeubles et des autres propriétés qui lui servaient tout à la fois de lieux de résidence, de travail et de loisirs. Le seul coût des réparations à faire chaque année au palais de la Chancellerie s'élevait à 300 écus ; les vignes de Pratti, de Torretta et de Villanova, situées dans la proche banlieue romaine, de même que le jardin du Transtevere représentaient des coûts d'entretien de plus de 330 écus ; quant à l'incomparable villa de Caprarola, alors en construction près de Viterbe sous la direction du célèbre Vignola, elle dévorait, à elle seule et au seul titre des frais de construction, quelque 3 600 écus par an.

Si nous délaissons un moment la personne du cardinal et ses obligations comme gestionnaire du capital immobilier et que nous nous intéressons maintenant à l'intendance comme telle du palais de la Chancellerie et de la nombreuse « famille » qui y réside, nous découvrons que ce poste représente et de loin l'élément principal du budget d'Alexandre Farnèse, soit 28 343 écus au total ou 62 p. cent de toutes les dépenses inscrites à ce budget. Mais, comme le montre le tableau J, le poste en question comprend à son tour divers types de dépenses, qui n'ont pas toutes la même importance ni surtout le même poids.

Tableau J
Coût d'intendance du palais et de la « famille » (en écus)

Salaires et « provisions »	4585	16,18 %
Fournitures	2484	8,76 %
Écurie	3474	12,26 %
Cuisine	17800	62,80 %
Total	**28343**	**100,00 %**

Ainsi les salaires des officiers et des simples serviteurs de même que les « provisions » des prélats, des gentilshommes et des autres proches collaborateurs du cardinal entraînent un déboursé annuel de 4585 écus[20]. Les diverses fournitures de maison, y compris la chandelle (192 écus), le bois (780 écus), les médicaments (360 écus) auxquels, pour que ce soit complet, il faudrait sans doute ajouter les vêtements des pages, des valets de chambre et des palefreniers mentionnés précédemment (504 écus), occasionnent chaque année des dépenses de 2484 écus. Le service de l'écurie coûte pour sa part 3474 écus l'an, comprenant la nourriture des 109 montures (97 chevaux, 9 mules et 3 ânes) à la disposition du cardinal et de sa famille (2754 écus), diverses fournitures (504 écus) et l'entretien des coches (86 écus), ces nouveaux modes de locomotion étant désormais présents dans toutes les grandes maisons de Rome[21]. Mais le poste de loin le plus important du budget d'Alexandre Farnèse c'est, comme dans la plupart des cours de l'époque, la cuisine. En effet, près de 18000 écus sont consacrés chaque année à ce seul poste, soit 39 p. cent du budget total et 63 p. cent de la partie consacrée à l'intendance comme telle du palais.

2. Plaisirs et prestige de la table

Nous avons la chance de connaître ce poste de façon extrêmement précise et détaillée. Non seulement nous fournit-on la liste complète des aliments consommés chaque jour au palais de la

Chancellerie, mais on va jusqu'à fournir le détail des menus servis midi et soir à la table du cardinal. Aussi avons-nous estimé important de nous attarder quelque peu sur cet aspect bien particulier de l'intendance de l'ancien palais Riario.

Tout d'abord, quelques données quantitatives. Côté vin, il se consomme chaque année chez le cardinal Farnèse 3 420 barils ou plus de 2 000 hectolitres de ce précieux liquide, représentant une consommation quotidienne brute de 1,62 litre par personne. On y mange annuellement 516 *rubbia* de pain, soit environ 112 000 kilogrammes, ce qui équivaut à une consommation de 1 136 grammes par tête par jour. Et cela, sans compter les 84 *rubbia* ou 18 228 kilogrammes destinés chaque année à la meute de chiens du cardinal. Quant à la consommation d'huile, elle s'établit à environ 4 200 litres par an, soit, sur une base quotidienne, 4,26 centilitres par personne[22]. Enfin, 165 992 livres, ou 56 271 kilogrammes de viande sont servis chaque année aux habitants et aux hôtes du palais, pour une consommation brute par personne d'environ 2,62 livres ou 888 grammes[23].

Nous sommes moins bien informés relativement à la consommation de poisson, car notre document se limite à nous dire qu'il y en avait durant le carême seulement et pour la table du cardinal uniquement, de sorte qu'il est presque impossible de déterminer la quantité de poisson consommée par l'ensemble de la famille. À la table du cardinal, sans doute mieux pourvue que celle des simples serviteurs, il semble que la consommation quotidienne par personne ait été de 0,62 livre ou 210 grammes environ[24], ce qui paraît assez peu en regard de la consommation de viande, mais n'oublions pas que les jours maigres, durant le carême du moins, étaient aussi, dans les régions catholiques de l'époque, des jours de jeûne, donc de consommation passablement réduite.

Si nous comparons ces données à celles de la cour de Bernardo Salviati, des différences notables sautent immédiatement aux yeux. La consommation d'huile est sans doute légèrement inférieure chez le cardinal Farnèse, mais celle de vin, puis celle de pain et de viande — ces éléments-clés de la « bonne » cuisine d'époque — sont, par contraste, beaucoup plus importantes chez lui que chez le cardinal Salviati, comme en témoigne le tableau K.

Tableau K

Consommation alimentaire quotidienne brute par personne[25]

Denrées	*Palais de la Chancellerie*	*Palais Salviati*	*Valladolid*
Pain	1136 gr.	900 gr.	443 gr.
Vin	1,62 l	0,85 l	0,25 l
Viande	887 gr.	573 gr.	75 gr.
Huile	4,26 cl	6 cl	0,54 cl

Et si nous pouvions, comme nous avons pu le faire pour la cour de Bernardo Salviati, établir la consommation par catégories de personnes, combien plus accentué nous paraîtrait le contraste entre l'un et l'autre de ces régimes alimentaires. Malheureusement, la documentation dont nous disposons ne permet pas, si ce n'est que dans quelques rares cas, d'aller jusque-là. Cela dit, les marges révélées par notre tableau sont trop importantes pour ne pas être significatives.

Mais ces marges ne disent pas tout. En effet, il faut aussi se demander de quelle qualité étaient les aliments servis à la table du cardinal Farnèse par rapport à ce que l'on trouvait ailleurs à la même époque. Et ici, nous sommes merveilleusement bien renseignés, beaucoup mieux en tout cas que pour d'autres cours, y compris celle du cardinal Salviati, puisque, comme nous l'avons déjà signalé, nous possédons le détail des menus servis midi et soir chez Alexandre Farnèse.

Sa table rassemblait chaque jour environ 90 convives. Ce groupe sélect incluait probablement les prélats, gentilshommes et principaux officiers de la maison, de même que les invités de marque dont le cardinal tenait sans doute assez souvent à s'entourer[26]. Alors que les autres membres de la famille devaient se contenter d'une pitance relativement modeste comprenant tout de même pain, vin, viande, potage, huile et épices en plus d'un *companatico* en argent de 4,36 *baiocchi* par personne par jour, les commensaux du cardinal avaient droit à un riche éventail de mets diversement, voire, dans certains cas, somptueusement apprêtés, comprenant habituellement, en plus du vin servi, nous l'avons vu, en abondance, potages, pâtés, légumes, salades, fromages, fruits et amandes, pâtisseries, puis surtout, en carême, poissons et fruits de mer, hors carême, viandes et abats de toutes sortes[27].

Veau et mouton sont particulièrement à l'honneur les jours où on fait gras, mais les menus comprennent toujours en plus, au choix des convives, chevreau, chapon, poulet, pigeon, oison, dindonneau de même que certaines spécialités charcutières, tels ris de veau, testicules d'agneau, pieds de veau, pâtés et saucissons. Les jours maigres, nécessairement plus frugaux, en période de carême surtout, ne sont pas pour autant des jours de moindre raffinement. Qu'on en juge.

Tout d'abord, le midi, on se voit servir comme plat principal ou de la *spigola*[28], ou de l'ombrine, ou du corbeau de mer ou quelque autre poisson rare bouilli, également du rotangle, de la daurade et du rouget frits, du mulet ou du brochet cuit sur le gril, puis, à titre d'entrée sans doute, du hareng blanc ou du brochet fumé, du crabe, des tellines, en plus d'une soupe au poisson de rivière, d'une soupe aux jeunes calmars et d'un potage aux légumes. Il est également fait mention de plongeons (marangole[29]), qui, à titre d'oiseaux aquatiques, avaient droit de figurer aux menus de carême, mais nous ne saurions dire si ces volatiles étaient servis comme entrée ou comme plat principal ni de quelle façon ils étaient apprêtés. Chose certaine, leur présence devait ajouter sinon à la qualité, du moins à l'originalité du menu en question.

Le soir, on doit se contenter, comme plat principal, de hareng, de quelques tranches de thon ou de saumon et d'une sorte de poisson de rivière, mais on se voit également offrir, comme *antipasti* sans doute, tellines ou escargots, crabe ou homard, anchois ou anguilles, en plus d'un potage blanc au houblon et d'un potage aux épinards et au fenouil.

Le cardinal, pour sa part, a droit à quelques plats préparés spécialement pour lui : au repas du midi, un plat de poisson de rivière et un autre de jeunes calmars ; au repas du soir, un plat de tortue et, de nouveau, un plat de jeunes calmars (manifestement, Alexandre Farnèse avait un faible pour ce mollusque) auxquels venait peut-être s'ajouter ce « plat délicat » non précisé, indiqué comme faisant chaque jour partie du menu vespéral.

Côté fruits, on semble s'être contenté le midi de brugnons et de raisins secs ; le soir, au contraire, la table se couvre de poires, de pommes roses et de pommes d'api, de raisins de Damas, de figues, et de marrons, en plus d'amandes, de pistaches et de pignons. Même s'ils ne sont pas mentionnés comme tels dans les menus hors carême, hormis les amandes et les raisins secs, la plupart de ces fruits et d'autres provenant sans doute des vergers du cardinal devaient y trouver place au gré des saisons.

Quant aux légumes, ils font partie de tous les menus, et cela, aussi bien en carême que hors carême, soit comme accompagnements de certains plats, soit comme plats à part entière, les plus fréquemment mentionnés étant l'artichaut, les fèves, le fenouil, l'asperge, l'épinard, le panais, en plus de divers types de laitue.

La liste des condiments utilisés pour la préparation des aliments jusqu'ici mentionnés comprend, outre l'huile, le vin, le verjus, le moût cuit, le vinaigre et la moutarde, diverses sortes d'« épices », du poivre, du sel noir, du sel blanc, du sucre, du safran, de la citronnelle, plusieurs variétés d'herbes dont le romarin et la sauge et, bien entendu, de l'ail et de l'oignon. Le lard, le saindoux, le beurre, les œufs, la farine entrent dans la confection de nombreux plats, en particulier ceux du pâtissier de la maison, et le riz semble utilisé surtout comme ingrédient de base de certains potages. Raffinement non négligeable, il est fait au moins une fois mention de fleurs et d'herbes servant à la décoration de la table cardinalice.

Il y avait sans doute à l'occasion des variantes apportées à ces menus — les jours de grande fête, par exemple, ou encore les jours où l'on recevait de grands personnages —, une de ces variantes étant sans aucun doute la venaison, qui ne figure sur aucun de nos menus, mais devait de temps à autre faire partie de ces derniers comme cela se faisait dans la plupart des grandes maisons de l'époque[30]. Nous avons indiqué ce qu'il en était chez le cardinal Bernardo Salviati[31]. Combien plus riche de ce point de vue devait être la table d'un Alexandre Farnèse, lui qui était passionné de chasse et était entouré de proches qui partageaient cette passion et ne demandaient sans doute pas mieux que de le faire profiter de leurs plus belles prises[32].

Nous ne possédons pas, comme chez Bernardo Salviati, la liste des vins consommés à la table du cardinal Farnèse. À un seul endroit il est précisé que l'un des vins de sa cave est un « vin grec de qualité », sans doute l'un ou l'autre des meilleurs crus de la région de Naples[33], vin qui, en l'occurrence, est utilisé pour la préparation des tellines servies chaque midi durant la période quadragésimale. Mais il ne fait pas de doute que le cardinal Farnèse savait apprécier le bon vin et qu'il devait donc posséder une cave à l'avenant. En décembre 1575, découvrant au cours d'une chasse à la *marina* de Palo une botte de vin grec d'Ischia échouée par hasard sur la grève, il fait porter cette botte à Rome et, apprenant plus tard que le vin qu'elle contient est non seulement bien conservé, mais d'une qualité exceptionnelle, il baptise aussitôt cette botte du nom de « *la Venturina* » (« la petite fortune ») et ordonne que son précieux contenu lui soit personnellement réservé[34]. Caprice d'un moment, mais qui en dit long sur les goûts raffinés de ce grand personnage.

Ce que nous avons dit jusqu'ici de sa table montre bien que c'était d'ailleurs là une préoccupation quotidienne, car les menus décrits, y compris ceux du carême, ne sont pas, comme on pourrait être tenté de le croire, des menus d'exception, mais bien le lot de tous les jours, en d'autres mots, ce qu'un habitué du palais de la

Chancellerie se voyait servir midi et soir à longueur d'année. Nous avons comparé précédemment ce régime avec celui qui existait au palais Salviati à la même époque. Celui du palais de la Chancellerie nous est apparu, en termes quantitatifs du moins, largement supérieur. Il semble bien, à la lumière de l'analyse que nous venons de faire des menus servis chaque jour dans cette même maison, que cet avantage ait été en termes de qualité, tout aussi, sinon plus marqué[35]. Et sans doute faudrait-il aussi tenir compte du fait que le décor, l'ambiance, le service étaient nécessairement plus somptueux et raffinés au palais de la Chancellerie en raison des moyens plus importants, du personnel plus varié et plus nombreux et, bien entendu, de la qualité des lieux (palais, villas, jardins, « vignes ») dont disposait le cardinal Farnèse.

Chose certaine, on pouvait difficilement trouver à Rome au milieu du XVIe siècle une cour qui pratiquât avec plus de munificence, pour ne pas dire d'abandon, la vertu par excellence de toute bonne maison à l'époque : l'hospitalité. La cour pontificale, les cours de certains autres grands cardinaux, à titre d'exemple celles d'un Hippolyte, d'un Louis d'Este et d'un Ferdinand de Médicis, se permettaient sans doute à l'occasion des extravagances de table que les chroniqueurs du temps s'empressaient de consigner[36], mais combien parmi elles assuraient un régime comparable à celui qu'on trouvait jour après jour, carême y compris, au palais de la Chancellerie ? Ce n'est pas pour rien que les contemporains qualifiaient Alexandre Farnèse de « grand cardinal ». Il l'était à plus d'un titre, mais il l'était surtout, comme nous venons de le voir, au chapitre de l'hospitalité.

D'autres titres de gloire sont souvent évoqués par les admirateurs d'Alexandre Farnèse, par exemple sa grande générosité envers les pauvres et envers certains ordres religieux, en particulier les Jésuites[37], ou encore ses talents de diplomate et son habileté politique au service des intérêts du Saint-Siège, mais également de sa propre maison[38]. D'aucuns, à l'époque, préféraient insister sur les rapports privilégiés qu'il entretenait avec les humanistes et artistes de son temps dont il aimait ostensiblement s'entourer, qu'il n'hésitait d'ailleurs pas à combler de ses faveurs et à qui il se plaisait à passer des commandes, parfois même de très riches commandes. On sait ce qu'il en fut d'écrivains tels que Paolo Giovio, Antonio della Mirandola, Annibale Caro, Onofrio Panvinio, d'architectes tels que Vignola ou della Porta, de peintres tels que Giorgio Vasari, Cecchino Salviati ou encore Taddeo et Federico Zuccari qui furent, les uns, membres de sa « famille », les autres, clients ou protégés, mais qui tous produisirent des œuvres que nous pouvons encore aujourd'hui admirer, dont il fut sinon l'instigateur, du moins le principal soutien[39]. Est-il besoin d'insister sur ce que pouvait représenter et représenta de fait pour la « famille » et les hôtes du cardinal la présence habituelle à ses côtés de ces hommes aux talents multiples et variés qui ne demandaient d'ailleurs qu'à le servir ?

Vasari parle de soirées passées à Rome chez Alexandre Farnèse au cours desquelles il lui fut donné d'assister à des échanges du plus haut intérêt entre membres de la cour du cardinal et certains de ses hôtes sur l'art et la littérature et autres sujets susceptibles d'intéresser les beaux esprits du temps[40]. Alexandre Farnèse et son entourage partageaient sans doute là-dessus les vues de Castiglione, l'auteur du *Cortegiano*, qui, on le sait, plaçait très haut dans la hiérarchie des arts de cour celui de la conversation[41], art qu'on associait d'ailleurs de très près à l'époque aux plaisirs et aux raffinements de la table[42].

Mais il y avait aussi la musique — Castiglione attachait de fait à cet art presque autant d'importance qu'à celui de la conversation[43] — et, là encore, Alexandre Farnèse faisait figure de modèle, puisque sa famille comptait un nombre imposant de chanteurs et d'instrumentistes, plus d'une dizaine en 1544, un peu moins peut-être en 1563[44], auxquels il pouvait régulièrement faire appel pour son propre agrément ou celui de ses hôtes.

L'hospitalité ne se résumait donc pas chez lui aux simples plaisirs de la table, même si ces derniers représentaient, nous l'avons vu, le poste de loin le plus important du budget de sa maison. Elle incluait aussi diverses autres commodités de l'existence et puis surtout, comme nous l'avons souligné, des lieux et des décors somptueux conférant à ces plaisirs et à ces commodités un caractère peu commun, pour ne pas dire unique. En ce sens, la cour d'Alexandre Farnèse constituait bien pour la Rome de l'époque un modèle difficilement imitable, un modèle qui commençait d'ailleurs à être contesté — on n'a qu'à regarder ce qui se passait au même moment à la cour d'un Charles Borromée, par exemple, pour s'en rendre compte[45] —, mais ce modèle trouvait encore preneur et représentait encore pour plusieurs ce que pouvait et ce que devait être la cour d'un prince, fût-il prince d'Église. Il y avait après tout une logique de la « grandeur » et Alexandre Farnèse montrait à sa façon jusqu'où cette logique pouvait aller quand on avait comme lui les moyens de la pousser jusqu'au bout. On comprend l'admiration et les critiques que son exemple a pu susciter à l'époque, mais on comprend tout aussi bien la fascination qu'encore aujourd'hui nous éprouvons devant cet homme qui incarna pour ainsi dire la Renaissance à une époque où la Renaissance, à Rome du moins, vivait son crépuscule. Mais, grâce à lui surtout, quel crépuscule !

NOTES

1. Pise, AS Filz. I, 81, fasc. 32. Le document se présente sous la forme d'un fascicule grand format de 11 folios (recto verso) subdivisé comme suit : 1) un rôle de cour d'Alexandre Farnèse comportant la « répartition » quotidienne (ou hebdomadaire) par « bouche » de pain, de vin, d'huile (dans quelques cas seulement), de chandelle, le tout complété d'un *companatico* en argent pour les personnes ayant des dépendants et de « rations » d'avoine et de fourrage pour ceux bénéficiant de « montures » (chevaux, mules, ânes) (f°s 1-3r) ; 2) le détail des menus quotidiens servis midi et soir à la table du cardinal (f°s 3v-4r) ; 3) la liste détaillée des salaires, des « provisions » et des aumônes versés chaque mois par le

cardinal (f°s 4v-5r) ; 4) la liste des pensions, cens et autres charges (ou dettes) du cardinal (f°s 54-7v) ; 5) la liste de ses créances (f° 8r) ; 6) ses entrées (ou revenus) (f°s 8v-10r) ; 7) la liste des dépenses que lui occasionnent l'entretien de sa cour et son entretien personnel (f°s 10v-11r). Riche document, mais qui n'est pas sans poser des problèmes de lecture et d'interprétation en raison de certaines particularités d'écriture et de vocabulaire, certaines lacunes également sur lesquelles nous aurons l'occasion de revenir. Il y a de fortes chances que le document en question ait été préparé par les services de comptabilité du cardinal, mais sous l'autorité du majordome du palais qui était, à l'époque, le premier responsable des questions d'intendance et de budget.

2. Voir le neuvième chapitre.
3. *Ibid*, p. 223-224.
4. *Ibid*, p. 212-213.
5. *Ibid*, p. 223-224.
6. Il nous manque une biographie d'Alexandre Farnèse, du moins digne de la stature de cet homme et du rôle qu'il fut appelé à jouer à Rome au XVIe siècle. Nous nous inspirons ici de l'excellent article de G. Alberigo, « Farnèse (Alessandro), dit Alexandre le Jeune », *DHGE*, vol. XVI, Paris, 1967, col 608-615. À compléter par C. Robertson, *"Il Gran Cardinale". Alessandro Farnese, Patron of the Arts*, New Haven, 1992 et, *id.*, « Farnese, Alessandro », *Dizionario Biografico degli Italiani*, vol. 45, 1995, p. 52-70.
7. Sur ce palais, voir A. Schiavo, *Il Palazzo della Cancelleria*, Rome, 1964. Plus récent et utile : C. Pericoli Ridolfini, *Rione VI – Parione*, vol. II, Rome, 1980, p. 70-108.
8. Au sujet du long séjour d'Alexandre Farnèse au palais de la Chancellerie, voir L. von Pastor, *Geschichte der Päpste*, vol. V, Fribourg, 1956, p. 727, de même que C. Pietrangeli, *Rione VII – Regola*, vol. II, Rome, 1976, p. 62. Pour ce qui est du palais Farnèse comme tel, il faut préférer à l'ouvrage vieilli de F. De Navenne, *Rome, le palais Farnèse et les Farnèse*, Paris, 1915, la monumentale histoire du palais publiée par l'École française de Rome à l'occasion de son centenaire : *Le palais Farnèse*, 3 tomes (en 5 vol.), Rome, 1980-1982. Plus maniable, mais s'inspirant du précédent ouvrage : A. Puaux, *Introduction au palais Farnèse*, Rome, 1983.
9. Voir C. Pietrangeli, *op. cit.*, p. 58-62.
10. Notre calcul est fait à partir du rôle inclus dans le budget de 1563 : AS Filz. I, 81, fasc. 32, f°s 1-3v, 4v-5r. La répartition par catégories, soit gentilshommes et prélats, officiers et simples serviteurs, est approximative, les indications fournies par le rôle n'étant pas toujours parfaitement claires. La même « famille » comptait en 1544 277 membres, s'il faut en croire un rôle établi cette année-là par l'intendance du palais et qui se trouve aujourd'hui à la BAV Barb. lat. 5366, f°s 266v-267.

11. La cour du pape Pie IV comptait en 1652 plus de 1 000 personnes, mais son neveu, le cardinal Borromée, se contentait d'une « famille » d'environ 150 membres, qu'il réduira d'ailleurs à une centaine en 1564. P. Partner, *Renaissance Rome 1500-1599*, Berkeley, 1976, p. 118, 135.
12. C'est le revenu comptabilisé dans le budget de 1563. Il s'agit surtout d'entrées bénéficiales telles que pour l'Italie, l'abbaye Tre Fontane de Rome (4 793 écus) ou encore l'archevêché de Monreale en Sicile (20 900 écus), pour la France, l'archevêché d'Avignon (4 950 écus) ou l'abbaye de Grandselve (5 739 écus), mais il y a aussi des revenus de fonction, telles les entrées de la chancellerie (6 800 écus) ou celles de la légation d'Avignon (5 950 écus), des pensions sur bénéfices, surtout portugais (7 340 écus au total), en plus de quelques revenus patrimoniaux, ceux du *casale* de Torre Vergata par exemple (800 écus). AS Filz. I, 81, fasc. 32, f°s 8v-10r. Mais un examen attentif des créances du cardinal (43 407,48 écus au total) montre à l'évidence qu'il avait d'autres sources de revenus (prêts, rentes), donc des entrées réelles supérieures aux 78 981 écus indiqués dans le tableau ci-dessus. *Ibid.*, f° 8v.
13. F. de Navenne, *op. cit.*, p. 250.
14. J. Delumeau, *Vie économique et sociale de Rome dans la seconde moitié du XVIe siècle*, vol. I, Paris, 1957, p. 455.
15. C'est-à-dire 70 820 écus (entrées nettes) moins les charges diverses (pensions, cens, etc.) s'élevant à 8 666 écus.
16. Ainsi, le jeudi 7 juin 1567, Alexandre Farnèse y reçoit à dîner les cardinaux qui, la veille, avaient participé au consistoire. BAV, Urb. lat. 1040, f° 413r.
17. Le cardinal y passe habituellement ses vacances d'été et y reçoit de nombreux visiteurs. À la fin de septembre 1569, on y signale la présence de six cardinaux et du duc Ottavio Farnèse, frère du cardinal. *Ibid.*, Urb. lat. 1041/I, f° 155r. En 1578, il y reçoit le pape Grégoire XIII. J. Delumeau, *op. cit.*, p. 438.
18. En 1575, il offre une partie des joyaux estimés à 50 000 écus présentés à la jeune épouse de Giacomo Boncompagni, fils du pape Grégoire XIII. BAV, Urb. lat. 1045, f° 71v. En 1581, il verse 100 000 écus comme « acompte » sur les 300 000 promis pour la dot de sa nièce qui doit épouser le duc de Mantoue. J. Delumeau, *op. cit.*, p. 455.
19. Il comptera pendant un certain temps dans son personnel Alessandro Cesati, un des plus grands tailleurs de gemmes de l'époque. *Cf.* L. von Pastor, *op. cit.*, vol. V. p. 774. Selon Aldrovandi (1558), il possédait la plus riche collection d'antiquités de Rome. P. Pecchiai, *Roma nel Cinquecento*, Rome, 1948, p. 413-414. Côté divertissements, il est souvent fait mention dans les documents d'époque de sa passion pour la chasse. En septembre 1578, à l'occasion de la visite de Grégoire XIII à Caprarola, il

organise pour ce dernier plusieurs chasses, mais également des excursions de pêche et des régates sur le lac Vico. J. Delumeau, *op. cit.*, p. 438.

20. Nous avons expliqué ailleurs la distinction existant à l'époque entre « salaire » et « provision » et le cas particulier de certains « familiers » ou « proches » qui ne recevaient, eux, ni salaire ni provision, mais faisaient l'objet de « gratifications » diverses, en particulier sous forme de bénéfices ecclésiastiques, la plupart des « familiers » en question étant clercs, comme il se devait dans une cour cardinalice à l'époque. Voir à ce sujet le troisième chapitre. La cour d'Alexandre Farnèse correspond en gros à ce modèle avec 90 « salaires », une trentaine de « provisionés », une cinquantaine de « familiers » non salariés et non « provisionés », mais sans aucun doute généreusement « gratifiés », la rémunération des autres — une centaine au total — étant à la charge des personnes comprises dans ces trois catégories à titre de dépendants. En raison de cette « charge » et d'autres tout aussi onéreuses, la hiérarchie des salaires et des « provisions » inscrits au budget — de 9 à 76 écus par année dans le cas des salaires, de 24 à 396 dans le cas des « provisions » — ne doit pas être considérée comme reflétant très exactement le rang occupé à la cour par chacun des « salariés » ou des « provisionés ». Girolamo Fioravanti, comptable de la maison, reçoit bien 76 écus par an comparativement aux palefreniers qui n'en reçoivent que 12, mais il a deux dépendants et ils n'en ont aucun. Son salaire net est donc plutôt de l'ordre de 52 écus par an maximum comparativement aux 36 écus que reçoit M. Giannetto, maître de l'écurie, ou aux 26 écus versés à Messer Pasquino, maître de la garde-robe. Carlo Gualteruzzi, secrétaire du cardinal, a droit à une « provision » de 240 écus par an, mais il n'habite pas le palais de la Chancellerie et il a deux auxiliaires et sa propre famille à charge. À ce sujet, voir O. Moroni, *Carlo Gualteruzzi (1500-1577) e i corrispondenti*, Cité du Vatican, 1984, p. 29. Il en va de même pour l'architecte Giacomo Vignola qui reçoit, lui, 192 écus par an. Il y a, en plus, certains cas « à part », difficiles à expliquer, tel cet « *acquarolo* » (ou acquiféraire) payé 106 écus par an, salaire à première vue exorbitant, mais peut-être s'agit-il là d'une personne n'habitant pas non plus le palais et ce « salaire » correspond-il en réalité à un contrat aux termes duquel le personnage en question s'engageait à fournir en eau les habitants et les divers services du palais.

21. À ce sujet, voir J. Delumeau, *op. cit.*, p. 443-444.

22. Les moyennes de consommation par tête que nous avons établies précédemment à partir de notre document de base (AS, Filz. I, 81, filz. 32) sont bien évidemment des moyennes brutes qui demanderaient chacune à être modulées selon les personnes et les catégories de personnes. Pour ce qui est du vin, notre base de calcul est la quantité totale de ce précieux liquide consommée ou, du moins, consignée chaque année au palais de la

Chancellerie, soit d'après les calculs de l'intendance du palais, environ 2 000 hectolitres (f° 10v). Si nous divisons ce total par les 270 personnes inscrites au rôle de cour du cardinal Farnèse, cela donne un peu plus de 2 litres par personne par jour. Mais les choses ne sont pas aussi simples que cela. Tout d'abord, si nous examinons attentivement le rôle de cour du cardinal, nous découvrons qu'il n'y a que 254 personnes sur les 270 inscrites qui ont effectivement droit au « couvert ». En revanche, il faut compter les invités, sans doute passablement nombreux chez le cardinal Farnèse qui, on le sait, avait une très large parentèle et clientèle. Nous avions estimé à une dizaine en moyenne par jour le nombre de ces invités chez le cardinal Bernardo Salviati vers 1653-1565. Voir le neuvième chapitre. Je crois que le chiffre de 15 serait plus vraisemblable dans le cas d'Alexandre Farnèse, ce qui nous ramènerait plus ou moins aux 270 « bouches » initiales et donc à la moyenne brute de 2 litres par personne par jour indiquée précédemment. Mais il faut aussi tenir compte de quantités relativement importantes de vin utilisées pour la cuisine ou offertes en cadeaux — peut-être un cinquième du total, comme chez le cardinal Salviati —, ce qui obligerait à ramener la consommation brute par personne à environ 1,61 litre. C'est le chiffre que nous proposons ici pour fins de comparaison avec le palais Salviati et Valladolid (*cf.* tableau K), sachant bien par ailleurs qu'il s'agit là d'un simple ordre de grandeur ne représentant sans doute qu'approximativement la réalité des choses. Peut-être une autre estimation fournie, elle aussi, par les auteurs du budget de 1563, soit la « répartition » par tête de certaines denrées de base (pain, vin, huile) est-elle plus proche de cette réalité et faudrait-il la préférer à celle que nous proposons. En effet, la moyenne de 1,32 litre suggérée par ce rôle nominatif paraît à première vue plus vraisemblable, mais cette moyenne ne tient visiblement pas compte de l'« extraordinaire » qui, au palais de la Chancellerie, équivalait, dans le cas du vin, à plus de 20 p. cent de la consommation totale. Tout bien considéré, il vaut peut-être mieux en rester à la moyenne de 1,62 litre proposée, en se disant bien qu'il s'agit là d'une moyenne brute et d'une moyenne de « répartition » plutôt que de « consommation » au sens strict du terme. (Ces neuf litres de vin que se voient attribuer chaque jour les trois muletiers du cardinal sont-ils vraiment consommés par eux ou ne sont-ils pas plutôt partagés avec d'autres, des proches par exemple?) En se disant également que cette moyenne cache sans doute — nous l'avons constaté chez le cardinal Salviati et cela est tout aussi vrai chez le cardinal Farnèse — des écarts considérables entre les personnes, mais sans que nous puissions, dans le cas du cardinal Farnèse du moins, déterminer exactement ce que pouvaient être ces écarts. Chose certaine, le vin coulait plus généreusement et plus abondamment au palais de la Chancellerie qu'au palais Salviati. Il semble qu'on se soit montré tout aussi généreux pour ce qui était du pain, mais, encore ici, il est difficile d'arriver à des chiffres tout à fait sûrs, puisque, comme dans le cas du vin, il y a deux « estimations » divergentes, l'une fondée sur la quantité totale de pain achetée et distribuée chaque année par l'intendance du palais, soit environ 112 000 kilogrammes, ce qui équivaut à une consommation quotidienne brute par personne de 1 136 grammes, l'autre sur le rôle nominatif mentionné précédemment qui attribue, lui, 707 grammes en moyenne par jour à chacune des personnes inscrites à ce rôle. Cette dernière moyenne paraît trop basse pour les raisons que nous avons expliquées à propos du vin ; l'autre est peut-être un peu trop élevée, mais elle paraît plus proche de la réalité et c'est finalement celle que nous avons choisi de retenir. (Une certaine quantité de pain servait sans doute aux aumônes, ne fut-ce que sous forme de « restes », mais quelle quantité au juste ?) Pour ce qui est de la consommation d'huile, notre estimation est fondée sur la seule information complète dont nous disposions, soit la quantité totale d'huile mise chaque année à la disposition des habitants du palais, soit en moyenne 4,26 centilitres par personne par jour. Les chiffres concernant la consommation de viande ou de poisson sont plus sujets à caution en raison du type de données dont nous disposions pour les établir. Nous nous en expliquons d'ailleurs plus loin (notes 23 et 24), mais nous croyons tout de même qu'ils représentent un ordre de grandeur tout à fait plausible et vraisemblable.

23. Pour ce qui est de la viande, notre estimation est fondée, d'une part, sur le détail des menus quotidiens servis à la table du cardinal et, d'autre part, sur le *companatico* en nature (dont 40 livres ou 13,56 kilogrammes de viande par jour) offert aux autres membres de la famille, le tout calculé en fonction des 235 jours par année où l'on faisait gras, ce qui donne la moyenne brute par personne que nous proposons. Cette moyenne pourrait être trop basse, car, pour ce qui est de la table du cardinal, soit 90 personnes au total, il faudrait de toute évidence ajouter la venaison, qui ne figure pas sur les menus types retenus pour fins de calcul par l'intendance du palais, mais qui devait sans doute assez souvent y trouver place, et, pour ce qui est des autres membres de la « famille », ils pouvaient très bien utiliser le *companatico* en argent qui leur était également versé (4,36 *baiocchi* par jour) pour compléter la maigre ration de viande qui leur était consentie.

24. Calcul fondé sur les menus types indiqués par l'intendance du palais pour le temps du carême, mais qui valaient sans doute aussi pour les autres jours où l'on faisait maigre, soit 130 jours au total.

25. Pour ce qui est des données relatives au palais Salviati et à la ville de Valladolid en Espagne, voir le neuvième chapitre, p. 225.

26. En effet, dans la société fortement hiérarchisée de l'époque, seuls des personnages d'un certain rang pouvaient prétendre partager la table d'un prince de l'Église.
27. Pour les renseignements qui suivent, voir AS Filz. I, 81, fasc. 32, f°s 3v-4r.
28. « *Spicola* » dans l'original. On mange encore aujourd'hui en Italie ce poisson qui est de la famille du loup de mer.
29. Pour « *marangone* ».
30. À ce sujet, voir P. Tocoo-Chala, « La chasse au Moyen Âge » *L'histoire*, n° 28, novembre 1980, p. 33-38.
31. Voir le neuvième chapitre, p. 218.
32. Voir note 19. Comme indice de l'importance que le cardinal accordait à la chasse, on trouve dans son personnel en 1563 un fauconnier, des *bracchieri* (piqueurs), des *canattieri* (valets de chiens) en plus d'un *capocaccia* (maître de chasse). AS Filz. I, 81, fasc. 32, f° 2v.
33. *Ibid.*, f° 4r. Les vins « grecs » provenaient en effet de la région de Naples et étaient hautement considérés à l'époque. *Cf.* J. Delumeau, *op. cit.*, vol. I, p. 117.
34. BAV, Urb. lat. 1044, f° 703v (Rome, 21 décembre 1575).
35. Mais — la question mérite d'être posée — de quelle valeur nutritive était ce régime somptueux, ce régime de « riche »? Nous avions déjà noté, à propos du cardinal Bernardo Salviati, à quel point une consommation trop abondante de vin et de viande était probablement la cause des ennuis de santé qu'il éprouva au cours des dernières années de sa vie (goutte, troubles d'ordre cardio-vasculaire) et qui furent probablement la cause de sa mort en 1568. Voir le neuvième chapitre. La consommation de vin et de viande semble avoir été encore plus abondante chez le cardinal Farnèse. Or ce dernier ne mourra qu'en 1589 à l'âge respectable de 69 ans. Mais peut-être Alexandre Farnèse jouissait-il d'une meilleure constitution ou s'était-il lui-même contenté d'un régime plus frugal que celui de son collègue Salviati ou que celui qu'il tenait à offrir à ses hôtes. Il n'en reste pas moins que sa « table », comme celle de la plupart des « grands » et des riches de l'époque, ne répondait pas aux normes de ce que nous considérerions aujourd'hui comme un régime équilibré.
36. À ce sujet, voir J. Delumeau, *op. cit.*, p. 439-442. Sur les deux cardinaux d'Este, Hippolyte II (1509-1572) et Louis (1538-1586), seigneurs fastueux de Rome et surtout constructeurs de l'incomparable villa d'Este à Tivoli, voir V. Pacifici, *Villa d'Este*, Tivoli, 1923; *id.*, *Ippolito Il d'Este, Cardinale di Ferrara*, Trivoli., [s.d.], et *id.*, *Luigi d'Este*, Trivoli., 1952. Sur Ferdinand de Médicis, futur grand-duc de Toscane, voir le témoignage d'un contemporain bien informé, P. Usimbardi, « Istoria del Granduca Ferdinando I », *Archivio Storico italiano*, vol. VI, 1880, série IV, p. 265-401.

37. *Cf.* BAV, Urb. lat. 1057, f°s 120r (Rome, 4 mars 1589). Sur la participation du cardinal à la construction du Gesù à Rome, voir P. Pecchiai, *Il Gesù di Roma*, Rome, 1952. Sur le sens à donner à la protection accordée aux Jésuites, *cf.* G. Alberigo, *op. cit.*, col. 613-614.
38. *Ibid.*, col. 610-613.
39. Dans ses *Due Dialoghi* publiés à Camerino en 1564 et dédiés à Alexandre Farnèse, Giovanni Andrea Gilio n'hésite pas à qualifier le cardinal de plus grand protecteur des humanistes de son temps et de vanter son affabilité, bénignité et générosité sans pareilles (f° 7v). Les écrivains Giovio, della Mirandola, Caro et Panvinio, pour ne citer que ceux-là, furent de la cour du cardinal et Caro, en particulier, y remplit longtemps l'office de secrétaire. Une partie de sa correspondance a été publiée : Caro, *Lettere familiari*, 3 vol., p. p. A. Greco, Florence, 1957-1961. Il en est de même de celle d'un autre secrétaire, Carlo Gualteruzzi, mentionné tout comme Panvinio d'ailleurs dans le rôle de cour faisant partie du budget de 1563. *Cf.* O. Moroni, *op. cit.* Ces deux correspondances permettent de mesurer l'étendue du réseau d'artistes et d'humanistes « protégés » par le cardinal Farnèse. Sur commande de ce dernier, Vasari et Salviati travaillèrent à la décoration du palais de la Chancellerie, Federico Zuccari, à celle de l'église voisine de San Lorenzo in Damaso. C. Pericoli Ridolfini, *op. cit.*, vol. II, p. 96-102 et 112. À la demande du même ou de sa famille, Giacomo della Porta travailla comme architecte à la conception et à la réalisation de l'oratoire du Crocifisso, du Gesù, du palais Farnèse et de l'église Santa Maria Scala Coeli. V. Tiberia, *Giacomo della Porta. Un architetto tra manierismo e barocco*, Rome, 1974, p. 25, 29, 33, 37 et 40. Vignola et les frères Zuccari se signalèrent surtout, le premier, comme architecte, les seconds, comme décorateurs, de l'incomparable villa de Caprarola, si chère au cœur d'Alexandre Farnèse. À noter que Caro et Panvinio de même que Fulvio Orsini, autre humaniste protégé par le cardinal, fournirent les principaux thèmes iconographiques utilisés pour la décoration de la villa. J. Recupero, *Il Palazzo Farnese di Caprarola*, Florence, 1975, *passim.*
40. P. Pecchiai, *Roma nel Cinquecento*, *op. cit.*, p. 324.
41. Le *Libro del Cortigiano* se présente d'ailleurs comme une longue conversation et donc comme une sorte de démonstration de cet art par excellence de la vie de cour. Il servira de modèle à d'autres ouvrages du genre aux XVIe et XVIIe siècles qui, eux aussi, insisteront sur l'importance de cet art. À ce sujet, voir A. Quondam, « La forma del vivere », *La corte e il « Cortegiano »*, C. Ossola, vol. II, Rome, 1980, p. 15 et suivantes.
42. À ce sujet, voir J. F. Solnon, *La cour de France*, Paris, 1987, p. 66, 92-94 et 104-106.

43. *Cf.* E. E. Lowinsky, « Music in Renaissance Culture », *Renaissance Essays*, New York, 1968, p. 344.
44. Des dix musiciens mentionnés dans le rôle de 1544, deux sont désignés comme instrumentistes (*chontrabasso* et *suonator di leuto*). BAV, Barb. lat. 5366, f° 266v. Un seul courtisan est désigné comme musicien dans le rôle de 1563, mais il y en avait certainement d'autres qui, malheureusement, cette fois ne sont pas désignés comme tels. AS Filz. I, 81, fasc. 32, f°s 1-3v.
45. À partir de 1563, Charles Borromée réduit considérablement son train de vie et les dimensions de sa cour. Il finit par convaincre son oncle, Pie IV, d'en faire autant. Ce nouveau modèle parut à plusieurs à l'époque plus conforme au nouvel idéal clérical proposé par le concile de Trente. *Cf.* R. Mols, « Charles Borromée (saint) », *DHGE*, vol. XII, 1953, col. 494-495.

XI

L'implantation d'une famille florentine à Rome au début du XVIe siècle : les Salviati*

es Florentins n'avaient pas attendu les pontificats de Léon X et de Clément VII pour venir tenter leur chance à Rome. Ils y étaient présents et actifs en grand nombre dès le XVe siècle, et non seulement à titre de banquiers, comme on se plaît souvent à le souligner, mais également de prélats, d'humanistes, d'artistes, voire de simples artisans attirés les uns par le service de la cour, les autres par la conjoncture favorable d'une capitale en pleine expansion[1].

L'arrivée sur le trône pontifical d'un Léon X en 1513, puis d'un Clément VII dix années plus tard, constituèrent bien évidemment pour eux l'occasion rêvée de se tailler une place encore plus importante à la cour comme à la ville et de promouvoir les intérêts de leur « nation ». De fait, dès 1515, cette dernière obtenait la création d'un « consulat » en sa faveur en attendant de se voir octroyer toute une série de privilèges et d'exemptions la démarquant bien, trop peut-être, de ses homologues aussi bien italiens qu'ultramontains[2].

On comprend que, forts de circonstances aussi favorables, des Florentins, jusque-là absents de Rome, aient songé non seulement à venir y tenter leur chance à leur tour, mais également, pour certains, avec l'espoir de s'y implanter à demeure. Ce fut le

---

* Ce texte est d'abord paru dans *Roma Capitale (1444-1527)*, Sergio Gensini (éd.), San Miniato, 1994, p. 253-271.

cas d'un certain nombre de familles apparentées ou, du moins, liées aux Médicis, et c'est à l'une d'entre elles, la famille Salviati, que nous nous intéresserons ici, à la fois comme illustration mais peut-être surtout en tant que paradigme du phénomène en question.

Nous concentrerons surtout notre attention sur certains membres éminents de cette famille, en particulier Jacopo Salviati (1461-1533), beau-frère de Léon X, père des cardinaux Giovanni et Bernardo, secrétaire intime de Clément VII, qui fut de fait le principal artisan de la réussite de sa famille à l'époque et, de concert avec son épouse, Lucrezia de' Medici (1470-1553), sœur de Léon X, le maître-stratège de l'implantation d'au moins une partie de cette même famille à Rome au début du XVIe siècle. Nous étudierons aussi l'apport parfois déterminant de certains des fils de Jacopo, Giovanni, Bernardo et Lorenzo en particulier, qui non seulement secondèrent mais surtout prolongèrent les efforts déployés en ce sens par leurs père et mère décédés, le premier, en 1533, et la seconde, 20 ans plus tard. Notre cadre chronologique correspondra, pour l'essentiel, aux pontificats de Léon X et de Clément VII, soit de 1513 à 1534, mais avec quelques incursions en amont et en aval afin d'éclairer les faits et gestes dont il sera ici principalement question.

Tout commence avec l'accession de Giovanni de' Medici au trône pontifical le 11 mars 1513. Jacopo Salviati était déjà à Rome depuis novembre 1512 à titre d'ambassadeur de la République de Florence, avec ses compatriotes Matteo Strozzi et Francesco Vettori. L'élection de son beau-frère au suprême pontificat le combla bien évidemment d'aise et il crut, comme la plupart des siens d'ailleurs, que son heure était enfin arrivée. Cependant, les créanciers de Léon X étaient nombreux et, tout proche parent du pape qu'il fût, Jacopo Salviati, comme beaucoup d'autres parents et clients d'ailleurs, dut patienter jusqu'à l'automne 1514 avant de pouvoir enfin cueillir les fruits de l'élection de mars 1513.

L'attente en valait toutefois la peine, puisque le beau-frère du pape se vit octroyer d'un seul coup en décembre 1514 la trésorerie de Romagne et la ferme du sel pour tout l'État pontifical, et cela, à des conditions beaucoup plus avantageuses que celles consenties à son prédécesseur, le Génois Giovanni Sauli. En effet, il allait conserver ces deux fermes jusqu'en 1531 et en tirer quelque 15 000 ducats de profit net en moyenne chaque année, sans compter les nombreux autres avantages que comportait l'exercice du monopole en question en termes non seulement pécuniaires, mais également politiques et sociaux. Clients et partenaires de Jacopo Salviati, à commencer par ses associés de la Banque de Lyon, eurent tôt fait de constater à quel point ces avantages étaient aussi les leurs. Cependant, les plus choyés furent bien évidemment — et ce n'était là que justice — les proches parents du beau-frère de Léon X, en particulier les nombreux enfants issus de son mariage avec Lucrezia de' Medici en 1487 (ou peut-être en 1488)[3].

De ses enfants, quatre méritent de retenir ici notre attention puisque leur avenir se jouera principalement à Rome et que cet avenir est lié de très près aux faveurs faites à leur père, tout d'abord par leur oncle Léon X et, plus tard, par leur cousin Clément VII. Le premier de ces bénéficiaires, chronologiquement parlant, est Lorenzo (1492-1539), puîné de la famille qui, dès 1514, se verra marier à une riche héritière romaine, Costanza Conti, fille unique de Giambattista Conti et de Ginevra Pico della Mirandola, nièce du célèbre humaniste. Nous reviendrons plus loin sur la signification et la portée de ce mariage aristocratique liant les Salviati à l'une des plus anciennes et prestigieuses maisons de la Rome baronale et féodale. Le second est Piero (1498-1523), pour qui l'on obtiendra en 1516 le priorat de Rome, beau et plantureux bénéfice de l'Ordre des Chevaliers de Saint-Jean de Jérusalem, mieux connus à l'époque sous le nom de Chevaliers de Rhodes. Puis viennent, dans l'ordre chronologique toujours, Giovanni (1490-1553), l'aîné de la famille, qui obtiendra le chapeau de cardinal en 1517, et Bernardo (1508-1568), qui succédera à son frère Piero au prieuré de Rome avant de devenir évêque de Saint-Papoul en 1549, puis cardinal à son tour en 1561. Comme nous le verrons, ces deux derniers hommes seront, après leur père, les principaux artisans de l'implantation réussie de la famille à Rome[4].

1. L'implantation « physique »

Durant les premières années du pontificat de Léon X, les liens des Salviati avec la Ville éternelle restent plutôt épisodiques. Jacopo Salviati et les siens continuent à se partager entre Rome et Florence, Florence restant d'ailleurs pour la plupart d'entre eux le principal, sinon l'unique pied-à-terre. Mais avec les promotions successives de Piero, puis de Giovanni, appelés aux termes de leurs fonctions à séjourner habituellement à Rome, va se poser le problème d'une « installation » en bonne et due forme dans cette ville, du moins pour ceux des membres de la famille dont l'avenir se jouait désormais à l'ombre de la papauté.

À titre de prieur de Rome, Piero avait à sa disposition un certain nombre de résidences dont, en particulier, le palais San Martinello situé sur l'emplacement de l'actuelle place Pie XII (anc. Rusticucci)[5]. Il semble qu'il se soit installé dès 1516 dans ce palais, où viendra d'ailleurs le rejoindre son frère le cardinal en 1517. Ses frères Battista et Alamanno et, sans doute, son père Jacopo bénéficieront également de son hospitalité durant leurs plus ou moins longs séjours à Rome[6].

À noter que Battista faisait à l'époque partie de la cour de son oncle Léon X à titre d'écuyer (*scutifero*)[7], qu'il sera jusqu'en 1520 comptable (*computista*) de son frère le cardinal[8] et qu'il était, tout homme marié qu'il fût, titulaire, comme son cadet Alamanno d'ailleurs, d'un certain nombre de bénéfices ecclésiastiques[9]. Manifestement, la famille savait tirer parti des moindres avantages qui depuis 1513 s'offraient à elle.

À la suite de la mort de son frère Piero en 1523, le cardinal Giovanni quittera la résidence qu'il partageait avec ce dernier pour aller s'installer au palais della Rovere, qui offrait probablement le double avantage d'être plus spacieux et plus prestigieux que celui des Chevaliers de Rhodes. Son frère Bernardo, qui avait succédé à Piero en 1523, continua-t-il à habiter le palais San Martinello? La chose n'est pas impossible[10], mais désormais le principal pied-à-terre de la famille à Rome était le palais du cardinal Domenico della Rovere, devenu à sa mort en 1501 propriété d'un certain nombre d'institutions romaines, dont le célèbre hôpital Santo Spirito. Giovanni Salviati se contentera au début de louer la partie de l'édifice qu'il occupait, mais en 1533, de concert avec sa mère, il se portera acquéreur, pour une moitié, de cet imposant immeuble[11]. Le palais portera désormais son nom et continuera d'ailleurs à le porter plusieurs années après sa mort, comme permettent de le constater un certain nombre de plans anciens de la ville[12].

À première vue, on est un peu surpris de voir la part prise par Lucrezia de' Medici dans cette transaction. C'est oublier le rôle-clé que cette dernière jouait à l'époque auprès de Léon X, son frère, en vue d'assurer l'avenir de ses deux familles : la sienne propre et celle de son mari. La trésorerie de Romagne et la ferme du sel, c'est en bonne partie à elle que Jacopo Salviati les devait[13]. Et il est permis de penser que le mariage de Lorenzo et les promotions de Piero et de Giovanni devaient également beaucoup à l'indéniable ascendant qu'elle avait sur son frère le pape. Installée à partir de 1514 au palais Médicis (le futur palais Madame), d'où elle veillait assidûment aux intérêts des siens[14], elle avait très tôt compris l'importance de donner à la présence Salviati à Rome des assises visibles et durables.

Dès 1515, nous la voyons acheter une « vigne » tout près de Sainte-Marie Majeure, plus tard, des maisons dans le *rione* S. Eustachio, une autre « vigne » près de la porte Settiminia dans le Transtevere, un « *casale* » appelé Lunghezza dans la campagne romaine et enfin, un fief du nom de Saint-Angelo dans la région de Tivoli[15]. S'installer dans la ville, y prendre racine, espérer y réussir, cela voulait manifestement dire pour elle, comme pour son aîné Giovanni, beaucoup plus que simplement y habiter. Rien de surprenant donc à ce qu'en 1533, elle se soit associée à son fils le cardinal pour acquérir le palais della Rovere, sans doute en vue de permettre à ce même fils d'être enfin chez lui et d'y vivre surtout à son aise et selon ses goûts qui étaient — il n'allait pas tarder à en faire la démonstration — fastueux. Mais elle se préparait en même temps elle-même, sans le savoir, une retraite à sa mesure puisque, quelques années plus tard, elle sera forcée d'emménager chez son fils, le cardinal, à la suite de la cession du palais Médicis à Marguerite d'Autriche en 1538[16]. Il faut dire qu'elle avait à l'époque près de 70 ans.

Cette stratégie immobilière, son fils puîné, Lorenzo, l'avait, lui aussi, très bien comprise. Par sa femme, Costanza Conti, il disposait déjà en 1514 d'un certain nombre de maisons sises à proximité de la place de Nicosie dans le *rione* Campo Marzio[17]. Il se peut qu'il ait habité l'une de ces maisons, dite la « *casa grande* », durant les toutes premières années de son mariage[18]. Mais, le 8 août 1533, poussé sans doute par le désir de rendre plus « visible » sa présence à Rome, mais peut-être aussi par l'exemple que venait de lui donner son frère le cardinal, Lorenzo achètera des « frères » de S. Marcello au coût d'un peu plus de 3 000 écus, une grande maison voisine du futur Collegio Romano. Les mois suivants seront employés à restaurer et à réaménager l'immeuble en question afin d'en faire un logis digne du nom Salviati. Plus de 1 000 écus seront dépensés à cette fin entre octobre 1533 et juin 1534. À noter que l'architecte chargé de cette réfection était nul autre que Giovan Battista da San Gallo (1496-1552), frère et collaborateur du célèbre Antonio da San Gallo le jeune[19]. Lorenzo avait également acheté, vers la même époque, au coût de plus de 560 florins, une « vigne » située, comme celle de sa mère, tout près de Sainte-Marie Majeure. Cette propriété de même que celle de Saint-Marcel passeront plus tard à son fils Gian Battista, puis, à la mort de ce dernier en 1562, à son cadet Antonio Maria[20]. Ce dernier, devenu entre-temps cardinal, consacrera entre 1591 et 1600 près de 35 000 écus à l'agrandissement et à l'embellissement du palais hérité de son père et il se prévaudra lui aussi des services d'un architecte de renom, en l'occurrence Francesco da Volterra, qu'il connaissait déjà pour l'avoir employé à la restauration de l'église de S. Maria in Aquiro[21]. Précisons que ce palais sera exproprié en 1659, puis en bonne partie démoli pour permettre l'aménagement de l'actuelle piazza del Collegio Romano[22].

Par conséquent, à partir de 1533, on peut parler d'une véritable « installation » de la famille à Rome. Jacopo Salviati, mort cette même année, avait eu la consolation quelques semaines avant de disparaître de voir signées l'une et l'autre des transactions permettant aux siens d'avoir enfin « pignon sur rue » dans cette ville où il avait lui-même, de concert avec son épouse, si efficacement travaillé à leur assurer un avenir. Néanmoins, il manquait encore au prestige de la famille un palais, une construction qui fût vraiment de son cru, symbole incontestable de sa grandeur, témoin éloquent de sa réussite. Ce symbole, ce témoin, c'est Bernardo, frère cadet de Giovanni et de Lorenzo, qui se chargera d'en doter les siens sous forme d'un palais construit via Lungara dans le Transtevere entre 1555 et 1566 et où, devenu cardinal, il s'installera en 1561[23].

Toutefois, ce type d'implantation ne pouvait suffire à une famille qui de toute évidence — le mariage Salviati-Conti le montre assez — ambitionnait déjà du vivant de Jacopo Salviati de faire partie de l'aristocratie romaine. Les acquisitions faites à partir de 1515 par Lucrezia de' Medici à Rome même et dans la campagne environnante traçaient déjà la voie à suivre. « Vignes », « casali » et fiefs : une fois assurée la « façade » proprement urbaine, c'est dans cette direction qu'il fallait aller, à ce type d'investissement qu'il fallait désormais s'intéresser. On serait tenté ici de dresser un parallèle avec Florence, où ce même modèle jouait, mais à un niveau et avec des accents qui n'étaient pas tout à fait ceux de Rome. Les Salviati, qui connaissaient fort bien ce modèle pour l'avoir pratiqué avec succès tout au long du XVe siècle[24], étaient on ne peut mieux préparés à l'exploiter de nouveau avec, bien entendu, les adaptations qui s'imposaient dans le cas d'une ville beaucoup plus exigeante à ce chapitre que Florence.

Les ecclésiastiques de la famille vont rapidement s'y appliquer. Piero, puis surtout son cadet Bernardo, sauront exploiter à bon escient les ressources que le priorat de Rome mettait à leur disposition. Bernardo, en particulier, se prévaudra des jardins de son Ordre sur l'Aventin pour offrir à ses hôtes de prédilection ou aux membres de sa famille une hospitalité à la mesure de son rang[25]. Il en ira de même de son frère le cardinal, qui tirera semblable profit des magnifiques propriétés dont il disposait à Civita Castellana et à Bagnaia à titre de gouverneur de ces deux villes. Et il ne faudrait pas oublier la « vigne » du Transtevere, appelée elle aussi à magnifier la présence Salviati à Rome et que le cardinal utilisera très tôt comme une sorte d'extension de son palais du Borgo[26].

Toutefois, comme il s'agissait de Rome précisément, il fallait songer à pousser plus avant la démonstration. En 1566, après plusieurs années de recherche à l'extérieur comme à l'intérieur de l'État pontifical, le cardinal Bernardo achètera pour son neveu Jacopo, fils d'Alamanno, au coût de 22 000 écus, le fief de Grotta Marozza tout près de Rome. Il visait sans doute à assurer à ce même neveu, dont il entendait déjà faire son héritier universel, mais qui à l'époque continuait d'habiter Florence, une honorable porte d'entrée dans la haute société romaine[27].

Dix années plus tôt, il n'aurait peut-être pas senti, du moins à ce point, la nécessité d'aller dans cette direction, puisqu'un autre neveu, bien Romain celui-là, Gian Battista, fils de Lorenzo, marié à Porzia de' Massimi, de la célèbre famille du même nom, disposait d'une terre noble venue à la famille par le truchement de sa mère, Costanza Conti : le fief de Giuliano, situé aux confins de Cori, de Montefortino et de Velletri au sud-est de Rome. Mais Gian Battista est mort en 1562 sans laisser d'enfants et c'est à son frère Antonio Maria, futur cardinal, que cette terre était passée en même temps que les autres biens venus de leur père. Or rien ne garantissait que ces derniers allaient rester à l'intérieur du patrimoine Salviati, compte tenu surtout du fait qu'Antonio Maria, à l'époque, s'entendait assez mal avec son oncle Bernardo et certains autres membres de la famille. Heureusement, ces craintes ne se réalisèrent pas et, à la mort du cardinal Antonio Maria en 1602, l'ensemble des biens de ce dernier, y compris le fief de Giuliano, passèrent à son cousin Lorenzo, petit-neveu des cardinaux Giovanni et Bernardo, lequel obtiendra presque aussitôt l'érection de ce fief en marquisat et, quelques années plus tard, en duché[28]. Dès lors on comprend le geste accompli par le cardinal Bernardo Salviati en 1566, même s'il devait être éclipsé, et largement éclipsé — mais cela, le prieur de Rome ne pouvait logiquement le prévoir à l'époque — par celui de son neveu Antonio Maria une quarantaine d'années plus tard.

Assez tôt, par conséquent, Jacopo et Lucrezia Salviati, imités en cela par ceux de leurs fils qui les avaient suivis à Rome, Giovanni, Lorenzo et Bernardo surtout, avaient pris soin de jeter les bases matérielles, « physiques », d'une implantation définitive et réussie de la famille à Rome. La création d'un marquisat, puis d'un duché en faveur de Lorenzo Salviati, arrière-petit-fils de Jacopo, au début du XVIIe siècle, est peut-être la meilleure preuve que leurs efforts en ce sens n'avaient pas été déployés en vain.

2. L'implantation « symbolique »

Toutefois, ces efforts, à eux seuls, n'auraient sans doute pas suffi à atteindre l'objectif visé sans la conversion parallèle de ces mêmes acheteurs de palais, de « vignes » et de fiefs aux valeurs que représentait à Rome à l'époque un capital immobilier de cette nature. Cette conversion, elle est déjà en marche du vivant même de Jacopo Salviati, père des cardinaux Giovanni et Bernardo. Sans doute, dans son cas, ne peut-on encore parler d'adhésion sans partage aux valeurs chères à l'aristocratie romaine puisque, comme le révèle un bilan secret de décembre 1532, sa fortune restait à l'époque constituée surtout d'investissements d'affaires. Cependant, compte tenu du fait qu'il avait, depuis au moins 1523, renoncé à toute activité, voire à tout semblant d'activité « marchande », préférant de toute évidence se spécialiser dans les plus occultes mais en même temps plus prestigieuses opérations de la finance, compte tenu également de la considération et de l'estime que lui valait la charge de secrétaire intime du pape assumée elle aussi en 1523 — la coïncidence n'est sans doute pas fortuite —, il ne paraît pas excessif de dire qu'il était à sa mort en 1533 plus près de l'idéal aristocratique romain que de son équivalent à Florence à la même époque[29].

Chose certaine, il eut à cœur que ses fils réussissent ce qu'il n'avait pu lui-même qu'amorcer et il ne ménagea aucun effort, aucune dépense pour leur en fournir les moyens. Significatif de ce point de vue est le partage entre vifs décidé par lui dès 1512, mais qu'il ne rendra effectif qu'en 1523 — encore ici la coïncidence est frappante —, partage qui verra ses biens immobiliers passer dans leur totalité à son fils le cardinal et ses autres actifs divisés également entre Lorenzo, Battista et Alamanno, chargés à l'époque des « affaires » de la famille[30]. Sa générosité à l'endroit de son aîné Giovanni n'était sans doute pas étrangère au rôle qu'il entendait voir ce dernier jouer à Rome au profit de la famille. Mais Giovanni de même que ses frères Lorenzo et Bernardo avaient déjà, du vivant de leur père, adopté un style de vie conforme aux canons du monde auquel ce dernier souhaitait que désormais ils appartiennent. Bien malin celui qui, à les voir agir, à les voir vivre à l'époque, aurait pu soupçonner leur passé bourgeois, leurs antécédents « mercantiles ».

C'est le cas notamment d'un Giovanni qui, aussitôt promu au cardinalat en 1517, s'empresse de faire lui-même honneur à son nouveau statut de prince de l'Église. Déjà les fêtes organisées à Florence à l'occasion de sa promotion lui permettent de montrer à quelle hauteur il entend se situer. Près de 1 000 florins partent en quelques jours en aumônes, en étrennes, en banquets, en feux de joie et en décorations de toutes sortes[31]. Ces largesses étaient probablement pour une large part inévitables, commandées en quelque sorte par les circonstances, mais elles étaient en même temps symptomatiques d'un nouvel état d'esprit, d'une nouvelle façon de se définir et de définir la « grandeur ».

Il suffit de parcourir les livres de comptes du cardinal, mais aussi de ses frères Lorenzo et Bernardo, pour constater à quel point tout le domaine du « paraître » prend dès cette époque pour les fils de Jacopo Salviati de plus en plus d'importance. Qu'il s'agisse du vêtement, du mobilier, de la cuisine, des jeux du corps et de l'esprit ou de l'art, rien n'est ménagé pour faire de ces diverses facettes de leur vie de tous les jours autant d'éléments de la nouvelle « image » qu'ils entendaient projeter d'eux-mêmes.

Pour la seule année 1517, Giovanni Salviati consacre plus de 450 ducats à sa garde-robe personnelle et 400 à celle de sa « famille »[32]. En 1525, à la veille de partir pour une légation en Espagne, il affecte en moins de 3 mois plus de 2 200 ducats or à ce seul poste de son budget[33]. Au fil des ans, cette garde-robe se fait d'ailleurs de plus en plus imposante et somptueuse, comme permet de le constater l'inventaire qui en sera dressé en 1554 au lendemain de la mort du cardinal[34]. Lorenzo et Bernardo sont moins dépensiers à ce chapitre, mais ils n'en savent pas moins fort bien tenir leur rang[35].

Vivre en « grand » supposait qu'on se préoccupât aussi de l'environnement, du « décor », à l'intérieur desquels on se mouvait soi-même, puis surtout qu'on pratiquât l'hospitalité, vertu aristocratique par excellence à l'époque, à Rome comme ailleurs. Il ne suffisait donc pas de disposer de belles « façades »; il fallait en même temps veiller à ce que ces « façades » donnent accès à des « intérieurs » à l'avenant. Encore là, les fils de Jacopo sauront se montrer à la hauteur.

Les livres de comptes de Lorenzo et Giovanni Salviati font état, dès les années 1520-1530, de dépenses de toutes sortes visant à aménager, à embellir surtout les lieux où ils avaient, l'un et l'autre, élu domicile et où fréquemment ils entretenaient leurs hôtes. « Vignes » et jardins font l'objet d'une pareille sollicitude[36], sans doute en raison du rôle important que jouent à Rome à l'époque ces lieux de fête et d'évasion aristocratiques[37]. Mieux : artistes et humanistes sont mis très tôt à contribution en vue de donner à ces lieux l'éclat et le prestige qu'ils méritent. En 1531, le cardinal Giovanni prend à son service un certain Francesco de' Rossi, mieux connu plus tard sous le nom de Cecchino Salviati, à qui il commande toute une série de fresques et de tableaux pour son palais du Borgo[38]. Depuis 1527 figure dans son personnel un claveciniste et organiste français du nom de Jacquet du Pont. Ce dernier restera plus de 25 ans au service du cardinal[39]. La mention de violes, de luths et de clavecins dans un inventaire dressé plus tard du mobilier de l'ancien palais della Rovere donne à penser que d'autres membres de la « famille » du cardinal et peut-être le cardinal lui-même touchaient l'un ou l'autre de ces instruments[40]. Plus modestes, Lorenzo et Piero se contenteront de clavecins achetés quelques années après leur installation à Rome[41], mais eux aussi semblent avoir eu à cœur de s'entourer d'un « décor » à la hauteur de leurs ambitions aristocratiques.

Il fallait aussi à ce niveau savoir faire place à la littérature et aux littérateurs, dont le prestige demeurait grand à Rome à l'époque. Frottés d'humanisme l'un et l'autre, Giovanni et Lorenzo Salviati seront, à l'exemple de beaucoup d'aristocrates de leur temps, tout à la fois protecteurs de beaux esprits ou de fines plumes et bibliophiles avertis. Livres de comptes et inventaires après décès permettent de nous faire une assez bonne idée des riches collections de manuscrits et d'imprimés — dont bon nombre de belles éditions aldines — réunies par leurs soins. Le cardinal passait pour manier à la perfection l'art de la conversation si fortement recommandé par son ami Castiglione qui, on le sait, en faisait la quintessence même du savoir-vivre aristocratique[42]. Lorenzo, pour sa part, était en étroits rapports avec certains des meilleurs esprits de son temps et hôte recherché de la cour de Ferrare. Pierre

L'Arétin qui le tenait en très haute estime le considérait d'ailleurs digne de figurer parmi la gent humaniste de l'époque[43].

Bernardo ne semble pas avoir partagé les goûts littéraires ou esthétiques de ses aînés ni cherché à leur emboîter le pas à ce chapitre. Il était à l'époque chevalier de Rhodes, donc voué au métier des armes, et manifestait un goût marqué pour ce métier. Il se battra contre les Turcs à Modon en 1531, à Coron deux années plus tard, et il occupera du vivant de son cousin Clément VII les fonctions de capitaine général des galères pontificales[44]. Pour être moins raffinée, cette réussite servait tout de même les ambitions des Salviati à Rome, puisqu'elle incarnait des valeurs chères à l'aristocratie du temps, soit la *virtù* et la *fama*, propres des hommes « fortunés »[45].

Là où Bernardo rejoindra ses frères et même, avec la construction à partir de 1555 du palais du Transtevere, les dépassera, c'est au chapitre de l'hospitalité. Recevoir comme il se devait les personnages qu'on invitait avec leurs suites dans son palais, ses jardins ou sa « vigne », cela supposait tout d'abord un personnel nombreux et qualifié. Piero et Lorenzo se contenteront, au départ, d'une quinzaine de serviteurs[46]. Bernardo en avait plus d'une trentaine vers 1530[47]. Giovanni, le cardinal, se devait de faire mieux que cela. De fait, dès 1522, sa cour comptait près de 80 serviteurs et ce nombre ne fera que grandir par la suite[48]. Devenu cardinal à son tour, Bernardo s'inspirera largement de cet exemple[49].

Les personnes en question remplissaient à l'époque une grande variété de tâches au service de la « famille » de leur maître. La plus importante et, sans doute, la plus accaparante de ces tâches était constituée par ce que l'on appelait à l'époque les services de « bouche ». Et pour cause : la « table » constituait alors — les coutumiers des grandes maisons en font foi[50] — l'un des aspects les plus appréciés de cette vertu par excellence des « grands », c'est-à-dire l'hospitalité. Les livres de comptes du cardinal Giovanni Salviati sont à ce chapitre on ne peut plus éloquents. Déjà en 1523, alors que le budget annuel d'entretien de sa maison, salaires compris, s'élevait à près de 5 000 ducats, 58 p. cent de cette somme était consacrée aux seules dépenses de bouche. Cette proportion se maintiendra et augmentera par la suite à l'intérieur de budgets qui iront eux-mêmes grandissant, jusqu'à dépasser les 11 000 écus vers 1550[51]. La table occupait manifestement une place importante chez Giovanni Salviati, comme plus tard — nous avons eu l'occasion de le montrer dans le neuvième chapitre — chez son frère Bernardo[52].

Autre élément important de la vie aristocratique romaine auquel les Salviati accorderont une singulière attention dès leur arrivée dans la Ville éternelle : la chasse. De toutes les activités considérées comme particulières, pour ne pas dire exclusives aux « grands », la chasse était probablement à l'époque la plus apte à exprimer ou à symboliser cette « exclusivité ». Les Salviati semblent en avoir été parfaitement conscients. Les chroniques de l'époque comme les livres de raison de la famille témoignent de l'importance qu'ils accordaient à ce passe-temps de prestige. Le cardinal Giovanni, encore là, servira de chef de file, sous les applaudissements de ses proches d'ailleurs qui, plus tard, commanderont à Francesco de' Rossi — le fait est, à lui seul, des plus révélateurs — un portrait du cardinal représentant ce dernier en costume de chasse, entouré de sa meute de chiens[53]. Mais il ne fut pas le seul à pratiquer ce sport princier, comme permettent de le constater les livres de comptes de ses frères Alamanno et Bernardo[54]. C'était là en effet pour eux aussi une éloquente façon d'exprimer ou d'affirmer leur accession à un nouveau plateau, pour ne pas dire un nouveau sommet social.

Enfin, toujours dans la veine « symbolique », il importe de souligner la dimension religieuse ou, si l'on préfère, « sacrale » de la présence des Salviati à Rome. Déjà à Florence, la famille avait eu à cœur de se doter de monuments religieux dignes de son rang. Une chapelle à Santa Croce érigée vers le milieu du XVe siècle attestait et allait attester encore longtemps cette volonté de représentation, d'évocation symbolique. Peu de temps avant de mourir, Jacopo Salviati avait fait aménager à Santa Margherita, église voisine de sa résidence florentine du canto de' Pazzi, une chapelle dédiée à sainte Hélène, sans doute en souvenir de sa mère Lena Gondi décédée une vingtaine d'années plus tôt. Or Rome était tout aussi sinon plus exigeante à ce chapitre. La multiplication des chapelles cardinalices et familiales à l'époque le montre bien. Les Salviati ne pouvaient ignorer cette exigence qui, par ailleurs, ne devait aucunement les surprendre.

Dans son testament rédigé en 1544, le cardinal Giovanni Salviati demandait à ses héritiers de bien vouloir ériger deux chapelles, l'une dans l'église où il serait inhumé — et dans le cas où la mort le surprendrait à Rome, il précisait que cette inhumation se ferait à Santa Maria Rotonda, c'est-à-dire au Panthéon —, l'autre dans celle, visiblement chère à son cœur, de San Pietro in Montorio. Comme il mourut près de Ferrare, il fut de fait inhumé dans la cathédrale de cette ville, dont il était d'ailleurs l'évêque, et la chapelle de Santa Maria Rotonda ne vit pas le jour, ni celle de San Pietro in Montorio d'ailleurs, pour des raisons cette fois vraisemblablement pécuniaires. Mais les intentions du cardinal à ce sujet étaient on ne peut plus claires : rappeler de façon visible, ostentatoire ce qu'il avait été pour Rome et ce que Rome avait été pour lui.

C'est à sa mère Lucrezia, morte quelques jours après lui, qu'il appartiendra de réaliser, mais sous une forme quelque peu différente, le monument ou, pour être plus exact, la nécropole dont il avait rêvé. En effet, dans son testament qui connaîtra plusieurs versions successives, mais dont la toute première est de 1538, la sœur de Léon X fait état d'un accord signé avec la Confrérie de l'Annunziata rattachée à la Minerve, aux termes duquel ladite confrérie, en retour d'un legs important que lui faisait Lucrezia Salviati, s'engageait à construire une chapelle dédiée à saint Jacques qui accueillerait éventuellement les restes des membres de la famille Salviati, à commencer par ceux de Lucrezia Salviati elle-même. La chapelle fut effectivement construite; y trouvèrent successivement place la dépouille de la sœur de Léon X, probablement aussi celle de son mari Jacopo, qui avait d'abord été inhumé à Saint-Pierre de Rome en 1533, puis celle de la plupart de leurs descendants romains, notamment de leur fils le cardinal Bernardo en 1568[55].

Là aussi, on pouvait parler d'implantation « symbolique » et qui plus est, réussie. Morts ou vifs, Jacopo Salviati et les siens tenaient à montrer, et à montrer ostensiblement jusqu'à quel point Rome était désormais « leur » ville.

3. Une conjoncture favorable?

Le fait que les Salviati aient été proches parents des papes Léon X et Clément VII a nul doute été déterminant dans l'apparente facilité avec laquelle ils réussirent à l'époque leur « conversion » romaine. Durant près de 20 ans, ils purent se réclamer de cette parenté pour asseoir solidement et durablement leur pouvoir et leur prestige à Rome. Qu'ils aient sérieusement craint pour ce prestige et ce pouvoir durant le règne d'Adrien VI[56] montre bien à quel point la faveur pontificale constituait un ingrédient essentiel, pour ne pas dire indispensable de leur réussite et d'ailleurs de toute réussite digne de ce nom à Rome au XVIe siècle. Les beaux bénéfices, les bons partis, les riches « fermes », les titres prestigieux, tous ces « talismans » de la réussite sociale à l'époque, c'est en grande partie aux papes Médicis qu'ils les devaient et c'est forts du souvenir de ces deux hommes et des parentèles et des clientèles qu'ils avaient laissées en place qu'ils purent continuer tout au long du XVIe siècle leur ascension vers des sommets qu'ils s'étaient probablement fixés comme objectifs dès le pontificat de Léon X.

De ce point de vue, le fait qu'à partir de 1513, avec la bénédiction, voire dans certains cas, l'appui manifeste du pape, Jacopo et Lucrezia Salviati aient opté pour une nouvelle politique matrimoniale axée désormais principalement sur le monde aristocratique est très significatif. D'où le mariage d'un Lorenzo avec une Conti en 1514, mais d'où également, vers la même époque, ceux d'un Piero et d'une Elena avec des Pallavicini, et plus tard, d'une Luisa avec un della Luna, et plus tard encore, d'une Elena, à la suite de la perte de son premier mari, avec un Appiano[57]. Bernardo Salviati, prieur de Rome et futur cardinal, rappelait encore en 1559 à son cadet Alamanno qu'à titre de « neveux de papes », ils avaient l'un et l'autre un rang à tenir, une réputation à défendre et que, par conséquent, lorsque venait le moment de marier un fils ou une fille, il leur fallait savoir choisir en conséquence[58].

On ne peut par ailleurs négliger le fait que Rome et, en particulier, la cour de Rome, aient été à l'époque des milieux particulièrement propices à la réussite sociale, à une réussite sociale rapide surtout. Comme l'écrira plus tard Gratiani, biographe du cardinal Commendone, Rome était alors une ville « où l'on [pouvait] aspirer à tous les honneurs, quand on [avait] de l'esprit et du mérite », pourvu que l'on sût par ailleurs se gagner au bon moment les faveurs de puissants patrons[59]. Pouvant compter sur ces faveurs, faveurs non seulement papales, mais également cardinalices — et, de ce point de vue, le rôle d'un Giovanni Salviati doit être considéré comme au moins aussi important que celui de son père Jacopo —, les Salviati étaient bien placés pour exploiter à leur avantage la perméabilité d'une société marquée, d'une part, par son caractère cosmopolite, et de l'autre, par son caractère changeant. Un caractère changeant en raison du fait que la première dignité y était élective et que chaque nouvel élu, dans son propre intérêt, se devait de récompenser les siens, notamment en leur ouvrant l'accès aux premières loges de cette même société. C'est ce que feront, à peu d'exceptions près, les papes des XVe et XVIe siècles, conférant par le fait même au processus d'aristocratisation à Rome un caractère quelque peu inédit, d'une fluidité, voire d'une imprévisibilité qu'on ne trouvait que rarement ailleurs, du moins à ce point, à la même époque. Les Salviati, comme d'autres avant et après eux, surent intelligemment tirer parti de cette particularité romaine.

Florentins, et Florentins de bonne souche, ils surent également exploiter le pouvoir et l'ascendant dont jouissaient depuis le XVe siècle déjà leurs compatriotes à Rome. Les livres de comptes d'un Jacopo Salviati sont particulièrement éloquents à ce chapitre[60], tout comme le seront, après lui, ceux de ses fils Lorenzo, Giovanni et Bernardo, anxieux les uns et les autres de maintenir avec une large parentèle et clientèle installées comme eux à Rome des liens propres à favoriser leurs ambitions communes. À noter toutefois que les Salviati, à l'encontre de nombre de ces parents et clients, fuiront le *rione* Ponte, quartier de prédilection des Florentins et surtout quartier par excellence du négoce et de l'argent, sans doute en vue de se démarquer du monde de la « marchandise » et ainsi faciliter leur entrée éventuelle dans la haute société romaine.

Autant d'éléments conjoncturels qui sans nul doute ont grandement contribué à la réussite sociale des Salviati à Rome. Cependant, la conjoncture ou, pour employer le vocabulaire de l'époque, la *fortuna* n'aurait pas suffi si Jacopo et Lucrezia Salviati et leurs fils n'avaient été par ailleurs eux-mêmes en mesure d'exploiter à bon escient ces avantages. C'est ici que les rôles d'un Jacopo et d'une Lucrezia Salviati paraissent déterminants. Ils surent l'un et l'autre tirer admirablement parti de la situation dans laquelle ils se retrouvèrent au lendemain de l'élection de Léon X, notamment pour se doter de puissants moyens financiers, fournis entre autres par la ferme du sel et la trésorerie de Romagne, puis, grâce à ces derniers, pour faire accéder leurs fils et filles, mais leurs fils surtout, à de nouveaux paliers de réussite économique et sociale, et cela, à Rome en particulier, le tout avec un flair et une détermination à toute épreuve qui leur permirent, entre autres, d'éviter les écueils — et ils ne manquèrent pas — sur lesquels vinrent se briser à l'époque les ambitions de nombre de leurs compatriotes, voire de certains de leurs proches parents, les Strozzi par exemple[61]. Preuve une fois de plus qu'en histoire, en histoire sociale surtout, les circonstances de temps et de lieu n'expliquent pas tout : il faut en plus une intelligence et une volonté capables de tourner à son avantage ces circonstances ou, si l'on préfère, cette conjoncture favorable. Jacopo et Lucrezia Salviati furent au début du XVIe siècle, chacun à leur façon, cette intelligence, cette volonté « gagnantes ». Avec les résultats que l'on sait.

Leur cas n'est pas unique. Il suffirait de retracer l'itinéraire de la plupart des familles « nouvelles » inscrites au palmarès aristocratique romain aux XVIe et XVIIe siècles pour retrouver au point de départ ce même patronage pontifical et, par conséquent, les mêmes avantages économiques et sociaux, le même type d'insertion dans la haute société romaine et, à la fin, la même consécration par la voie classique des titres nobiliaires. Mais pour peu qu'on examinerait de près chacun de ces itinéraires, on se rendrait assez vite compte qu'ils sont eux aussi dominés par la présence d'un ou deux personnages hors pair ayant su au bon moment jouer la ou les cartes qu'il fallait. Pensons aux Boncompagni, aux Aldobrandini, aux Peretti, aux Borghèse, à ces derniers surtout dont l'histoire, elle aussi « exemplaire », a été si intelligemment racontée par Wolfgang Reinhard[62].

S'il y a une leçon à tirer de tout cela, c'est qu'il était sans doute plus facile à Rome qu'ailleurs à l'époque de s'insérer avec succès dans le tissu aristocratique urbain, mais que ce succès tenait tout autant aux talents personnels, à ce que les contemporains appelaient la *virtù* et la *prudenza* de celui ou de ceux qui se risquaient à cet exercice, qu'aux divers éléments, par ailleurs indispensables, d'une conjoncture ou, pour parler de façon moderne, d'un environnement favorable.

Machiavel écrit ce qui suit dans le livre second de son *Discours sur la première Décade de Tite-Live* :

> Telle est la marche de la fortune : quand elle veut conduire un grand projet à bien, elle choisit un homme d'un esprit et d'une *virtù* tels qu'ils lui permettent de reconnaître l'occasion ainsi offerte[63].

Jacopo Salviati, qui connaissait bien Machiavel et sans doute l'avait lu, illustre bien, à sa façon, ce que peut contenir de vrai cet axiome typiquement machiavélique, mais en même temps typiquement d'époque. En ce sens, il représente un modèle particulièrement intéressant d'implantation urbaine et aristocratique réussie à Rome au début du XVIe siècle. En ce sens également, son choix qui était aussi celui de sa famille illustre bien et permet de comprendre la puissance d'attraction d'une ville comme Rome, capitale religieuse, capitale politique, mais en même temps extraordinaire lieu de promotion sociale et économique. À ce compte, rien de surprenant que tant d'« étrangers », dont bon nombre de Florentins, soient venus comme lui jouer leur destin dans cette ville à l'époque. À tout bien considérer, c'était peut-être là que leurs chances de réussir et surtout de réussir rapidement étaient les meilleures. Gratiani avait raison : à Rome, toutes les ambitions étaient permises. Même et peut-être surtout à ceux qui venaient d'ailleurs.

NOTES

1. M. Bullard, *Filippo Strozzi and the Medici*, Cambridge, 1980, p. 92-94; J. Delumeau, *Vie économique et sociale de Rome dans la deuxième moitié du XVIe siècle*, vol. I, Paris, 1957, p. 207-211.
2. M. Bullard, *op. cit.*, p. 94-96. J. Delumeau, *op. cit.*, p. 208-209.
3. P. Hurtubise, *Une famille-témoin : les Salviati*, Cité du Vatican, 1985, p. [137]-145.
4. *Ibid.*, p. 149, 152-155, 329-347 et *passim*.
5. G. Zippel, « Ricordi romani dei Cavalieri di Rodi », *ASRSP*, vol. XLVI, 1921, p. 193-194; L. Gigli, *Rione XIV. Borgo*, vol. II, Rome, 1992, p. 146-156.
6. P. Hurtubise, *op. cit.*, p. 153.
7. A. Ferrajoli, « Il ruolo della Corte di Leone X », *ASRSP*, vol. XXXIV, 1911, p. 20.
8. BAV, Barb. Salv., Giornale A, 1517-1531, f° 15r.

9. En 1521, Battista résigne un bénéfice qu'il détenait dans le diocèse de Chiusi. ASV, AA-I-XVIII, n° 5005. La même année, son frère cadet Alamanno obtient un certain nombre de bénéfices dans le diocèse de Zamora en Espagne. BAV, Ferrajoli 424, f° 319r.
10. En juillet 1524, des travaux de réfection sont entrepris au « palais du priorat » aux frais du cardinal Giovanni Salviati. Le palais était donc encore à cette date utilisé par un membre ou l'autre de la famille. Il est logique de supposer que le principal occupant était Bernardo, prieur de Rome depuis 1523. BAV, Barb. Salv., Giornale A, 1517-1531, f° 131r.
11. P. Hurtubise, *op. cit.*, p. 269-270; L. Gigli, *op. cit.*, p. 18-26.
12. *Cf.* A. P. Frutaz, *Le piante di Roma*, vol. II, Rome, 1972, plans 112, 115 et 123.
13. M. Bullard, *op. cit.*, p. 76-77 et 84-86.
14. A. De Reumont, *La jeunesse de Catherine de Médicis*, Paris, 1866, p. 122.
15. P. Hurtubise, *op. cit.*, p. 270.
16. Un gros dossier sur cette affaire existe à l'Archivio Salviati, filza II, 58, fasc. 23. Au plus tard en 1543, Lucrezia Salviati est installée chez son fils le cardinal dans l'ancien palais della Rovere. Voir aussi le huitième chapitre, p. 178.
17. *Cf.* AS, filza II, 6, fasc. 18, f°s 6 et 66.
18. AS, *Com. III*, 13, f° 150r.
19. P. Hurtubise, *op. cit.*, p. 270-271.
20. *Ibid.*, p. 221.
21. BAV, Barb. Salv., Libro della fabrica segnato A, *passim.*
22. P. Hurtubise, *op. cit.*, p. 429.
23. À ce sujet, voir P. Hurtubise, « Une famille et son palais : le Palazzo Salviati alla Lungara », dans *Annali Accademici canadesi*, vol. II, 1986, p. 25-29.
24. P. Hurtubise, *Une famille-témoin : les Salviati, op. cit.*, p. 72-80.
25. Voir le neuvième chapitre, p. 222.
26. P. Hurtubise, *Une famille-témoin : les Salviati, op. cit.*, p. 277-280.
27. *Ibid.*, p. 255.
28. *Ibid.*, p. 208-212 et 263-265.
29. *Ibid.*, p. 253.
30. *Ibid.*, p. 267-268.
31. *Ibid.*, p. 239-240 et 255-256.
32. AS, Com. I, 385, f° 70; BAV, Barb. Salv., Giornale A, 1517-1531, f°s 2 et suivants.
33. *Ibid.*, f°s 174 et suivants.
34. AS, Com. III : 64, f°s 2 et suivants; BAV, Barb. Salv., Inventario di tutte le robe, f°s 421-423.
35. P. Hurtubise, *Une famille-témoin : les Salviati, op. cit.*, p. 268 et notes.

36. AS, Com. III, 15, *passim*; BAV, Giornale A, 1517-1531, f°s 18 et suivants.
37. J. Delumeau, *op. cit.*, p. 226-227.
38. P. Hurtubise, *Une famille-témoin : les Salviati, op. cit.*, p. 299.
39. *Ibid.*, p. 305-306.
40. *Ibid.*, p. 306.
41. *Ibid.*, p. 306, note 181.
42. *Ibid.*, p. 288.
43. *Ibid.*
44. Voir le neuvième chapitre, p. 202-203.
45. J. Delumeau, *L'Italie de la Renaissance*, cours polycopié, Paris, 1972, p. 132-135.
46. ASF, Stroz. I, filza 334, f° 88r; AS, Com. III, 15, *passim.*
47. BAV, Barb. Salv., Giornale e ricordi segnato A, *passim.*
48. ASF, Stroz. I, filza 334, f° 88r.
49. Voir le neuvième chapitre, p. 207-209.
50. Voir le neuvième chapitre, p. 209.
51. *Cf.* BAV, Barb. Salv., Giornale A, 1517-1531, *passim; ibid.*, Giornale de ricordi segnato H, 1548-1550, *passim.*
52. Voir le neuvième chapitre, p. 212-221.
53. P. Hurtubise, *Une famille-témoin : les Salviati, op. cit.*, p. 277-279.
54. *Ibid.*, p. 278.
55. *Ibid.*, p. 106 et 309-312.
56. *Ibid.*, p. 157-159.
57. *Ibid.*, p. 148-151.
58. *Ibid.*, p. 261.
59. A. M. Gratiani, *La vie du cardinal Jean-François Commendon*, p.p. M. Fléchier, Paris, 1671, p. 24.
60. À ce sujet, voir AS, Com. I, 708, 710, 714 et 720; filza II, 213, fasc. 13.
61. *Cf.* M. Bullard, *op. cit.*, p. 173-178.
62. W. Reinhard, « Amterlaufbahn und Familienstatus. Der Aufstieg des Hauses Borghese 1537-1623 », *Quellen und Forschungen aus italienischen Archiven und Bibliotheken*, vol. 54, 1974, p. 328-427.
63. N. Machiavel, *Œuvres complètes*, Paris, 1974, p. 596.

XII

Jacopo Salviati ou comment réussir à Rome au début du XVIe siècle

Le 19 décembre 1514, Léon X paraphait une bulle portant nomination de son beau-frère, Jacopo Salviati, comme trésorier de Romagne et fermier du sel pour tout l'État pontifical[1]. Le 30 mars suivant, un contrat était signé entre les représentants du pape et Francesco Naldini, procureur de Jacopo Salviati, fixant les modalités d'application de cette bulle[2]. Les deux documents, à première vue terre à terre sinon banals, annonçaient de fait un tournant-clé de l'histoire de la famille Salviati, un tournant que nous voudrions essayer d'illustrer ici à l'aide de toute une série d'autres documents, tirés principalement des archives de cette même famille, permettant de mesurer les conséquences politiques, économiques et sociales que la double nomination de décembre 1514 allait avoir non seulement sur la carrière de Jacopo Salviati, axée désormais prioritairement sur Rome et sur ce que Rome représentait au début du XVIe siècle, mais également sur le sort de la large parentèle et clientèle gravitant autour de lui à l'époque.

---

* Une première version de ce texte est parue sous le titre « L'art de réussir à Rome au temps de Léon X : le cas de Jacopo Salviati, fermier du sel et trésorier de Romagne (1514-1531) », *L'Europa tra Mediterraneo e Atlantico*, Gabriella Airaldi (éd.), Gênes, 1992, p. 63-75.

1. Jacopo Salviati et sa belle-famille

Un mot tout d'abord du personnage dont il sera ici principalement question. Jacopo Salviati est né à Florence en 1461. Il appartient à une longue lignée de marchands-banquiers florentins par ailleurs connus pour leurs talents d'administrateurs et leur implication de longue date dans le gouvernement communal. En 1487 (ou 1488), il épouse Lucrezia de' Medici, fille de Laurent le Magnifique. Il s'agit là d'un mariage d'abord et avant tout « politique », voulu et d'ailleurs décidé dès 1481 par nul autre que Lorenzo de' Medici lui-même dans le but sans doute de renouer, de réaffirmer une vieille amitié de toute évidence ébranlée, sinon compromise depuis 1478 par la participation de certains Salviati à la célèbre conjuration des Pazzi. De ce mariage naîtront douze, sinon treize enfants, dont onze atteindront l'âge adulte[3].

Malgré ce lien très étroit avec les Médicis, Jacopo Salviati, à l'instar de la plupart des autres membres du clan, entretiendra jusqu'à sa mort des rapports plutôt ambivalents avec sa belle-famille. Fratesque, comme nombre de Salviati d'ailleurs, très tôt ralliés à Savonarole, il gardera de cette expérience la conviction, et une conviction qui ne se démentira jamais, que le meilleur gouvernement pour Florence était le *governo largo*, c'est-à-dire « républicain » (au sens que l'on donnait à ce mot à Florence à l'époque) et non le *governo stretto* que semblaient favoriser les Médicis et leurs partisans au début du XVIe siècle, en attendant que les circonstances ne leur permettent d'imposer, comme ils le souhaitaient secrètement, le gouvernement d'un seul, c'est-à-dire le *principato*[4]. Cette conviction, il la transmettra d'ailleurs à ses fils, Giovanni et Bernardo, qui plus tard s'opposeront aux ambitions de leur neveu Cosimo, premier grand duc de Toscane, et lui feront même activement la guerre à la tête de l'armée des *fuorusciti* en 1537[5].

En 1512, il est envoyé avec son ami Matteo Strozzi en ambassade extraordinaire auprès du pape Jules II. Mais voilà que ce dernier meurt avant que la mission en question ne prenne fin et les deux envoyés florentins, restés sur place, ont l'agréable surprise de voir leur compatriote Giovanni de' Medici sortir vainqueur du conclave chargé de trouver un successeur à Jules II. Jacopo Salviati croit son heure enfin arrivée[6]. De fait, la plupart des Florentins le croient aussi, forts de la conviction que l'époux de Lucrezia de' Medici possède plus que tout autre les qualités qui, dans les circonstances, s'imposent. Beau-frère du nouveau pape, n'a-t-il pas été l'un des plus fidèles appuis de sa belle-famille durant les dures années d'exil de cette dernière et, surtout, ne dispose-t-il pas de grands moyens financiers ? Francesco Vettori, collègue de Salviati, présent lui aussi à Rome au moment de l'élection de Léon X, est même d'avis que le beau-frère du pape est de loin le candidat le mieux placé pour jouir des faveurs de ce dernier. D'ailleurs, au printemps de 1513, une rumeur circule à Rome selon laquelle Jacopo Salviati est sur le point d'obtenir la ferme de l'alun de Tolfa[7].

Peine perdue, cependant : en août 1513, Jacopo Salviati est renvoyé à Florence comme conseiller du jeune Lorenzo de' Medici, futur duc d'Urbin, qui vient d'être nommé capitaine général de la ville, mais sans avoir obtenu au préalable aucune des faveurs que certains lui prédisaient. Voulait-on par là sanctionner une fois de plus son passé fratesque ou, du moins, lui faire sentir que son indépendance d'esprit ne plaisait pas toujours en haut lieu ? Peut-être[8]. Mais le fait qu'un autre proche parent, Filippo Strozzi, partisan inconditionnel des Médicis celui-là, ait été tout aussi incompréhensiblement tenu à l'écart donne à penser que le pape avait probablement d'autres raisons d'agir ainsi. De fait, Léon X avait les mains liées en raison de dettes (monétaires et autres) contractées avec nombre de familles et de personnes à Rome, dont les Sauli qui, justement, contrôlaient plusieurs des fermes et des monopoles convoités par la proche parentèle et clientèle Médicis. Il fallait d'abord désintéresser ces nombreux « créanciers » qui, soit dit en passant, n'avaient pas peu contribué à son élection avant que de songer, comme sans doute il le souhaitait, à avantager les siens. Or ce n'est qu'à l'automne de 1514 qu'on réussira à obtenir des Sauli qu'ils renoncent, contre un certain nombre des compensations, aux riches fermes obtenues quelques années plus tôt de leur compatriote et protecteur Jules II. Ce qui mit aussitôt fin au « purgatoire » d'un Filippo Strozzi et d'un Jacopo Salviati, respectivement neveu et beau-frère du pape, qui se virent attribuer, l'un, la charge de dépositaire général de la Chambre apostolique, l'autre, celle de trésorier de Romagne et de fermier du sel pour tout l'État pontifical. Il faut dire qu'entre-temps, deux des principales factions Médicis à Rome, l'une dirigée par Lucrezia de' Medici, sœur du pape et épouse de Jacopo Salviati, l'autre sous la gouverne d'Alfonsina Orsini, belle-sœur du pape et belle-mère de Filippo Strozzi, n'avaient ménagé aucun effort et aucune intrigue pour essayer de faire pencher la balance en faveur de leur candidat respectif, la cible visée de part et d'autre étant, à ce qu'il semble, en priorité l'office de dépositaire général de la Chambre apostolique[9]. Filippo Strozzi et ses partisans pouvaient, en l'occurrence, se considérer comme gagnants, mais il n'est pas sûr que leur « prise » ait nécessairement été, économiquement parlant du moins, la meilleure.

En effet, pour peu qu'on s'attarde à considérer ce que reçut pour sa part Jacopo Salviati et surtout les avantages qu'il sut en tirer pour lui-même, pour sa proche famille, mais également pour sa large parentèle et clientèle, on finit par se demander si, tout compte fait, ce ne fut pas lui le véritable vainqueur.

2. Jacopo Salviati, fermier du sel et trésorier de Romagne

Aussi bien la bulle de nomination du 19 décembre 1514 que le contrat d'application du 30 mars suivant font état de conditions particulièrement avantageuses consenties à Jacopo Salviati, entre autres : 1) un mandat d'une durée de seize ans, alors que celui de son prédécesseur, Giovanni Sauli, n'était que de six ans ; 2) une juridiction et des pouvoirs beaucoup plus étendus que ceux de ce même Sauli ; 3) une marge de profit beaucoup plus grande, compte tenu du fait que Sauli devait verser chaque année 29 000 ducats à la Chambre apostolique, alors que le versement de Salviati pour un contrat de beaucoup plus d'envergure n'était que de 6 000 ducats, du fait également que même si 75 p. cent des profits réalisés sur l'une et l'autre ferme devaient aussi être versés à la Chambre apostolique, Jacopo Salviati était autorisé à en déduire au préalable jusqu'à 14 000 ducats pour frais de réparation et d'amélioration des équipements et des moyens de transport nécessaires à l'exploitation de la ferme du sel surtout, de même que toute autre dépense encourue pour la production, manutention, livraison et vente de ce même sel à l'intérieur comme à l'extérieur de l'État pontifical. À noter que dans la bulle aussi bien que dans le contrat, on insistait beaucoup sur le fait que Jacopo Salviati et le pape étaient proches parents, sans doute, dans le climat « népotiste » de l'époque, pour justifier d'avance les conditions exceptionnellement avantageuses faites audit Jacopo Salviati.

Savons-nous avec quelque précision ce que les deux fermes en question rapportaient annuellement au beau-frère de Léon X ? Melissa Bullard, qui a étudié de près la carrière de Filippo Strozzi et surtout son rôle comme dépositaire général de la Chambre apostolique, avoue ne pas pouvoir, faute de sources adéquates, chiffrer précisément les profits que Strozzi tirait de cet important office[10]. Tel n'est pas le cas pour Jacopo Salviati, puisque nous disposons des registres secrets de la ferme du sel et de la trésorerie de Romagne pour les neuf premières années de mandat, soit de 1515 à 1523[11]. Or les entrées et sorties figurant dans ces livres révèlent que le beau-frère de Léon X tirait chaque année en moyenne 15 000 ducats de profit net de l'une et l'autre de ces fermes. Mais cela ne représente à n'en pas douter qu'une fraction du pactole que constituait pour Jacopo Salviati et les siens l'administration de la trésorerie et des salines de Romagne. En effet, l'examen de l'ensemble de la documentation concernant cette administration permet de constater que la part de profits réservée à la Chambre apostolique, soit environ 45000 ducats par an, n'était pas versée régulièrement à cette dernière, mais servait plutôt à alimenter et à cautionner de nombreux et substantiels prêts consentis au Saint-Siège de même qu'à d'importants personnages de la cour pontificale, pape en tête, le tout savamment enveloppé, pour ne pas dire dissimulé dans de subtils jeux d'écritures du type de ceux que pratiquaient, et pratiquaient tout à leur avantage, les marchands-banquiers de l'époque. En effet, les comptes de Jacopo Salviati avec la Chambre apostolique ne seront finalement apurés qu'en 1532, soit une année après la fin de son double mandat de fermier du sel et de trésorier de Romagne, et les officiers de la Chambre n'auront pas d'autre choix que de se reconnaître débiteur, de Jacopo Salviati pour plus de 38000 écus[12]. Précieux indice du succès et de l'habileté avec lesquels le beau-frère de Léon X avait su exploiter l'une et l'autre des fermes que ce dernier lui avait octroyées en 1514, mais en même temps pâle reflet sans doute des profits réels accumulés durant les seize années d'exercice du monopole en question qui, de toute évidence, rapportait gros et, par le fait même, mettait à la disposition de Salviati et de ses partenaires d'importantes liquidités susceptibles de générer elles aussi des profits considérables.

Cependant, comme nous le soulignions, ce monopole n'intéressait pas que Jacopo Salviati. Dans la meilleure tradition de l'époque, ce dernier se devait d'associer à sa réussite le large cercle de parents, de clients, d'amis gravitant autour de lui et qui, sans doute, n'était pas étranger à cette même réussite. Ces parents, clients, amis, qui sont-ils?

3. Les partenaires de Jacopo Salviati

Le jour même où était signé le contrat d'application de la bulle de décembre 1514, soit le 30 mars 1515, le célèbre banquier Agostino

Chigi signait à son tour une obligation aux termes de laquelle il s'engageait à verser 25 000 ducats à Giovanni Sauli au nom de la banque Salviati de Lyon[13]. Il s'agit de toute évidence de la compensation (ou, du moins, d'une partie de la compensation) promise par Jacopo Salviati à son prédécesseur Sauli, privé après moins de deux ans des avantages d'un monopole qui devait officiellement en durer six[14]. Compensation qui résultait de fait d'une entente préalable entre Sauli et Léon X et qui s'ajoutait à un certain nombre d'autres consenties à Sauli par le même Léon X, telles la ferme des douanes sur le bétail du Patrimonio et la trésorerie de Pérouse[15]. Chigi avait tout intérêt à rendre ce service à un collègue dont l'avenir s'annonçait des plus prometteurs[16]. Mais comment expliquer qu'en toute cette affaire il ait eu pour principal interlocuteur non pas Jacopo Salviati lui-même, mais plutôt un représentant de la banque Salviati de Lyon ?

C'est que Jacopo Salviati, dès le départ, avait décidé d'intéresser cette banque, dont il était en réalité le principal associé, au monopole qui venait de lui être concédé. Francesco Naldini, qui a signé en son nom le contrat du 30 mars 1515 et dont le nom apparaît également dans le document paraphé le même jour par Chigi, est justement l'administrateur et l'un des partenaires de la banque en question. Et c'est avec tous les associés de cette même banque que, deux mois plus tard, soit le 24 mars 1515, Jacopo Salviati signe une convention aux termes de laquelle il s'engage à partager les profits de la ferme du sel et de la trésorerie de Romagne, à raison des trois cinquièmes des profits pour lui-même et des deux cinquièmes pour les compagnons décrits dans le document en question, soit, d'une part, les fils et héritiers de son cousin Alamanno et, d'autre part, Francesco Naldini, administrateur de la Banque de Lyon[17].

Ce que ce document ne nous dit pas, mais qui nous est révélé par une autre convention signée, elle, le 7 juillet 1526 entre Jacopo Salviati et les héritiers de Francesco Naldini, c'est que Salviati ne partageait en réalité avec ses compagnons qu'une partie des profits lui venant de Romagne, soit les deux cinquièmes, cette fraction, et elle seule, étant de fait assignée à la Banque de Lyon à l'avantage non pas seulement des héritiers d'Alamanno Salviati et de Francesco Naldini, comme semblait l'indiquer le document du 15 mai 1515, mais bien de Jacopo Salviati lui-même, à raison d'une part pour ses fils et lui-même, d'une part pour ses cousins, fils d'Alamanno, et de deux parts pour Naldini, lesquelles deux parts, notons-le, avaient été amputées en 1518 de un sixième en faveur de deux nouveaux associés de la banque : Leonardo Spina et Giambattista Corboli[18].

Mais le cercle des compagnons de fortune ne s'arrêtait pas là. Le 12 avril 1515, Jacopo Salviati signait une autre convention, secrète celle-là, avec son beau-frère Léon X, par laquelle il s'engageait, en son nom personnel et au nom de ses associés de Lyon, à céder un tiers de sa part personnelle de profits, établie, nous l'avons vu, à trois cinquièmes, à Francesco Armellini, clerc de la Chambre apostolique, agissant en l'occurrence pour son compte, mais également pour le compte du pape[19].

Nous avons estimé à environ 15 000 ducats par an les profits nets que Jacopo Salviati tirait de la ferme du sel et de la trésorerie de Romagne. On peut donc estimer à environ 3 000 ducats la part qui allait à Armellini et au pape. Ce que paraissent confirmer les données d'un bilan secret établi en 1532 par Jacopo Salviati[20].

Il faut aussi mentionner les nombreux agents, administrateurs ou collaborateurs, pour la plupart parents ou clients des Salviati, à qui le beau-frère du pape avait confié une partie de ses responsabilités ou offert de se joindre à certaines opérations liées à la ferme du sel surtout, tels, à titre d'exemple, Lorenzo Gondi en Romagne, Bernardo et Giambattista da Verrazzano à Rome et à Ferrare, Bernardo Bracci, associé depuis 1520 de la Banque de Lyon, mais employé surtout comme agent itinérant un peu partout en Italie[21], et Filippo Strozzi, déjà mentionné, qui acceptera, entre autres, d'être cosignataire du contrat de fourniture de sel que Jacopo Salviati signera avec le duché de Milan en septembre 1515[22]. Tous ces proches et bien d'autres, dont les noms figurent par dizaines dans les livres de comptes et autres documents relatifs à l'administration de la ferme du sel et de la trésorerie de Romagne pour la période de 1514-1531, doivent eux aussi être considérés — solidarité oblige — comme compagnons de fortune de Jacopo Salviati.

Nous pourrions encore élargir ce cercle, mais les quelques exemples donnés suffisent à montrer que la « faveur » faite à Jacopo Salviati par son beau-frère Léon X en décembre 1514 profitait tout autant à la large parentèle et clientèle Salviati, pape inclus, qu'à Jacopo Salviati lui-même et que, par ailleurs, sans la présence agissante de cette même parentèle et clientèle, la « faveur » en question n'aurait sans doute jamais été faite, du moins de la façon qu'elle l'a été. *Homo solus, nullus homo.* Tout se tient à l'époque dans ce monde de fortes personnalités, mais en même temps, de solidarités diverses et étendues sans lesquelles aucune personne, si douée, si charismatique fût-elle, ne pouvait prétendre à quelque réussite que ce soit, à quelque réussite durable surtout, dans les domaines politique, social, économique aussi bien que religieux. Mais qui dit parentèle et clientèle ne dit pas nécessairement rapports harmonieux ou solidarité inconditionnelle. Nous avons vu ce qu'il en était des Salviati, Médicis ou Strozzi, pourtant si liés les uns aux autres et surtout si dépendants de leur maître et protecteur à tous, Léon X. Des ambitions personnelles ou factieuses, des jalousies et préventions de toutes sortes, parfois des désaccords politiques risquent à tout moment d'affaiblir, voire de compromettre les solidarités existantes, exposant par le fait même à de mauvaises surprises, à des désastres même ceux et celles qui connaissent mal les règles du jeu de la réussite à l'époque ou encore ne savent pas les appliquer à bon escient.

4. Jacopo Salviati, artisan de la réussite de sa famille

Jacopo Salviati, aidé en cela et fort habilement par son épouse Lucrezia, connaissait manifestement les règles en question et sut se montrer un habile meneur de jeu pour son plus grand profit d'ailleurs, mais également pour celui des nombreux parents, clients, amis qui acceptèrent de jouer ce jeu avec lui, y compris aux moments où il semblait que ce jeu fût sur le point de se retourner contre lui, au temps du sac de Rome, par exemple. À noter qu'un de ceux qui lui tourna le dos à l'époque, son associé Bernardo Bracci, mentionné précédemment, aura à payer fort cher sa traîtrise, puisqu'il se verra condamner aux galères par Clément VII en 1534 et sera en plus forcé de payer 22 000 ducats de « compensation » aux Salviati[23]. Tel ne fut pas le cas des autres, des « fidèles » qui, à la mort de Jacopo Salviati en 1533, pouvaient se féliciter de lui avoir fait totalement confiance peu importe les doutes et appréhensions qu'ils avaient eus à certains moments. Nous pourrions multiplier ici les exemples tant de personnes que de familles qui purent ainsi tirer profit et, pour certains, profit durable de leur persistance à servir, seconder ou défendre les intérêts du beau-frère de Léon X.

Les plus choyés furent bien évidemment les proches parents de ce dernier, en particulier les nombreux enfants nés de son mariage avec Lucrezia de' Medici. C'est justement l'époque — la coïncidence est pour le moins frappante — où il est en mesure d'obtenir pour certains de ses fils de beaux et plantureux bénéfices : priorat de Rome pour Piero en 1516, auquel succédera le cadet de la famille, Bernardo, en 1522, et cardinalat pour l'aîné, Giovanni, en 1517. C'est aussi à cette époque qu'il réussit avec l'aide de son épouse, entremetteuse avisée, à marier, et très bien marier la plupart de ses autres fils et filles : union de Lorenzo avec une riche héritière Conti dès 1514; de Maria avec Giovanni de' Medici, le futur Jean des Bandes Noires, en 1516; d'Elena avec Pallavicino Pallavicini en 1518; de Luisa avec Sigismondo della Luna, comte de Bivona, en 1520; d'Elena de nouveau, après quelques années de veuvage, avec Jacopo Appiano, seigneur de Piombino, en 1524. C'est à cette époque qu'il peut se permettre également l'acquisition de biens-fonds importants en Toscane aussi bien que dans l'État pontifical, premiers éléments d'un patrimoine qui annonce déjà une aristocratisation prochaine de la famille, aristocratisation qui interviendra de fait à la fin du XVIe et au début du XVIIe siècle[24]. Et que dire des avantages que la réussite de Jacopo Salviati procurera à ses cousins de Florence, fils et héritiers d'Alamanno, qui lui devaient nul doute (malgré qu'ils n'étaient pas toujours prêts à le reconnaître) leur propre réussite à partir des années 1520 surtout comme marchands-banquiers, entrepreneurs, mais également propriétaires terriens à Florence et ailleurs[25] ? On pourrait en dire autant des Gondi, des Naldini, des Spina, des Corboli, des Verrazzano et des Armellini, déjà mentionnés, auxquels il faudrait sans doute ajouter toute une série de bénéficiaires indirects des profits générés par l'imposante machine financière que représentaient la ferme du sel et la trésorerie de Romagne entre les années 1514 et 1531.

La parentèle et la clientèle de Filippo Strozzi n'eurent pas la même chance. Serait-ce, pour employer le vocabulaire de Machiavel, que la fortune (*fortuna*) sourit moins à ce dernier qu'à son oncle Jacopo Salviati ? Sans doute, mais peut-être l'oncle, plus âgé et surtout plus expérimenté que le neveu, fit-il montre d'une plus grande prudence ou habileté (*prudenza*) que celui-ci et sut-il mieux que lui exploiter les atouts qu'il avait en main. C'est peut-être d'ailleurs là, à l'époque, le facteur, la variable essentielle permettant d'expliquer la réussite de certaines familles et l'échec de certaines autres. Salviati et Strozzi pouvaient compter, au début du XVIe siècle, sur l'appui d'une large parentèle et clientèle, à Florence en particulier, mais ce qui assura le succès des premiers, c'est qu'ils purent en plus compter, à un moment critique de leur histoire, sur le talent et l'expérience d'un meneur de jeu, d'un stratège hors pair. Jacopo Salviati fut cet homme au début du XVIe siècle. Pour le plus grand profit de ceux qui eurent foi en sa bonne étoile.

NOTES

1. L'original se trouve à l'Archivio Salviati, série Pergamene 334. L'Archivio Salviati se trouve maintenant à la Scuola Normale Superiore de Pise.
2. La grosse de ce contrat se trouvait dans l'ancien fonds du château Saint-Ange. Elle est maintenant aux ASV, série AA 1-XVIII, nº 1039.
3. P. Hurtubise, *Une famille-témoin : les Salviati*, Rome, 1985, p. 59-61.
4. *Ibid.*, p. 63-67, 143-145, 164-167 et 192-193.
5. *Ibid.*, p. 202-206. Giovanni était, à l'époque, cardinal, et son frère Bernardo, chevalier de Rhodes et prieur de Rome.
6. *Ibid.*, p. 137-140.
7. M. Bullard, *Filippo Strozzi and the Medici*, Cambridge, 1980, p. 77.
8. P. Hurtubise, *op. cit.*, p. 140.
9. M. Bullard, *op. cit.*, p. 76-77 et 84-86.
10. *Ibid.*, p. 113-117.
11. AS, Libri di commercio I, 708, 710, 714, 720.
12. AS, Filze II, 1, fasc. 39 (*Motu proprio* de Clément VII, 27 juillet 1532). Il faut dire que Jacopo Salviati était à ce moment secrétaire intime du pape. Sa position permettait sans doute d'en imposer aux officiers de la Chambre apostolique.
13. AS, Filze II, 1, fasc. 27.
14. *Cf.* note 2.
15. M. Bullard, *op. cit.*, p. 94 et note.
16. De fait, les liens vont se resserrer par la suite entre les Chigi et les Salviati. À ce propos, voir P. Hurtubise, *op. cit.*, p. 316 et note.
17. AS, Filze II, 1, fasc. 27.
18. *Ibid.*
19. *Ibid.*
20. AS, Filze II, 213, fasc. 13. Armellini, en particulier, figure dans ce registre comme créancier pour des sommes considérables sous la mention volontairement discrète d'« *amico segreto* ».
21. À son sujet, voir P. Hurtubise, *op. cit.*, p. 146, note 42.
22. M. Bullard, *op. cit.*, p. 138.
23. AS, Filze II, 58, fasc. 20 (*Motu proprio* de Clément VII, 26 juillet 1534).
24. P. Hurtubise, *op. cit.*, p. 253-266.
25. *Ibid.*, p. 206-233.

Listes des figures et tableaux

Figures

Tableaux

Annexes et organigramme

Index

E

F

Q

R

S

T

Composé par Lynne Mackay en Minion corps 11 sur 13

Imprimé sur Enviro naturel

Achevé d'imprimer à l'Imprimerie Gauvin,
Gatineau (Québec)
en mars 2009